犯罪者プロファイリング入門

行動科学と情報分析からの多様なアプローチ

警察庁科学警察研究所　渡邉和美
徳島県警犯罪被害者支援室　髙村　茂
東洋大学社会学部　桐生正幸
編著

北大路書房

はじめに

　さて最後に，もう一度原点に立ち返り，次の問いを我々自身に問いかけてみたい。実は我々は，幾度もこの問いに答える責任がある。なぜならどのような学問でも，明確な目的無しにその成果を実社会へ還元することは出来ないからである。研究者の満足がすなわち実社会の満足にはつながらない。出発点を見失った研究は無意味といえる。
　問いは単純である。
　「なぜ，プロファイリングは必要なのか？」
　答えもまた，明らかである。
　「変わりつつある犯罪に，新たな捜査手法がのぞまれているから」
　新たな犯罪に科学的に対処するため，行動科学の持てる力を事件解決の一助とすべく，研究は進められているのである。

　　　　　　　　　　―― 『プロファイリングとは何か』（2000年）243頁より

　近年，人々を震撼させ，犯罪遭遇への強い不安感を抱かせるような凶悪事件が，日本の各地で多発しています。
　それら事件のほとんどで犯人は検挙され，事件の全貌が明らかにされてはいるのですが，動機や犯行形態を知れば知るほど，これまで常識とされてきた様相とは異なることに気づかされ愕然とします。何がどう変わったのか，なぜその行為にいたったのか，そしてこれらの問いを発し始めたとたんに，強烈な衝撃を秘めて次の事件が目の前に現われます。文化やテクノロジー，価値観や倫理観の変化を，静かに内包した日本の社会全般に呼応するかのように，私たちが相対する犯罪事象は予測し難いうねりをもって，私たちを驚かせます。
　この驚きが続くと，特異な事件を特異だと感じるわれわれの神経が，しだいに麻痺してきます。しかし，その麻痺から不意に覚めた時，犯罪行動の背景にひそむ人間の行動自体が，従来の枠組みを軽々と越えていることに気づかされます。犯罪だけが変わっていたのではなく，実は，私たちの社会自体が変わってきていたのでした。

はじめに

　私たちは，数多くの犯罪現場を見聞きしながら，戦うべき相手はわれわれ自身の中に新たに生まれており，戦うための道具は，われわれの知恵から新たに生み出さなければならないことを了解しました。犯罪者プロファイリングは，この了解から生まれ育てられた，犯罪捜査の有力な道具なのです。精神医学，社会学，心理学，統計学，といった行動科学と捜査学を用いて，変化する犯罪事情に対応する，地味ながらも大変質のよい道具だといえるのです。

　本書は，その道具を専門家に提供するため2000年に出版した日本初の犯罪者プロファイリングの学術書『プロファイリングとは何か』（田村雅幸監修，高村茂・桐生正幸編集，立花書房）を，修正し書き加えたものです。今回の構成では，まず，前書で言及されていなかった「精神医学」と「統計学」を詳しく記載しています。両分野の専門家が，捜査現場や犯罪心理学研究において役に立ち，学生や一般の方々にも興味深く読んでいただける内容を執筆したところです。また今回は，各罪種における研究について可能な限りコンパクトにまとめました。2000年当時と比較し，各罪種に関する研究知見が大幅に増加していることから，それぞれのエッセンスのみをわかりやすく記しています（なお，現在，各罪種に関する単行本の企画を進めているところです）。後半部分では，諸外国の動向をふまえながら，今，日本がどのような現状となっているかをさまざまな視点から紹介してみました。日本の犯罪者プロファイリングは，実際の犯罪捜査現場と学術的な研究とが綿密に結びつきながら進展しています。この学際的でダイナミックな動きを，可能な限り紹介できればと考えたところです。

　この本を通じて，犯罪者プロファイリングの真の姿を知ってもらうと同時に，時代に即した新しい犯罪科学とその理念ともいうべき犯罪哲学の構築がスタートできればと思っています。凶悪な犯罪に対峙するには，高い志と冷静な態度が不可欠です。執筆者は皆，その思いを秘めて本書に取り組みました。各章，各節から，その思いを感じ取っていただければ幸いです。

　さて，本書が無事出版できたのは，北大路書房の奥野浩之さんのご理解によるところが大でありました。「犯罪者プロファイリングが，社会を震撼させ多

くの人々に犯罪遭遇への強い不安感を抱かせるような凶悪事件を解決する一助となる」ことに共感してくださいました。また直接の編集担当者となった服部和香さんには，年末年始を通じご迷惑をおかけしました。おかげさまで，渡邉，高村共々，安心して編集作業を進めさせてもらったところです。お２人に，深く感謝いたします。

　　　　　　　　まだ遠い桜の芽吹きを待つ３月下旬の山形から
　　　　　　　　　　　　　　編者を代表して　桐生正幸

CONTENTS

はじめに　i

第1章　犯罪者プロファイリング総説　1

1節　犯罪者プロファイリングとは何か　1
はじめに──行動科学の捜査への応用／「犯罪者プロファイリング」の幻想／犯罪者プロファイリングQ＆A／犯罪者プロファイリング活用の注意点／おわりに

Topics 1　P. コーンウェルのプロファイラー　17

2節　捜査における犯罪者プロファイリングの役割　19
はじめに／連続犯行可能性の評価／余罪捜査への応用／前歴者リスト検索の助言／おわりに

Topics 2　学生のための犯罪情報分析研究　28

第2章　犯罪者プロファイリングの歴史と方法　31

1節　犯罪者プロファイリングの変遷　31
はじめに／犯罪者プロファイリングの原型／北米の犯罪者プロファイリング／欧州の犯罪者プロファイリング／わが国の犯罪者プロファイリング

◆罪種別コラム01──連続年少者わいせつ　42

2節　FBIの犯罪者プロファイリング手法　45
はじめに／FBIの犯罪者プロファイリングの方法論／FBIの犯罪者プロファイリングの現状／おわりに

◆罪種別コラム02──殺人　58

3節　カンターの犯罪者プロファイリング手法　61
はじめに／カンターのデビュー戦／ファセット理論に基づいた犯罪者プロファイリ

ング／円仮説に基づく地理的プロファイリング／カンターの犯罪者プロファイリングの影響力

◆罪種別コラム03──性犯罪　69

4節　地理的プロファイリング　72
はじめに／地理的プロファイリングの必要性／地理的プロファイリングのデータと背景理論／地理的プロファイリングの手法／地理的プロファイリング支援システムの開発／事例紹介／おわりに

Topics 3　地理情報システム（GIS : Geographic Information System）　83

第3章　犯罪者プロファイリングの研究と実際　87

1節　海外における犯罪者プロファイリングの主要な研究　87
はじめに／犯罪者プロファイリングと捜査心理学／手法と結果の妥当性をめぐる議論／新しい方向性

◆罪種別コラム04──ストーカー　97

2節　犯罪者プロファイリングの日本の実際　100
はじめに／刑事警察における犯罪者プロファイリング／多様な事件への活用①─多発事件／多様な事件への活用②─交通事件と犯罪予防／捜査支援という現場の視点／現場における課題

◆罪種別コラム05──強盗　109

3節　犯罪者プロファイリングと精神医学──妄想とその周辺　112
はじめに／妄想と犯罪／空想と犯罪／おわりに

Topics 4　犯罪手口と被疑者検索　128

4節　犯罪者プロファイリングと統計的学習（1）　131
はじめに／教師つき学習（supervised learning）

Topics 5　犯罪者プロファイリング研究会　143

5節　犯罪者プロファイリングと統計的学習（2）　145
　　　はじめに／教師なし学習（unsupervised learning）／まとめ

第4章　犯罪者プロファイリングの展望　157

1節　関連学会の動向　157
　　　はじめに／科学捜査研究所の心理担当者／共同研究者／関連学会での学会企画／おわりに
　　　Topics 6 報道における犯罪者プロファイリング　169

2節　今後の展望　172
　　　はじめに／動き始めたわが国の犯罪者プロファイリング／犯罪情勢の変化／犯罪者プロファイリングが成功するための条件／犯罪者プロファイリングに必要な技術と知識／おわりに
　　　Topics 7 捜査員と犯罪者プロファイリング　183

文献　187
索引　201

第1章 犯罪者プロファイリング総説

1節 犯罪者プロファイリングとは何か

1　はじめに──行動科学の捜査への応用

　「profiling：プロファイリング」とは，文字どおり「プロフィールを作成すること」である。つまり，犯罪者プロファイリングとは，犯人のプロフィールを作成することを意味する。FBI（米国連邦捜査局）が初めて組織的な研究に取り組んで以来，「プロファイリング」ということばが「犯罪現場の評価分析から犯人のプロフィールを作成すること」を示すようになった。表1-1に示すように，この「プロファイリング」を示す用語として多様なことばが用いられているが，これらのことばは，ほぼ同様な技術を示すことばとして用いられている（Jackson & Bekerian, 1997）。日本では当初，たんに「プロファイリング」と呼ばれることが多かったが，DNAプロファイリングや薬物プロファイリングなどとの区別を明確にするために，「犯罪者プロファイリング」と呼ばれるようになる。

　一言でいえば，「犯罪者プロファイリング」は行動科学を捜査に応用するための一手法である。行動科学とは，「心理学，精神医学，社会学，人類学など幅広い専門的知識を統合して，人間行動を理解しようとするもの」である。すなわち，人間行動に関する実証的な研究から，その一般的法則を見いだし，行動の予測，制御を行なおうとする学問である。このような専門領域で蓄積され

表1-1　犯罪捜査における「プロファイリング（犯人像推定）」を示す用語

①	Offender Profiling*	（犯罪者プロファイリング）
②	Psychological Profiling*	（心理学的プロファイリング）
③	Criminal Profiling*	（犯罪者プロファイリング）
④	Criminal Personality Profiling*	（犯罪者の人格プロファイリング）
⑤	Crime Scene Analysis	（犯罪現場分析）
⑥	Crime Scene Assessment	（犯罪現場評価）
⑦	Geographic Profiling**	（犯罪現場評価）
⑧	犯人像推定	
⑨	犯人の居住地推定**	

＊ジャクソンとベカリアン（Jackson & Bekarian, 1997）でも，同様の技法を示すことばとして指摘されたもの。
＊＊これらは通常①～⑥などに示されるプロファイリング（犯人像推定）に包含される概念であるが，地理的な分析を強調する場合には，この用語を用いる。

た知識に基づいて，犯罪行動の説明や犯罪情報の分析を行なうことによって，犯人に関する情報との関連性を見いだし，犯罪捜査に活用可能な形で情報を提供しようとするのが犯罪者プロファイリングである。捜査の現場で扱う犯罪情報を基盤にして，捜査にとって有意味な情報を導きだすという点で，犯罪者プロファイリングは有力な捜査支援手法である「犯罪情報分析」の一手法として位置づけられている。なお，科学警察研究所では，犯罪者プロファイリングを「犯罪現場から得られた資料及び被害者に関する情報等から，犯人の性別，年齢層，生活スタイル，心理学的特徴，犯罪前歴の有無，居住地域等，犯罪捜査に役立つ情報を推定すること」と定義している。

　次に，実際に発生した事件例を用いて，犯罪者プロファイリングを行なうことにより，どのような支援が可能となるかについて示していこう。

> **事例1　若い女性を対象とした連続強姦事件**
> 　市内のある複数のエリアで，11ヶ月の間にわたり，20代前半の女性を対象とした性犯罪が14件発生した。いずれも被害者の場合も，事前に面識のない者が犯人であった。うち7件は，女性が帰宅時に玄関のドアを閉めようとした際に背後から急襲するという接近手法や暴力の態様に共通点が認められた。

　この事例のように，ある期間，ある地域で複数の事件が発生している場合，同時に複数の犯人が活動していることも珍しくはない。その場合，①DNA型

などの法科学的証拠や，②目撃証言から得られる変化しにくい外見的特徴に加え，③行動科学的な視点からの犯行スタイルの分析により，どの事件が同一犯によるものであるかについての分析を行なうことで，より適切な捜査方針の打ち立てに貢献することができる。この分析を「事件リンク分析」と呼ぶ。捜査現場では，時間的近接，空間的近接がある場合に経験的なリンクが行なわれるが，同じエリアで複数の犯人が同時期に活動する場合や，長期間にわたり広域に活動する犯人の場合もあり，事件リンク分析による客観的なリンクを行なうことは重要である。

また，連続して発生している事件については，分析対象となる情報量も増えるため，犯罪者プロファイリングによる支援の幅も広がる。具体的には，リンクした事件の時空間分析や，被害者が被害に遭うまでの行動や経路について分析することによって，犯人の物色エリアや拠点のある可能性の高いエリアを提示することができ，そうした情報に基づいて捜査対象エリアの絞り込みに貢献できる。また，一連の目撃情報を評価することによって，よう撃捜査（犯人の出没しそうな地域に捜査員を配備する）時にどのような対象に注意を向ければよいのかに関する情報を提供できるのである。

> **事例2　女性殺害・放火事件**
>
> 　未明に小火騒ぎがあったアパートの1室で1人暮らしの女性が絞殺体で発見された。室内には荒らされた形跡があり，衣類などが散乱していた。また，殺害女性のネグリジェは破られ，ほぼ全裸の状態で，頸部には電話のコードが巻かれており，陰部には異物が挿入されていた。被害者は，30代の会社員で，膣内には精液が残留していた。

この事例のように，女性被害者の体腔になんらかの異物挿入がある殺人事件は，日本においては過去の殺人捜査本部事件の中でも年間に1件あるかないかの頻度でしか発生していない。解決した殺人捜査本部事件に関する分析の結果では，女性被害者の陰部に異物が挿入された状態で死体が発見された事件は約1％であった。このことは，こうしたタイプの殺人は全国的にも発生頻度が低く，個々の捜査員が経験する可能性はきわめて低いことを示している。

「女性が自宅でほぼ全裸で絞殺されていた」という事件は発生頻度の低いも

のではないが，この事例の場合，どのように捜査が展開されるのであろうか。まず，これが「性目的」の犯行であるという判断に異論はないであろう。次に，捜査方針決定の重要な鍵となる加害者と被害者との関係においては，両者の間に面識がある場合と，面識がない場合との2つの可能性が考えられる。

一般的に，両者の間に面識があった場合には被害者の「異性交友者」による犯行の可能性が考慮され，面識がない場合には通り魔的な「性的変質者」による犯行の可能性が考慮される。しかしながら，捜査員による「性的変質者」ということばのもつ意味は行動科学の専門家から見れば非常に曖昧なものである（猟奇的，残虐性などのことばも，そのことばが示す内容は曖昧であり，具体的な行動の記述で表現したほうが議論はスムーズになる）。

その他，「夜間に性目的で1人暮らしの被害者宅に侵入している」ことは，犯人にはなんらかの土地鑑がある（その場所をよく知っている）可能性，犯人に性犯罪または侵入盗や住居侵入の前歴や経験がある可能性が示唆される。そして，現場の状況，死体の状況，聞き込みなどの捜査活動と，筋読み（捜査員のこれまでの捜査経験で獲得したさまざまな知識を活用して推論）を行ない，捜査方針の決定，幅広い捜査活動における優先順位の決定などの意思決定が行なわれる。

こうした事例では，膣内に残留していた精液を採取することにより，性行為の時期や時間についてある程度解明できる場合もある。それが可能である場合には，その精液が犯人のものである可能性について検討を行なうことが可能になる。しかし「性器に異物が挿入されていた」ことの意味づけについては，捜査側では多種多様に意見が割れることが予測される。個々の捜査員は，過去に自分が関与した性犯罪事件捜査での経験などから，それぞれ，「犯人は殺害後に被害者をもてあそんでいた」「犯人は性器に対して異常な執着があった」，「犯人はいつもやっている異物挿入をした」などの意見を提出する。それらの意見を参考にしつつ，捜査方針が決まっていく。

犯罪者プロファイリングは，この意思決定の際に参考となる行動科学的な情報を提供することにより捜査を支援することができる。このケースでいえば，性器への異物挿入という行為の意味に関する情報を提供することで，捜査活動の合理化に寄与することが可能となるのである。通常，こうした体腔への異物

挿入は性交の代償行為，すなわち性器性交の代わりに行なう行為と考えられている。そうした情報を示すことができると同時に，犯人が犯行中に勃起不全などの性的不全を示した可能性もあるという情報も示すことができる。このように加害者に関する情報が短期間で入手可能となるような合理的捜査活動の展開を支援するものが犯罪者プロファイリングである。

ここでは事件を単純化して示したが，実際には，現場やその周辺から入手した情報や遺体の状況，被害者の状況，鑑識活動の結果などの幅広い情報から意思決定を行なうのが普通である。現実には，この事件は侵入時の破壊痕跡の発見，不審車両の目撃情報入手によりきわめて短期間に加害者が特定できた。しかし，そうした現場からの情報が乏しく捜査方針などの意思決定が困難な場合や，展開する捜査活動の順位づけが困難な場合に，行動科学的知識を提供することは，きわめて有効な捜査支援となり得る。

捜査指揮官にとっては，幅広い捜査活動のどこに重点をおけばよいかに関する意思決定は，事件解決にかかる日数を左右する重大なことである。したがって，その意思決定に対して客観的な根拠が与えられることは，多大な意味をもつことになる。ここに示した事例のように発生頻度が低く，個々の捜査員が経験することのまれな事件や，新しいタイプの事件については，従来のような事件担当の捜査員の経験から導き出される推論過程だけでは対応が不十分になる可能性がある。

> **事例3 小学生男児殺害事件**
>
> 中学校正門前で，捜索願の出ていた小学生男児の頭部が発見された。男児の頭部は道路側を向いて目だつように置かれており，顔面部には切りつけた痕があった。また，口には「酒鬼薔薇聖斗」と書かれた書状がくわえさせられていた。

この事件は社会的衝撃も大きく，あまりに有名な事件であるので，ここでは詳細な記述は省略する。この犯人が社会全体の反響を見て楽しんでいるであろうことは一目瞭然であったが，未成年の犯人を予想した人ははたしていただろうか。実際には，優秀な捜査指揮官により，そのような年齢層の犯人である可能性をふまえた捜査方針がたてられていた。

ふつう，マスコミに公表されるような限定された情報による犯罪者プロファ

イリングからは，間違った犯人像が導きだされる可能性が高くなる。この事件についてワイドショーで多くの専門家が述べた犯人像が間違った方向に導かれたのは当然といえるであろう。しかし，元FBI捜査官でプロファイラーであったレスラー（Ressler）が，報道上の限定された範囲の情報から，唯一犯人の推定年齢に未成年を含めた形で犯罪者プロファイリングを行なっていた点には注目すべきであろう。彼は，捜査に関する知識をもち，殺人事件に関する統計的情報や客観的情報を知識としてもっていた。捜査に関する知識と行動科学的知識を協同させることで，かなり正確な犯人像を指摘しうることを示す好例といえよう。この双方の知識の協同が「犯罪者プロファイリング」の基礎なのである。

田村（1996）が示すように，犯罪者プロファイリングには大きく2つの方法がある。一方は，捜査員が行動科学を学び，1人の人物が双方の知識をもつ専門家となる方法で，米国FBIで行なわれた方法である。もう一方は，捜査員と行動科学の専門家が協力して取り組む方法で，英国やオランダなどで行なわれている方法である。この2つの方法論については，本書の第2章の中で詳しく説明する。

前者の方法のように一種「職人」ともいえる専門家を数多く育成するためには，ばく大な時間的・経済的コストを要する。また，推定根拠は明確に示されず，捜査員としての熟練者が行なった「職人芸」的な推定という側面を否定できない。ほかの捜査員にとっては，同じ結論にいたることができたとしても，まったく同じ推論過程をたどることは非常に困難である。そのため，育成するための研修をしたからといって，誰もが同質の高い技術を獲得できるとは限らない。しかしながら，後者の方法では，捜査員は「犯罪者プロファイリングとはどのようなものか，どのように使えばよいのか」に関する知識の教養を受けるだけでよく，一方，行動科学の専門家は，捜査時にどのような情報が入手可能であり，それからどのような情報を導きだすことが捜査側にとって有効であるかに関する知識をもてばよい。そうした利点を考慮し，わが国では後者の方法により研究が進められてきた。わが国における犯罪者プロファイリング研究の先導的存在である科学警察研究所においても，1994年に組織的研究を開始した当初から，捜査経験のある捜査員と心理学者，精神医学者との共同作業で取

り組みがなされてきた。わが国における実用化の例を見ても，捜査員と行動科学者での共同作業という方法がとられることが多い。

なお，渡邉と小林（2000）や小林ら（2000）によれば，英国では，捜査官に行動科学を学ばせてプロファイラーを育成し，国の機関である犯罪捜査支援部（2001年には組織合併により国立警察活動支援部と名称変更）に配置すると同時に，大学の心理学者や病院の精神科医など警察の外部にある協力機関に所属する行動科学の専門家を，その捜査支援経験と犯罪者プロファイリングの内容の評価から警察機関のプロファイラーとして認定する制度をとっていた。また，捜査現場を支援することを目的として行動科学の専門家が事件情報の分析を行なう部署を設置し，上級捜査官の支援を行なっていた。2005年現在では，行動科学的に関する多様なニーズに応えるために，プロファイラーは行動科学アドバイザーと名称を変え，警察活動支援部に4人，地方警察に30人の行動科学アドバイザーを置く体制となっている。

2　「犯罪者プロファイリング」の幻想

近年，「犯罪者プロファイリング」ということばは一般に定着したように見える。ただ，マスコミ情報の影響を受け，このことばは独り歩きをし，従来の捜査手法に代わり犯人を特定する捜査手法だと誤解されている場合が多い。マスコミにより一般に浸透した犯罪者プロファイリングのイメージがそのまま現場の捜査員にも浸透してしまっている場合もある。次に，両極を示す捜査員の犯罪者プロファイリングに対する態度を示すことにしよう。これらは特定の個人ではなく，現場で実際にあった声をまとめたものである。

捜査員A

近年，治安対策にも「プロファイリング」ということばが登場するようになった。でも，それはワイドショーで見るような，精神医学者や心理学者，法律学者など，捜査経験のない者がやる犯人像の指摘と同じようなものではないのか。『FBI心理分析官』や『快楽殺人の心理』をはじめ，犯罪者プロファイリングに関するさまざまな本が本屋に並んでいるが，海外の翻訳本の内容には，何十回とくり返された連続殺人事件や，性的興奮

を得るために遺体を切り裂いた事件など，自分の捜査経験にはなく，日本ではありえないと考えられる特異事件が記述されている。逆に日本の本だと，統計がたくさん載っていてイメージがよくわかない。被害対象の特徴や犯行現場の特徴から犯人の人間像を導きだすのが「犯罪者プロファイリング」とあるが，そうした作業は，事件捜査の現場で捜査員が日常的に行なっていることではないか。事件には1つとして同じ顔はないし，事件ごとに異なる顔があるのだ。犯罪者プロファイリングで犯人を特定できるなら使ってもよいが，個人を特定できないのであれば役に立たないのではないか。

捜査員B

　捜査に従事していると，昔ながらの捜査だけでは壁にぶつかることが多くなってきた。被害者との面識のない者による性犯罪や通り魔，放火，車上ねらい（連続窃盗）などの連続事件では，犯人に関する情報がほとんど得られない。また，犯罪の広域化により，あらゆる罪種で犯人に関する情報は飛散する傾向にある。事件がこうした特徴を持つ場合に，捜査が難航することが多いのではないか。捜査体制として限られた捜査力しか確保できない場合や，十分な機動力を確保できない場合もあり，捜査においては，捜査対象や捜査エリアの優先順位づけをすることがきわめて重要になる。このような状況において，行動科学的な見地から事件を分析するとともに，これまでのデータを参考にした捜査手法を取り入れて対処する「犯罪者プロファイリング」という手法は，大変有効である。とくに犯行地点間の時空間分析の結果から，犯人の拠点エリアを推定したり，よう撃のエリアを推定したりする手法は，これまで行なわれてきた捜査活動を二次元的な活動から三次元的な活動へ導く手法といえる。犯行の時空間分析により，犯行ルートや，犯人のネットワークを検証し，その結果をこれまでの捜査手法と絡めると，これまで困難といわれていた連続事件にきわめて有効だ。具体

的な捜査手法を考え出すのはわれわれ現場を這う捜査員であり，犯罪者プロファイリングから直接犯人を見つけようとする考えはない。しかし，犯罪者プロファイリングは，これまでの捜査員，捜査手法にスパイス的な情報を与える，今やなくてはならないものだ。

　このように，「犯罪者プロファイリング」に対する感想が分かれたのはなぜであろうか。2人の感想の大きな違いは，犯罪者プロファイリングに関する情報に接触した量の違いに依拠している。当時の捜査員Aは「犯罪者プロファイリング」ということばは耳にしたことがあったが，その具体的な内容に関する知識はなかった。それに対し，捜査員Bは興味・関心をもって「犯罪者プロファイリング」に関する情報に接してきている。こうした新しい捜査手法に関する情報に対する態度の違いは，それぞれがもつ捜査経験―どのような事件捜査を実際に経験してきたのか，間接的な捜査経験としてどのような知識をもっているのか―などの違いが反映されている。直接的・間接的に経験した事件のタイプ，容疑者の絞り込みや特定までに苦労した経験などの有無により，新たな捜査支援の必要性に対する敏感さが異なってくる。容易に解決の糸口を見いだすことができる事案であれば犯罪者プロファイリングの必要はないからである。
　次に，犯罪者プロファイリングに対する幻想について考察してみよう。犯罪者プロファイリングに対する幻想とは，「これが従来の捜査活動に代わって答えを導きだすブラックボックス（魔法の箱，つまりわけのわからないもの）である」というものである。答えを導きだす，つまり犯人は「太郎」だというように個人を特定するものだと考えてしまう。実際，あるドラマでは，ブラックボックスはコンピュータとして描かれ，そこを通せば「犯人は太郎だ」という結論が導きだされていた。犯罪者プロファイリングがそうしたものであるという幻想があれば，それに対する不信感や抵抗感を抱くのは当然である。図1－1の犯罪者プロファイリングによる捜査支援の流れに示されるように，犯罪者プロファイリングはあくまで捜査指揮官の意思決定を支援するためのものである。「犯罪者プロファイリング」は決して従来の捜査手法に代わるものではないし，犯人個人を特定するものでもない。あくまで，犯行の特徴から導きださ

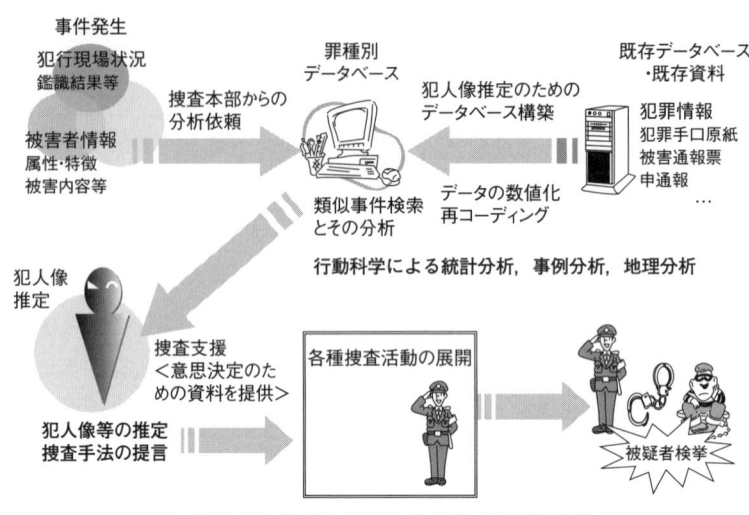

図1-1　犯罪者プロファイリングによる捜査支援

れる「可能性の高い犯人属性」を提示するにとどまるものである。したがって，容疑者の絞り込みの段階，犯人にたどり着くまでの段階で活用されるべき道具なのである。

3　犯罪者プロファイリングQ&A

先述の捜査員の疑問について，次に回答を示そう。この回答が，犯罪者プロファイリングとは何かを理解する助けとなるであろう。

Q1.　犯罪者プロファイリングは「魔法の箱」なのか？

A.　No. 元FBI捜査官でプロファイラーであったレスラー（Ressler）とヘイゼルウッド（Hazelwood）の両氏が指摘していたのは，「犯罪者プロファイリングは捜査における1つのツールである」という点である。この道具をどう活用するかは使う人の腕にかかっており，道具を使った結果をどう扱うかも使う人次第である。これは分析者（＝行動科学の専門家），使用者（＝捜査員）ともに訓練が必要であることを示している。また，道具にもいろいろな種類があり，目的にあった道具を選択して使う。捜査のための道具である犯罪者プロファイリングにも，いくつかの

方法が用意されている。「何を知りたいか」「どんなデータがあるのか」によって，使用する道具が異なる。その具体的な内容については，第3章で詳しく説明する。

Q2. 捜査員の「筋読み」と同じではないか？

A. No. 先の捜査員の指摘のように，初期捜査としての鑑識活動と併行し，現場の状況や死体の観察を行ない，目撃者や被害関係者からの事件情報を得，それらの情報に基づき「事件の筋読み」をするという作業を，捜査員は日常的に行なっている。その推論過程は，捜査員の過去の捜査経験内容に影響を受ける。この「筋読み」と「犯罪者プロファイリング」で行なわれる推論過程に関する研究成果は，処理過程が異なることを示している。また，「筋読み」と異なる点は，これらの体系化された行動科学的な知識にその根拠を置く点である。犯罪者プロファイリングには，ベテラン捜査員の優れた筋読みを科学的に証明するという側面をもち，捜査員の気づかない行動科学的な視点を提供するという側面をもつ。英国でプロファイラーが行動科学アドバイザーと名称変更したことに象徴されるように，行動科学的な視点については幅広いニーズがある。

Q3. 事件はケース・バイ・ケースであるから，多くのケースを収集・分析しても，捜査に役立つ意味は見いだせないのではないか？

A. No. たしかに，事件はケース・バイ・ケースで，どれとて同じものはない。しかしながら，行動科学の視点をもって，過去30年以上の捜査本部事件を概観した場合，「ある特性を持つ人は，ある特徴を持った行動形式を現す傾向がある」という知見が得られている（渡邉ら，2004；渡邉・田村，1999；薩美・無着，1997など）。そのため，これまでに発生した事件について，加害者情報，被害者情報，事件情報について蓄積して分析を行なう意味があるのである。また，行動科学の学問領域においては，人間が示すさまざまな行動と個々の人がもつ特性との関連性についての知見の蓄積がある。それらが凶悪犯罪においても活用可能か，またこれまでに提示されてきた仮説が実証可能かについては，2005年の現在，欧米をはじめ日本でも多くの取り組みが開始されている。

表1-2　犯罪者プロファイリングにより得られる効用（渡邉・池上，1998）

①発生頻度の少ない事件への対応の支援
②動機の不明瞭な事件の捜査支援
③捜査員が行なう意思決定の支援
④捜査員の経験を補充
⑤捜査コストの軽減

Q4. 特異な事件だけに応用されるものか？

A. No. マスコミなどで犯罪者プロファイリングの例として紹介されるのは発生頻度の低い特異事例が多いが，発生頻度の高い事件（high volume crime）についても応用がなされている。発生頻度の低い特異事例がよく紹介される理由は，発生頻度が低い犯罪ほど犯罪者プロファイリングの必要性が高いこと，犯人の特性の理解に専門的知識の動員が必要である場合が多いこと，さらに読者や視聴者にも理解しやすいことなどがあげられる。しかし，連続放火事件や，連続性犯罪事件，連続強盗事件，連続窃盗事件など，殺人事件に比較して発生頻度の高い連続事件こそ，犯罪者プロファイリングは有効である。犯行状況から加害者の特性を導きだす犯罪者プロファイリングの手法では，同一犯による事件数が多いほど，その犯人特性の手がかりとなる情報が多くなり，より正確な結果を導きだせる。

Q5. 手口（Modus Operandi）捜査からの犯人特定と同じではないか？

A. No. 犯罪者プロファイリングでは，「この人が犯人だ」と個人を特定することはできない。犯人特定は，捜査員が入手した情報から決定するものである。犯罪者プロファイリングは捜査員の入手する情報の1つにすぎない。捜査員が入手した情報を意味のある形に集約し，それと関連の強い犯人に関する情報を見いだすことにより，「可能性の高い犯人特徴」を提示するにとどまるものである。ただし，犯罪者プロファイリングで行なう類似事件の抽出方法は，犯罪手口を活用した前歴者の順位づけに応用することができる。

Q6. 犯罪者プロファイリングはなぜ必要なのか？

A. 凶悪犯罪は時代とともに質的な変化を示し，また都市化などによって犯

罪捜査環境は悪化の一途をたどっている。個々人のライフスタイルや生活状況は多様で，他人に見えにくくなっており，被害者自身の行動や生活の把握には多くの時間が必要とされる。それは犯人についても同様で，捜査すべき事項は多岐にわたる。近隣に対する無関心さは，聞き込みによって捜査員が得られる情報を限られたものにしてしまう。こうした悪化する捜査環境に対応するための一つの道具として，犯罪者プロファイリングがある。犯罪者プロファイリングを活用することにより，得られる効用は表1-2のとおりである。

まず，いくつかのタイプの捜査指揮官の意思決定を支援することができる。たとえば，事例2や事例3のような発生頻度の低いタイプの事件でも，過去の全国規模の類似事件のデータ分析や事例分析によって導きだされる情報を提示することができる。また，動機の読みが困難な場合や，捜査方針の樹立が困難な場合，展開した基本的捜査方針に疑問が生じた場合には，行動科学的な視点に基づく分析結果や，犯人が行なった行動の説明の根拠となる情報を提示することができる。

次に，個々の捜査員の経験を間接的に補充することができる。事件発生数には地域差があり，個々の捜査員のもつ経験にも地域差が生じているのが現状である。犯罪者プロファイリング情報に接することで，事件数の少ない地域や，経験の少ない捜査員でも，全国の類似事件の発生状況を把握することが可能となり，刑事警察における警察力のボトムアップも期待できる。

これらの効用により，最終的には捜査コストを軽減することが可能となる。可能性の高い犯人像を提示することによって，山積する捜査活動に優先順位をつけることが可能となり，捜査にかかる人的・時間的コストを軽減し，捜査効率が高まることにより，早期検挙・早期解決の実現を支援することができる。

Q7. 犯罪者プロファイリングを依頼できる窓口はどこか？
A. 現在，科学警察研究所のほか，北海道をはじめとするいくつかの都道府県警察でも犯罪者プロファイリングによる捜査支援を行なっている。しかし，犯罪者プロファイリングに専従する部署をもつ都道府県警察はま

表1-3 犯罪者プロファイリングにできること(渡邉・池上,1998)

①連続犯行が同一犯であるか否かの判断を示す
②あるタイプの犯罪を行なう可能性の高い犯人の諸属性を提示する
③連続犯行がエスカレートする可能性を示す
④犯行地点と居住地との関連性を提示する
⑤連続犯行の発生範囲の可能性を示す

だ少ない。担当部署がない場合，実際に現場の第一の窓口となり得るのは各都道府県警察の科学捜査研究所に所属する心理担当者であろう。科学捜査研究所の心理担当者は，科学警察研究所の心理担当者や全国の科学捜査研究所の心理担当者との連携をとっている。そのつながりの中で最適な方法を探ることが可能だからである。

精神医学や心理学を学んだ人であれば誰でも犯罪者プロファイリング情報を示すことができるわけではない。それは，犯罪行動や犯罪者に関する知識や犯罪捜査に関する知識が必要とされるためである。そのため，警察庁の科学警察研究所では犯罪者プロファイリングのための研修を行なっている。

なお，参考までに，英国の国立警察活動支援部が提示する行動科学アドバイザーとしての適性を紹介しよう。それは，①対人＆言語コミュニケーションスキルがある，②誠実な人格，③文章力がある，④批判的思考のスキルがある，⑤仕事が管理できる，⑥行動科学を捜査に応用する方法に通じている，⑦捜査や司法過程に関する知識がある，の7点である（Gregory, 2005）。

Q8. 犯罪者プロファイリングは，進化する手法なのか？

A. アメリカで生まれ，世界各国の捜査機関で取り組まれている犯罪者プロファイリングであるが，その手法は確立したものではなく，改善すべき点はまだ多い。特定の手法であらゆるパターンの犯罪をカバーするのではなく，それぞれの犯罪のパターンに適したアプローチを検討するため，知見の蓄積にはそれなりに時間を要するためである。しかし，科学的な面，捜査の実務的な面の双方で，犯罪者プロファイリングをより強固なツールとすべく，研究や実践は積み重ねられており，その手法は進化し

ている。

4 犯罪者プロファイリング活用の注意点

(1) 何を知ることができるのか

犯罪者プロファイリングを活用する場合には，何を知ることができるのかを正しく把握することが重要である。具体的な例については本書の中で詳しく示していくが，犯罪者プロファイリングができることは，表1-3に示す5点に要約される。表中に示される「可能性の高い犯人像」や「犯行地点と犯人の居住地点との関連性」については，単発で発生した事件についても示すことが可能であるが，「同一犯であるか」「犯行はエスカレートするか」「犯行の発生範囲」の判断については，連続犯行に関してのみ提示することが可能なものである。この中で，「犯行地点と居住地との関連」と「犯行の発生範囲」に関する予測は，地理的プロファイリングと呼ばれている。第2章4節で詳細に述べられるが，この地理的プロファイリングは，可能性の高い犯人像に関する情報や，ほかの犯罪情報分析から入手できる情報と併せて使用することでかなり有効な手段といえるだろう。

(2) 分析に必要な情報は何か

プロファイリング分析を行なう場合，入手可能なすべての情報が必要とされる。依頼する人の個人的判断によって限定してしまった情報は，その限定の影響を受けて分析結果が歪む可能性が高くなる。また，何が重要な情報であるかは分析により明らかになるため，あまり重要ではないと思う情報でも分析の基礎となるデータにはかかせない。限定された，偏った情報からの推定が間違った犯人像を導きだす危険性があることは，連続児童殺傷事件をはじめ，多くの事件でマスコミに登場した専門家が提示する「犯罪者プロファイリング」により証明済みであるといえよう。

5 おわりに

犯罪者プロファイリングは，あくまで可能性を示すものである。そのため，100％や0％を保証することはできない。時には，間違った犯人像を提示する場合もあり得る。そのため提出された犯罪者プロファイリング情報に関して，

どの程度採用するかを決定する裁量は捜査指揮官がもっており，情報をどう読むか，どう利用すれば効果的かについては，捜査指揮官や捜査員が知恵を絞らなくてはならない。また，それと同時に，分析者はどのように分析結果を提示すれば捜査指揮官や捜査員にとってわかりやすく，捜査手法に反映しやすいかを考え，工夫しなければならない。

Topics ▶▶▶ 1
P・コーンウェルのプロファイラー

　DNA鑑定など現在開発中の司法科学の新手法について，ガーバーとセイファーシュタイン（編著）がわかりやすく紹介している単行本『科学捜査―続・化学と犯罪―』（山崎昶 訳，2000）がある．この最終章にて，司法科学がフィクションの犯罪捜査においても，いかに重要な役割を果たしているかを論じているのだが，その例としてパトリシア・コーンウェルの「検屍官シリーズ」があげられている．

　日本でも有名なこのシリーズには，主人公の検屍官ケイト・スカーペッタをはじめ，地元警察のピート・マリーノ，スカーペッタの姪ルーシー，指紋検査の専門官ニールズ・バンダー，人骨の専門官デイヴィッド・カンター（リバプール大学のDavid Canter教授とは無縁であろう）など，個性豊かな人物が登場してくる．が，この物語の中で最も重要な人物といえば，心理分析官のベントン・ウェズリーではないだろうか．当初は「ハンサムと言ってよい顔立ちなのだが，ひどく無表情．何を考え何を感じているのか皆目わからない」（3作目『遺留品』）のだが，後にスカーペッタと結ばれ（5作目『死体牧場』），非業の死を遂げるまで，お互いにとってかけがえのない存在となっていくのである．

　ウェズリーは心理学の修士号をもち，FBI捜査官になる前はダラスの高校の校長を務めていた．クァンティコのFBIナショナル・アカデミーにおり，ViCAPを軌道に乗せるための努力や死亡事件捜査の講師を行なっていた（1作目『検屍官』）．所属する課は，行動科学課，捜査支援課，HRT（人質救出チーム）の一部と何度も名称が変わっているが，いつもその場所はアカデミー地下18mにある窓のないオフィスであった．その中で，ダークスーツのズボンに糊のきいた白いワイシャツ，流行の細身のネクタイといったこざっぱりした身なりで，いかついが健康そうな美男子のウェズリーが居たのである．

　ガーバーらの本でも指摘しているが，これらシリーズにて犯人像を割り出すためのFBI方式犯罪者プロファイリングの様子が詳細に描かれている．2作目『証拠死体』では，犯罪者プロファイリング対象の事件関係資料，報告書，現場のスケッチ，ポラロイド写真，手紙のコピーなどをデスクの上に広げ，それらを眺めながら犯人像を構築していく有り様が出てくる．また，5作目『死体牧場』では，ウェズリーのみが犯罪者プロファイ

リングを行なうのではなく，州や地元の捜査官，女性プロファイラー，マリーノ，スカーペッタらによる共同の推定過程が詳しく描かれている。FBI方式の犯罪者プロファイリングが，ブレインストーミング（p.55＊2を参照）を重視するものであることがよくわかる一場面といえる。また，FBI方式の要である「秩序型」「無秩序型」についての言及も臨場感にあふれており，示唆に富んでいる。「……秩序だった殺人者がしだいにめちゃくちゃになっていくというのは聞いたことがある。暴走し始めるわけだ。たとえば連続殺人犯のバンディ。終わり頃の犯行では，彼は狂乱状態になっていた。しかし逆に，無秩序な犯罪者がきちんとしてくる例はまずない。そういう奴が規則的，理性的になって秩序だってくることは，ありえないんだ」（4作目『真犯人』）。ウェズリーは実在のプロファイラーではないのか，と疑わせるほど，作者コーンウェルの犯罪者プロファイリングに対する見識に，小説を読みながら驚嘆した捜査員や犯罪心理学者も少なくないだろう。このリアル感こそ，シリーズの人気を持続させる要因に違いない。

　さて，儀式を望まなかった彼の葬式には20人ほどの人が集まった。「ベントンの昔からの大事な知り合いもきていた。引退したエージェントや，FBIアカデミーの前責任者だ。彼はベントンが行なってきた刑務所での犯罪者への面接や，犯罪者プロファイリングの研究の重要性を，早くから認めていた。ベントンの専門だったこの技術は，テレビや映画で安易に取り上げられて，今ではめずらしくもなくなっている。だが犯罪者プロファイリングは，かつては斬新な手法であり，ベントンはその開拓者だった。異常人格者という，良心のない邪悪な人間を理解するためのこの技術は，彼がつくりだしたものだ」（9作目『業火』）。このウェズリーの死は，FBI方式の終焉を暗示しているかのようである。しかし，それは犯罪者プロファイリングそのものの終わりを意味するものではない。個人技を重んじる"アート"の部分の終焉であり，"科学"の部分はむしろ進展している。彼の死は，新たな犯罪者プロファイリングへの始まりを啓示するものと評価すべきである。

　ガーバーらの本に戻ろう。この本の中で，あらゆる犯罪捜査の手法が考古学者の方法と共通している，との卓見がしるされている。対象とする時間単位は異なるが，双方とも過去の再構築であるとする見解である。開発中の新たな手法，犯罪者プロファイリングもこの例にもれまい。あらゆる現場資料が客観的に検討され，犯人に関する生き生きとした情報が再構築される手法ができあがれば，ウェズリーはまた生き返るであろう。フィクションは，事実を映す鏡である。

2節 捜査における犯罪者プロファイリングの役割

1 はじめに

　従来，事件の捜査にたずさわる捜査員は，長年の経験によって蓄積してきた知識を用いて，犯人像を思い描きながら事件の解決をめざしてきた。その過程は「職人芸」の要素が強く，ほかの人にことばで説明することが容易ではないと聞く。獲得された知識は，その人に固有なものであるため，捜査担当からはずれると，埋もれたままになってしまう。後継者は，また新たに経験を積まなければならない。事件の一層の複雑化・巧妙化が叫ばれる昨今の情勢において，積み上げられた捜査のノウハウが人に伝わらないことは，惜しい限りである。

　一方，「犯罪者プロファイリング」は，心理学・精神医学・社会学などさまざまな領域の知見に基づいて，犯行現場に残された痕跡から犯人の特性を導きだそうとする。すなわち，犯罪者プロファイリングは，「行動科学に基づいた事件分析の手法」といえる。犯人像推定の根拠は，客観的情報により与えられる。

　それならば，捜査員の推論過程を，犯罪者プロファイリングで用いられる行動科学的視点からとらえ直すことができれば，「経験」を残すことが可能になるのではないだろうか。犯罪者プロファイリングの考え方を，従来の犯罪捜査に適用させることによって，より効率的な捜査が展開できるのではないだろうか。

　この節では，実際の事例を用いて，すでに検挙された犯人の行動特徴を，犯罪者プロファイリングの視点から再検討した。犯罪捜査において，どのような場面で犯罪者プロファイリングを利用することができるのか，いくつかの提案をしていきたい。

2 連続犯行可能性の評価

　1人の犯人がいくつもの事件を連続で起こした場合，各事件に共通した特徴が認められることが多い。この点に着目して，連続的に発生した事件が同一犯によるものか否かを判断するために，犯罪者プロファイリングを利用できる。

複数の事件につながり（リンク）があることが判明すれば，単一の事件のみを分析するよりも多くの手がかりを，総合的に検討して捜査を進めることができる。また，同一犯人による連続事件と考えられる場合には，犯行地点から犯人の居住地を推定する「地理的プロファイリング」を行なうことができる。

(1) 複数事件のリンク

> **事例1** 宅配便を装った連続強盗事件
>
> 住居侵入容疑で逮捕された男が，「マンションで主婦を緊縛して現金とカードを盗み，直後にカードで預金を引き出す」という手口の強盗事件を，5件自供した。

いずれの事件にも，次のように共通した特徴があった。
① マンション上階の端部屋をねらう
② 犯行直前に保険会社をかたって架電し，家族状況を聞き出したうえで，主婦が1人でいることを確認する
③ 現場付近で段ボール箱を拾い，宅配業者を装って訪問する
④ ドアが開くと，いきなりナイフを突きつけて脅す
⑤ 部屋に入るとすぐに，ガムテープで目隠しをする
⑥ 室内で電気コードを調達し，両手足を逆えび状に縛る
⑦ 現金やカードは，所在を聞き出してから盗む
⑧ 「刑務所を出たばかり」とのセリフを残す
⑨ 犯行中，タバコを吸う
⑩ 室内にあったナップサックや布を頭にかぶせ，目に貼ったガムテープを剥がしてから逃走する
⑪ キャッシュコーナーへは，ヘルメットをかぶっていく

犯人は，人があまり来ない場所を選定し（①），女性が1人しかいないことを確認したうえで（②），居住者に警戒させることなく室内に入り（③），手際よく目的を達成している（④⑤⑥⑦）。顔を見られないよう配慮し（⑤⑩⑪），ヘルメットをかぶったままでは不審に思われそうな夏場には，犯行に及ぼうとしなかった。

かなりの計画性が認められる反面，犯行に使用した道具の一部を現場で調達

している点（③⑥⑩）は，場当たり的な行動をとっているようにも思えた。しかし，逮捕後理由を尋ねると，

「段ボール箱は，車の運転ができず電車を利用したので，持っていけなかった。遠くから運んでいると怪しまれるので，なるべく現場に近い所にあるゴミ置場などで拾った。」

「預金を引き出す時間を稼ぐため，被害者を縛って逃走する必要がある。だが，遺留品からの捜査を避けるために，持ち込む品物は極力減らしたい。電気コードは現場に必ずあると考えた。」

「ガムテープといえども持ち帰らなければならないので，目隠しの代わりになる物を探した。」

と供述し，実際にはかなり考えたうえでの行為であったことが判明した。

さらに，犯人は「刑務所を出たばかり」と被害者に告げているものの（⑧），前科はなかった。また，日頃タバコを吸わないにもかかわらず，現場ではわざとタバコを吸った（⑨）。これらは，被害者に違う犯人のイメージを与えようと工夫した結果であった。

一見すると統一性のない行動であっても，背景には「逮捕を免れたい」という犯人の一貫した意志がうかがえた。犯行前に何度もイメージトレーニングをし，現場でそれを実行に移していたとのことであった。一連の犯行でくり返し行なわれた行為に着目し，その意味を考えながら，各事件をリンクしていくとよいだろう。

ただし，複数事件を同一犯によるものと評価するには，留意しなければならない点がある。

(2) 地理的・時間的近接性の評価

> **事例2** 足フェチによる連続強制わいせつ事件
> 　マンションの階段やエレベーター内で，10代・20代の女性がいたずらされる事件が，1年間で20数件発生した。いずれの事件でも，被害者はナイフを突きつけられ，「足を触らせろ，さもないと殺すぞ」と脅されていた。
> 　発生場所はすべて同じ区内で，逮捕された犯人も近くに住んでいた。

ある程度限定された地域内で，短期間のうちに連続して発生した事件は，同

一人物の犯行と判断されることが多い。

しかし，例外もある。

> **事例3** 年少者を狙った連続強制わいせつ事件
>
> 　同じ区域内で，学校から帰宅した小中学生の女児が，マンションの階段踊り場やエレベーター内で体を触られる事件が，相次いで発生した。警戒中の警察官が犯人を1人逮捕したが，その後も同種事件の発生は止まらなかった。結局5人の犯人が検挙された。

この場合，犯行手口の情報だけでは，すべての犯人を割り出すことは困難だったであろう。目撃情報なども吟味し，粘り強く捜査を継続したことがよい結果につながった。また，事例1であげた5件の強盗事件は，3府県にまたがって発生しており，一方隣接地域では同時期に模倣犯が現われたため，捜査が混乱した。地理的・時間的に近接しているからといっても，各事件の犯行内容のみにこだわらず，目撃情報も参考にするなど多角的に検討したうえで，同一犯によるか否かの判断をくだす必要がある。

(3) 目撃証言の評価

　事件が発生すると，捜査員はまず被害者から犯人の特徴を聞き出そうとし，目撃者がいないか周辺で聞き込みを始める。証言に基づいて作成された似顔絵のおかげで，多くの事件が解決にいたっている。

　しかし，事例1では，被害者から聞き取った犯人像は，身長・年齢・人相が一定ではなかった。被害にあった恐怖の中での記憶であるため，多少のゆがみは仕方がないと思われる。過大評価せず，ある程度の誤差を考慮に入れながら，犯人が残した行動の痕跡と矛盾しない結果を導くよう分析を進めていくべきであろう。

(4) エスカレートした犯行パターンの評価

　同一犯が犯行をくり返す間に，やり方がエスカレートしていく場合がある。

> **事例4** パンティ仮面による連続強姦事件
>
> 　マンション屋上にいた不審な男を逮捕して取り調べたところ，強制わいせつ事件や強姦事件を十数件自供した。

どの事件も，
①対象の女性は，夜遅くにコンビニへ行って探す（１人暮らしである可能性が高いと予想）
②好きなタイプの女性を見つけて尾行する
③女性がマンションへ入ると追いかけずに外で待つ（照明の点灯を見て部屋を確認）
④高層階の部屋をねらう（高層階は窓が無施錠であることが多いと予想）
⑤昼間に屋上からベランダへ降りて下見をする（無施錠の確認）
⑥改めて夜に，室内に入る
というやり方だった。

　最初はベランダで窓越しに室内を覗いていただけだったのが，被害者が就寝中や入浴中に侵入してわいせつ行為をするようになり，留守時に中へ入って帰宅するのを待ち伏せるまでになった。

　その後，街で偶然，被害者の１人に出会い警察に突き出されそうになるが，金を払って示談が成立し，難を逃れた。それ以降，顔を見られないようにとの配慮から，被害者宅で調達したパンティをかぶって犯行に及ぶようになった。

　次に，パンストで両手を縛り相手の抵抗を抑圧することを思いつき，後には包丁で脅すようになった。

　さらに，写真撮影をしてそれをネタに脅し，同じ被害先に何度も足を運ぶようになった。

　この犯人は，犯行を重ねるにつれて室内での滞在時間が延長し，やることが大胆になっていった。また，被害者の態度を見て，状況に対処する方法を学習していった。

　事件内容を１つずつ見ていくと，細部で異なる点があるため，別に犯人がいるようにも思われる。ところが，発生順に並べてみると，実は同一犯が手口をエスカレートさせたものであったことがわかる。このような可能性も考慮に入れながら，犯人の行動を分析していく必要がある。

(5) 多様な犯行パターンの評価

> **事例5** 連続強盗・強姦事件
>
> 　空巣ねらいで逮捕された男が，12件の強盗・強姦事件を自供した。
> ①路上・マンション入口・エレベーターなど，屋外で女性を追いかける
> ②ナイフとエアガンを突きつけて，「金を出せ」と脅す
> という共通した特徴があった。
> 　金を強奪したあと強姦にいたるときがあり，その場所は，被害者の居住室内の場合と，屋上・階段・植え込みなど屋外の場合の両方あった。中には，パンストやガムテープで緊縛した例もあった。

　被害者への接近方法は，どの事件にも共通していたが，「強盗で終わるのか，さらに強姦まで行なうのか」「どこで強姦するのか」「どのように相手の抵抗を抑圧するのか」については，被害者がとった行動によって異なっていた。対人犯罪の場合は，被害者の行動も参照しながら，犯人がとった行動の意味を分析しなければならない。

3　余罪捜査への応用

　犯人未検挙の時点で複数事件をリンクする方法の応用として，ある事件で逮捕した人物に対して，別の事件への関与を追及する余罪捜査においても，犯罪者プロファイリングを利用できる。

(1) 同種事件の犯行可能性の検討

> **事例6** 独居老女連続強盗殺人事件
>
> 　アパートで管理人をしていた独居老女が扼殺される事件が発生し，捜査の結果，アパートの元住人が逮捕された。4年前，現場から約300m離れたマンションでも，管理人の独居老女が殺害される事件が起きていた。

　2つの事件には，
①犯人は，午後10時頃，玄関から侵入している
②室内をくまなく物色し，現金を盗んでいる
③引出しや扉は開放したまま，中の物は散乱させたままにしている
④指紋を拭った跡がある

⑤座布団や下着で被害者の顔を隠している
という類似点が認められた。しかし，
　　⑥4年前の事件の死因は，解剖所見では角材様の物で殴られたことによると
　　　されており，殺害方法が異なっている
　　⑦逮捕された男が無口でおとなしく，本件も任意同行直後にすぐ自供してい
　　　る態度からみて，過去に殺人事件を起こしているようには見えない
などの理由から，4年前の殺人事件に関与している可能性は低いとの意見が，捜査員の大勢を占めていた。
　取調べを行なったところ，「レンチで頭を殴ったあと，手で首を絞めた」と殺害を認めた。
両事件とも，
　　⑧生活に困ってわずかな金でも欲しかった
　　⑨力の弱い老女しか，金を奪い取る対象がいなかった
　　⑩管理人だから金を持っているだろうと考え，借金を申し込んだが，断られ
　　　た
という同じ状況下で，同様の方法で犯行に及んでいたことがわかった。
　当初それぞれ単独の事件とみなされていた強盗殺人事件は，結果的には同一犯によるものであった。犯人の姿を見て主観的に判断するだけでなく，行動パターンやその背景も分析したうえで，結論を導くほうが望ましいと思われる。

(2) 罪種が異なる事件の犯行可能性の検討

> **事例7　窃盗犯が殺人犯**
> 　豪邸に空巣に入った容疑で逮捕された男。
> 　約半年前，管轄する警察は異なるものの，高級住宅街で老女が刺殺され，現金や宝石類が奪われる事件が発生していた。

手口を比較したところ，
　　①無締まりの窓から靴を脱いで侵入する
　　②侵入口を閉めて逃走する
　　③現金と貴金属の窃取を目的としている
　　④現場でバッグを調達して品物を持ち出す

という共通点が認められた。

　追及の結果,「誰もいないと思って盗みに入ったが,中から人が出てきて大声を出されたので,持っていたナイフで刺した」と殺害を自供した。

　当初逮捕された窃盗事件と,別に疑われた殺人事件とは,発生場所が離れており,男が殺人事件の被害品を所持していたわけでもない。表面的には接点がなかったにもかかわらず,殺害が窃盗犯による犯行の延長であるかもしれないと考えて取調べをした結果,殺人も犯していたことがわかった。物証が乏しくても,犯人の行動パターンを考慮して,罪種別にこだわらず,関連がありそうな事件の可能性を検討したことが,事件解決につながった。

4　前歴者リスト検索の助言

　事件現場の状況によっては,以前に逮捕された者の中から容疑者をピックアップして捜査を進めていく場合がある。犯罪者プロファイリングの視点から犯人の行動を分析することによって,どの罪種の前歴者リストを検索したらよいのか助言することができる。

> **事例8　連続強姦犯は窃盗犯**
> 　マンションへの忍び込み事件で逮捕された男が,同種窃盗事件約100件のほかに,強姦・強姦未遂事件を約70件自供した。

ほとんどすべての犯行について,
　①深夜から未明にかけて,マンションの無施錠の玄関や窓から侵入する
　②被害者宅で調達した包丁を突きつけて脅す
　③目をつぶらせ,「そのまま200まで数を数えろ」「5分間じっとしておけ」
　　と言い残して逃走する
という共通した特徴が認められた。強姦が未遂に終わった例は,被害者の抵抗が激しかったためであった。犯行地域は広範囲で,15の警察署管内にまたがっていた。

　強姦事件が発生した場所の近辺で盗難事件も多発していることに気づき,過去に逮捕した忍び込み常習者のリストを検索した結果,容疑者が浮上した。この犯人は,忍び込みとして確立したやり方で金銭的な目的を果たし,室内に女

性がいた場合に強姦に及んで，性的な目的を達成させていた。罪種別や地域にこだわらず，くり返される犯行パターンに着目することで，容疑者が含まれる可能性の高い前歴者リストがどれであるかを，助言することができる。

5　おわりに

　連続犯についての事例を紹介し，それぞれの事件には共通した行動特徴が認められることを示した。背景には犯人の基準で考えた論理が隠されており，それを見抜くことが，犯罪者プロファイリングへの第一歩となるであろう。

　過去の事件のデータを行動科学的視点から分析することによって，現場で観察された犯人の行動から捜査をどのように展開させていったらいいのか，示唆を得ることができる。その結果，「経験」や「勘」ということばでかたづけられてきた「職人芸」が，説明可能な知識に置き換えられて，多くの捜査員が共有できるようになるかもしれない。

　犯罪者プロファイリングは，収集された情報をいかに効率よく分析するかという指針を与える点でも，犯罪捜査に貢献できると思われる。

Topics ▶▶▶ 2

学生のための犯罪情報分析研究

　日本犯罪心理学会や日本心理学会などの年次大会で，犯罪者プロファイリングに関する研究発表を行なっていると，若手の研究者や学生から「犯罪者プロファイリングについて研究してみたいんですが……」といった相談をよく受ける。犯罪者プロファイリングは犯罪捜査活動の中で行なわれる作業であり，その研究を行なえるのは犯罪現場や犯罪情報を比較的容易に知りうる実務家や研究者に，今のところ限られている。また日本では，欧米諸国のように捜査部門以外の研究者が事件捜査や事件対策に関与することがほとんどない。この本の執筆者などが，学会などを通じて研究成果や現状を広く知ってもらうよう発表しているが，直接的な犯罪情報を提供することは非常に困難である。学生が，犯罪者プロファイリングに関する研究を行なうことは，かなり難しい。

　しかしながら，広義の犯罪者プロファイリング，すなわち「犯罪情報分析」の研究を視野に入れると，公表されている犯罪情報をうまく利用すれば，ある程度の研究が可能ではないかと考えられる。そこで，実際の犯罪捜査場面における分析手順をふまえながら，学生が行なえる「犯罪情報分析」の研究について提案してみたい。

1．目的とデータ

　いかなる研究分野でも同じだが，まず先行研究をしっかり読み，それらを整理することから研究は始まる（文献の選定については，本書の引用文献を参照されたい）。ただ，犯罪情報分析の研究においては，扱える犯罪データによって研究目的が限定されてくる。どの程度の犯罪データが入手可能か，その質と量を評価し分析を通して何が言及できるかを十分考えたうえで，関連文献を読みながら目的を設定することが大切である。犯罪関連データの収集には，次のような方法がある。

　　新聞記事からの収集：新聞記事からのデータ収集は，手間のかかる地道な方法だが，良質で詳細なデータが得られることから，犯罪情報分析にはかかせない方法といえる。関連する事件の記事を継続して収集すれば，有効なデータベースができあがるだろう。なお，情報元の新聞名と発行年月日は，データごとに必ず記録しておくことを忘れてはいけない。

インターネットからの収集：まず，犯罪の大まかな状況を知るには，『警察白書』などの公的機関の報告が有効である。関連機関のホームページからダウンロードが可能なものもあるので活用されたい。また，警察庁や都道府県警察のホームページから，個々の犯罪データが入手できる。たとえば，「ひったくり」や「声かけ事案」などの発生年月日，発生場所などが，情報開示されている警察本部ホームページもある。まずは，地元の警察署や警察本部のホームページをじっくりと眺めてみてはどうだろうか。

各地方紙のホームページには，有料ないし無料の記事検索もあり，そこから特定地域の事件データが入手可能でもある。なお，これらの場合も，データの出所と発表年月日はもとより，いつの時点でのデータなのかを明確に記録しておく必要がある。

調査紙法，面接法による収集：一定のエリア，一定の組織を構成するメンバーに，犯罪被害や犯罪に対する不安感などのアンケート調査を行ない，関連するデータを入手する方法である。また，事件発生当時の町内会や自治会の取り組みなどを，その代表者に直接会って聞き取りすることも有効といえよう。ただ，これらの方法の場合，前述の新聞記事や警察サイドからの情報を十分にふまえたうえで，データ収集を行なうことが重要である。犯罪情報分析の研究では，実際に発生した犯罪情報を扱うことが前提であるため，うわさ話や未確認情報も反映されるアンケート結果のみでは，分析が十分にできない場合が考えられるからである。

発生現場の観察法による収集：前述の各方法から収集されたデータをより詳しくするため，発生現場ないしその付近の状況を，多角的に把握する必要がある。もし，それらの発生場所に行くことが可能であるならば，筆記具およびデジタルカメラなどの記録器材を持参し詳細な現場観察を行なってみてほしい。新聞記事などからは得にくい，現場の雰囲気や社会的ないし物理的環境に関するデータが収集できるだろう。ただ，場所によっては危険性の高いところや観察困難な所があり，事前に承諾が必要な場合もある。倫理的な面の配慮も必要だろう。詳細な観察計画を立て，指導教官の指導を受けながら行なうことが不可欠である。なお，現場観察が無理ならば，発生現場がある自治体のホームページや電子地図などを利用し，現場の環境や地域性を調査することもお勧めする。

2．分析ツールと分析手順

収集した犯罪関連データは，パーソナルコンピュータに搭載された表計算ソフトなどを用いて，データベース化する。どのような項目（変数）で

入力するかは，研究目的によって異なるため関連する先行研究を参照することが大切である。おもな項目を紹介しよう。

「事件の内容，犯罪行動に関する項目」：罪名，発生日時，発生場所（住所）など
「加害者に関する情報」「被害者あるいは被害物に関する情報」：性別，年齢，職業など
「犯罪発生場所に関する情報」：地域の特質（住宅街，飲食店街など），道路交通状況，家屋の特質（2階建てアパート，一戸建てなど），被害個所の特徴など
「住民や地域社会に関する情報」：事件に対する住民の対処行動，犯罪不安感など

　これら入力したデータから，表計算ソフトの基本統計ツールなどを用いて項目ごとの単純集計を算出し，まずデータ全体を概観してみる。研究目的によっては，専門の統計処理ソフトにより高度な分析を行なわなければならない。なお，市販の電子地図を用いて発生場所によるデータ整理も，犯罪情報分析には有効である。連続的に発生する事件の場合，それぞれの発生場所の位置的関係，距離などを抽出し分析に用いることができる。

3．分析の結果
　以上のようなデータ収集や分析を行ない，例えば「連続放火事件の着火箇所と時期に及ぼす影響要因」といったテーマについて，犯罪情報分析の研究をすることが可能であろう。連続放火事件の事例分析ないし複数の連続放火事件の統計的分析から，「着火場所」「着火時期」に対して，どのような要因（「加害者の特質」「発生場所の特質」「住民らの防犯活動状況」など）が影響したのか，またどの段階で，どの程度影響したのか，といったことが検討できよう。
　以上に記したデータ収集や手順をヒントに，本書の各章を参照しながら，犯罪情報分析に関する研究に，ぜひチャレンジしていただきたい。

第2章 犯罪者プロファイリングの歴史と方法

1節 犯罪者プロファイリングの変遷

1 はじめに

 わが国においては，以前から「犯罪者プロファイリング」をたんに「プロファイリング」「犯人像推定」などと呼んでいたが，最近は「犯罪者プロファイリング」という用語に統一されているようである（警察庁, 2002）。

 本節では，犯罪者プロファイリングの原型とされているいくつかのエピソード，米国連邦捜査局（Federal Bureau of Investigation；以下FBI）の手法を含む北米事情，およびカンター（David Canter）の手法を含む欧州事情について略述する。そのうえで，わが国における犯罪者プロファイリングの研究から実践にいたるまでの変遷について概観する。なお，地理的プロファイリングについては第2章4節を参照されたい。

2 犯罪者プロファイリングの原型

 FBIの犯罪者プロファイリングが登場する以前から，法病理学者や精神医学者らは，犯罪捜査や戦時において，犯人や敵国首脳のパーソナリティを推定することで，警察機関や時の政府を支援してきた。それらの代表的な事例として，次の4つがあげられる。

(1) ホワイトチャペル事件

　1988年8月から11月にかけて，ロンドンのイーストエンドにあるホワイトチャペル周辺において，5人の売春婦が犠牲となった連続殺人事件が発生した（いわゆる切り裂きジャック事件）。外科医で法医学講師ボンド（Thomas Bond），あるいは法病理学者フィリップス（George B. Phillips）は，被害者の創傷（殺害後に身体を切り裂き，内臓を摘出するなど）から，犯人のパーソナリティ像などを推定している（Canter & Alison, 1999；Turvey, 1999）。ボンドは，ロンドン警視庁に宛てた手紙の中で，犯人の身体的特徴，健康状態，職業，収入，習慣，動機，性嗜好異常などについて推定した（Rossmo, 2000）。ホワイトチャペル事件は未解決事件であるが，FBIが切り裂きジャック事件から100年目という節目にあたって推定した犯人像は，ボンドの推定結果と一致していた（Canter, 1994）。

(2) アドルフ・ヒトラー（Adolf Hitler）のパーソナリティ

　1940年代，第二次世界大戦中に，米国中央情報局（Central Intelligence Agency：CIA）の前身である米国戦略情報局（Office of Strategic Services：OSS）の精神科医ランガー（William Langer）は，当時のさまざまな資料に基づいて，アドルフ・ヒトラーのパーソナリティ像を推定し，ナチスドイツ敗戦に際してのヒトラーの精神状態，および彼が最終的に自殺するという行動予測を行なった（Canter & Alison, 1999）。

(3) マッド・ボンバー（Mad Bomber）事件

　1940年代から50年代にかけて，ニューヨーク市内で発生した連続爆破事件では，精神科医ブラッセル（James A. Brussel）が，犯人属性を推定している。ブラッセルが作成した犯人像は，パラノイア（妄想症）であり，父親に敵意を抱き，母親から過度の愛情を注がれて育ち，コネチカット州に居住した，中肉の中年男性，外国生まれのローマカトリック教徒，独身で母親か姉妹と同居しており，ダブルのスーツをボタン掛けで着用している，というものであった。この犯人像に基づいて事件が解決したわけではないが，その後に犯行を自供したジョージ・メテスキー（George Metesky）はブラッセルが作成した犯人像と酷似していた（Turvey, 1999）。ブラッセルの推定は，犯罪統計，精神医学，犯行現場の捜査的洞察に基づくものであった（Rossmo, 2000）。

(4) ボストン絞殺魔 (Boston Strangler) 事件

　1960年代前半に，マサチューセッツ州ボストンにおいて13件の殺人事件と300件以上の強姦事件が発生した。精神科医や人類学者などから構成されたプロファイリング・チームは，これらの殺人事件と強姦事件は同一犯人による犯行ではないと推定し，2名の犯人が別々に犯行に及んだという結論を出した。この結論に対して，ブラッセルは単独犯による犯行であると推定した。最終的に，別件の性的犯罪で検挙されていたアルバート・デサルボ (Albert Desalvo) が単独で犯行に及んだことを自供した (Turvey, 1999)。

3　北米の犯罪者プロファイリング

　1960年代にカリフォルニア州の警察官であったテテン (Haward Teten) は，精神科医による犯人属性の推定に関心をもち，著名な犯罪学者，法医学者，精神科医のもとで学んでFBI捜査官になった。1970年に，FBIナショナル・アカデミーにおいて応用犯罪学のコースを開設し，これが1972年に行動科学課となった。同課は，1970年代から1980年代にかけての犯罪者プロファイリングに大きく寄与した。現在，同課はヴァージニア州クォンティコにあるFBI教養部において，行動科学および社会科学に関する研修，研究開発，相談などの業務を担っている。

　FBIによる連続殺人犯や大量殺人犯の犯罪者プロファイリングに関する研究は，強姦犯や強姦被害者に対する治療・研究の分野で高名な精神医学者バージェス (Ann Burgess) やグロス (Nicholas Groth) らとFBI捜査官による研究グループが，犯人との面接調査を通して収集した基礎データが母体となっている (Burgess et al., 1980)。FBIによるファンタジーや犯行動機などに基づく類型化は，性的殺人，強姦，幼児わいせつ，放火などについて実施され，「犯罪分類マニュアル (Crime Classification Manual：CCM) に収録されている (Douglas et al., 1992)。

　その後，FBIの犯罪者プロファイリングは，「犯罪捜査分析」(Criminal Investigative Analysis：CIA) の一手法となった (Hazelwood & Burgess, 1995)。CIAには，間接的なパーソナリティ査定，変死分析（自他殺，事故の判断），公判戦略，犯罪者プロファイリングが含まれている。また，全米の連

続犯罪者の動向を捕捉するために,「凶悪犯罪者逮捕プログラム」(Violent Criminal Apprehension Program：ViCAP)が開発され,全米における凶悪犯の事件リンクなどに活用されている。

しかしながら,FBI関連論文のいずれにも,特定の犯行方法と特定の犯人属性とが結びつく根拠について明記はされていなかった。こうした点について,FBIの手法は非科学的だとして,非難の的にもなった。しかしながら,彼らの直観的洞察による知見は,仮説としては重視すべきであり,系統的研究によって彼らの仮説を実証しなければならない,とする意見もあった(Canter, 1994)。その後,性的殺人86件の統計的な分析から,秩序型(略奪者パターン,性倒錯パターン)と無秩序型(憤怒パターン,強姦パターン)の類型が妥当であることを示したオーストラリア国家警察による研究例も認められている(Kocsis, 1999)。

一方,カナダにおいては,FBIのViCAPなどを参考に開発された「凶悪犯罪者リンク分析システム」(Violent Crime Linkage Analysis System：ViCLAS)があり,連続犯の動向を捕捉するための事件リンク分析が実施されている。カナダ連邦警察(Royal Canadian Mounted Police；RCMP)には行動科学課が設置され,犯罪者プロファイリングや地理的プロファイリングのほか,事情聴取技法や捜査方略などのアドバイス,虚偽供述に対する助言,ポリグラフ検査などが実施されている。また,オンタリオ州警察(Ontario Provincial Police：OPP)にも行動科学課があり,犯罪者プロファイラーと地理的プロファイラーが,バンクーバー市警察には地理的プロファイラーが配置され,それぞれの管轄区で捜査支援を行なっている(渡邉・横田,2004a)。バンクーバー市警察に所属していたロスモ(Kim Rossmo)は,サイモンフレイザー大学犯罪学部在籍中に,犯行行程距離がバッファーゾーン付きの距離減衰関数の確率分布に従うという「地理的犯罪者探索(Criminal Geographic Targeting：CGT)モデル」を提唱し,地理情報システム(Geographic Information System：GIS)を用いた地理的プロファイリング・システム「リゲル」(Rigel)を開発した(鈴木,2004)。さらに,ニューファンドランド警察(Royal Newfoundland Constabulary：RNC)のハウス(John House)は,GISを用いて前歴者の住所歴情報などを登録し,新たな事件が発生した際に,犯行地点から最近隣に

住所歴情報をもつ前歴者を検索して優先的な捜査の実施を支援するために，被疑者順位づけシステム（Criminal Suspect Prioritization System：CSPS）を開発し運用している（岩見ら，2005）。なお，北米の犯罪者プロファイリングを含む犯罪情報分析事情については，渡邉と横田（2004）が詳述している。

4　欧州の犯罪者プロファイリング

1980年代，当時サリー大学教授であったカンターは，鉄道強姦魔（railway rapist）事件がきっかけとなり，犯罪者プロファイリングに足を踏み入れた（Canter, 1994）。その後，彼は「捜査心理学」という新しい学問領域を築き，現在はリバプール大学捜査心理学センターにおいてさまざまな研究を実施している。

捜査心理学とは，犯罪捜査に寄与するために心理学の原理を利用し，犯罪情報の管理，捜査およびその後の公判維持を支援することを目的とした学問領域である。しかしながら，もともと犯罪学および犯罪心理学を基礎としており，またその一部は法心理学として従来から研究されてきた（渡辺, 2004）。

捜査心理学のおもな領域は，「犯罪捜査および捜査の意思決定」「犯罪者の行動」「研究の方法論とデータ分析」の3つに分けられている（渡辺, 2004）。

第1の領域には，捜査の意思決定（意思決定の心理学，コンピュータによる意思決定支援），捜査戦略（犯罪情報の戦略的活用，容疑者の絞り込みと捜査の優先順位づけ，捜査面接），被疑者に対する取調べ（面接技法，面接訓練，虚偽自白，ポリグラフ検査），目撃者に対する面接（目撃証言の心理，認知面接，供述の妥当性分析，面割り技法，顔の再構成の技法），子どもと被害者に対する面接（子どもと心的外傷を負った被害者の面接技法，子どもと被害者に対する連携支援）が含まれる。

第2の領域には，犯罪者の行動に関する理論（個人内の行動の一貫性，個人間の行動の識別性，犯罪行動のパターン），犯罪者プロファイリングのための推定理論（類型学，ファセット理論，ナラティブ理論），犯罪者の地理的行動（犯罪者の地理的行動理論，犯罪者の環境認知，犯罪者の心的地図，犯罪のリンクと犯人の居住地推定），その他（心理学的検視，脅迫文などの脅威分析）がある。

第3の領域は，情報の内容分析，数理心理学である。なお，カンターの手法の1つである，ファセット理論（facet theory）に基づいた犯行テーマ分析についての詳細は，第2章3節を参照されたい。

　カンターは大学機関に所属しているが，欧州の各警察機関では犯罪者プロファイリングを含むさまざまな取り組みがある。

　英国では，ブラムシルの警察大学校に設置されている国立警察活動支援部（National Crime and Operations Faculty：NCOF）内に捜査支援課と凶悪犯罪分析課がある。捜査支援課では，犯罪者プロファイリングや地理的プロファイリングなどが実施されており，凶悪犯罪分析課では，カナダのViCLASを英国に適合するように修正されたSCAS（Spatial Crime Analysis System）を用いて事件リンクなどが行なわれている。

　オランダでは，国家警察の犯罪情報部（National Criminal Intelligence Division：CRI）内に設置された犯罪調査・助言課が，犯罪者プロファイル作成による助言，捜査提案，人格査定，事情聴取技法などの幅広い業務に取り組んでいる（Jackson & Bekerian, 1997；渡邉, 2001）。なお，北米事情と同様に，欧州事情に関しても，渡邉と横田（2004b），桐生と渡邉（2005）が詳述している。

5　わが国の犯罪者プロファイリング

(1) わが国における犯罪者プロファイリングの研究

　1962年から65年にかけて，科学警察研究所の山岡（1962；1963a, b；1964a, b, c, d；1965a, b, c）は，殺人，強盗，傷害，性的犯罪に関する「犯罪行動の形態」という一連の罪種研究を行なった。これらの研究における分析項目は，犯人と被害者の属性，犯罪日時と場面，犯人と被害者の行動，両者の人間関係，犯行動機などであり，大量データによって各分析項目の出現頻度を算出し，典型的な事件の犯行パターンや犯人像について記述している。その後，山岡と渡辺（1971），山岡（1971）は，侵入窃盗犯の諸特性や行動範囲などを分析している。さらに「犯人像の想定」と題して，「犯罪現場に残された多くの物的証拠，犯罪手口の特徴，被害者の証言などに基づき，犯人像を想定することは可能である」と明言しており，犯人像の想定には犯行動機の推定がきわめて重要

であるとも述べている（安香・麦島，1975）。

　田村（1983a；1983b）は，東京都で発生した殺人事件183件を分析し，人間関係の濃厚さと被害者の有責性に基づいて，殺人の類型化を試みた。また，植田（1972）は，1940年代から50年代にかけて発生した身代金目的誘拐事件32件を分析し，犯人属性について記述している。

　しかしながら，わが国において，犯罪者プロファイリングを目的として組織的な研究に取り組むきっかけとなったのは，1988年から1989年にかけて首都圏で発生した連続幼女誘拐殺人事件の影響が大きい。同事件では，マスメディアを介してさまざまな識者が犯人像について意見を述べたが，その多くはあまり適切なものではなかった（田村，1992b）。田村は，連続幼女誘拐殺人事件の対策を目的とした，年少者誘拐・わいせつ事件の犯人特性について分析を行なっている（田村，1992a）。また，当時は，FBIの手法が海外において注目され，わが国においても，秩序型と無秩序型という性的殺人のFBI類型が紹介されている（田村，1992b）。

　こうした経過によって，1994年には，警察庁科学警察研究所が公式に犯罪者プロファイリング研究を開始した。これまでに，殺人事件（通り魔，バラバラ殺人など），連続放火事件，年少者誘拐・わいせつ事件，人質立てこもり事件などの犯罪について基礎研究が行なわれている（渡辺，2004）。科学警察研究所では各国の犯罪者プロファイリング事情を調査し，各国の警察および大学における犯罪者プロファイリング担当者ならびに研究者と意見交換を重ねており，それらの調査結果はさまざまな文献で紹介されている（たとえば，渡辺，2004）。さらに，GISを活用した捜査支援ツール「Criminal Pathfinder；C-Pat」を開発するなど，実用性の高い先駆的な研究が実施されている（田村，2000）。

　また，都道府県警察の科学捜査研究所でも，窃盗，放火，性犯罪，ストーキング，強盗などのさまざまな罪種に関する類型研究（高村，1999；桐生，1998；田口・猪口，1998；横井ら，1998），犯罪者プロファイリングの事例研究（龍島，1997；岩見，1999），地理的プロファイリングの研究（田村・鈴木，1997；三本・深田，1999），犯行予測の研究（財津，2005）が実施されており，最近では警察以外の他機関との共同研究も認められるようになった（田口・荘島，2005）。

さらに，1999年の日本犯罪心理学会第37回大会（東北大学）では，科学警察研究所，科学捜査研究所，大学機関のメンバーからなるラウンドテーブル・ディスカッションにおいて，実際の連続放火事件を事例にして，当時のわが国における犯罪者プロファイリングの可能性について検討されている（渡邉・桐生，1999）。また，2001年にリバプール大学で開催された第6回国際捜査心理学会では，科学警察研究所および科学捜査研究所の犯罪者プロファイリング担当者が，わが国における研究を紹介している（岩見，2002）。このように，わが国における犯罪者プロファイリングの研究は，各種学会において発表されており，識者との意見交換を経て，犯罪者プロファイリングのさらなる発展のために基礎研究が重ねられている。

(2) 実践段階の犯罪者プロファイリング

　1995年以降，科学警察研究所では公式に犯罪者プロファイリングの研究を始めるとともに，一部の都道府県警察からの依頼により，殺人，放火，性的犯罪などの犯罪者プロファイリングを行なってきた。現在，科学警察研究所では，犯罪行動科学部捜査支援研究室を中心に犯罪者プロファイリングが実施されている。

　2000年には，北海道警察本部科学捜査研究所に全国で初めて捜査現場において犯罪者プロファイリングを実施する組織，「特異犯罪情報分析係」（2000年にプロジェクトチーム，2004年から係となる）が設置された（岩見ら，2000）。2004年4月には山形県，群馬県，愛知県の各警察本部科学捜査研究所において，北海道警察タイプのユニットが組織され，犯罪者プロファイリングを実施している（桐生・渡邉，2005）。また，福島県，千葉県，熊本県，宮崎県などでは，科学捜査研究所の心理担当者に犯罪者プロファイリングを兼務させている（渡辺，2005）。さらに，京都府警察犯罪情勢分析室，警視庁犯罪捜査支援室，群馬県警察犯罪捜査支援係が設置され，その中に犯罪者プロファイリング担当者が配置されている（渡辺，2005）。

　北海道警察の「特異犯罪情報分析係；以下，分析係」には，心理担当者2名と警察官1名が配置されており，犯罪情報分析による犯罪者プロファイリングなどによって捜査対象範囲を絞り込む捜査支援業務に取り組んでいる。分析係の業務では殺人，性的犯罪，強盗，恐喝，窃盗，放火などが扱われており，

2000年〜2004年までの5年間における分析対象事件数（たとえば，連続して発生している事件が10件であれば，10件と計上する）は1,134件であり，これらの事件に関する報告書作成件数は110件であった。このなかには，犯罪者プロファイリング以外にも，捜査・取調べに対する助言，脅迫文・通話内容の分析などが含まれる。

分析係は，犯罪情報分析を重視した捜査に活用される捜査支援を目的としている。犯罪捜査における犯罪情報分析は，「行動科学などを応用して，犯罪に関連する情報を分析し，犯罪捜査に有益な情報を見いだす技術」と考えられる。それゆえ，犯罪情報分析の結果に基づいて犯罪者プロファイリングなどが実施されている。分析係の具体的な分析作業は，表2-1のように説明できる。

第1段階は，分析依頼に基づいて，警察署などに赴いて事件関係書類を収集し，さらに現場観察による犯行現場，犯行地周辺環境の情報収集が行なわれる。基本的に，連続事件ではすべての犯行現場が観察される。

第2段階は，第3段階における各種分析の基盤となるものであり，非常に重要であり，第2段階における作業結果だけでも捜査員には役立っている。たとえば，連続事件では事件情報と犯行現場の図表化，単発事件では犯行現場の図式化，被害者および犯人の行動の時系列表の作成などによって犯行の再構成などが行われる。これらの図表は，捜査員が少ない資料で事件全容を視覚的に理解することなどに役立っている。とくに，警察署の管轄をまたいで発生している連続事件では，各警察署の捜査員が自署管内はもちろん，他署管内で発生した事件情報をも共有できる点で効用がある。これらの犯罪情報の整理作業は，従来から捜査員が実施してきたことであるが，効果的プレゼンテーションを重視している点が捜査員の方法と大きく異なっている。分析係ではこの部分をとくに狭義の犯罪情報分析ととらえているため，渡辺と渡邉（2004）が紹介して

表2-1　特異犯罪情報分析係の分析プロセス

第1段階：分析対象事件に関する捜査資料の収集，現場観察
第2段階：事件・捜査情報の整理，比較，効果的プレゼンテーション方法
第3段階：事件リンク分析，犯人の属性・犯行行動・活動拠点に関する推定，犯人の犯行予測など
第4段階：各種分析による推定結果の統合・要約，捜査提言

いるインターポールの多様な犯罪情報分析とは同じものではない。

　第3段階は，広義の犯罪者プロファイリングにあたる。第3段階で使用される分析項目や分析変数は，第2段階で整理された情報から抽出される。とくに，事件リンク分析を除く各推定は，厳密にいえば，それぞれの推定結果が相互作用しており，単独で推定結果が導かれているわけではない。また，地理的プロファイリングによる犯人の活動拠点推定や犯行予測（領域的予測）についていえば，過去の類似事件における犯行地選択モデル，円仮説，地理的重心モデル，ホットスポット，転移，犯行地環境などの概念に基づいて分析が行なわれている（詳細は，Rossmo, 2000）。

　第4段階では，第3段階で導かれた各分析結果を統合・要約し，被疑者の発見や絞り込みの有効と考えられるポイントを指摘して，適用可能な既存の捜査手法を可能な限り具体的に提言する。ところで，犯罪者プロファイリングの結果を現場の捜査員が十分に理解し，捜査に活用できるような提言を行なうためには，捜査経験が豊かな捜査員の知識が必要となるため，犯罪者プロファイリング業務には捜査員の存在が不可欠であると考えられる（岩見, 2004）。

　これまでのところ，分析係の業務は，連続性犯，連続放火などの連続事件における捜査支援に効果が認められている。とくに，犯罪者プロファイリングの中でも犯行予測が，最も捜査支援に効果的であると評価されている（龍島・成田, 2003）。こうした評価は，犯行予測が犯行現場付近における犯人の発見・捕捉・検挙を目的とした，よう撃捜査などの捜査活動と直結しやすいためである。分析係が実施している犯行予測は，リンク事件の時間的・領域的予測結果と犯人の外見的特徴・行動などの推定結果の統合である。つまり，「いつ・どこで・誰が・どのように行動しているか」を予測するものであり，これらの情報に基づいて捜査員が効率的なよう撃捜査を実施できるように捜査支援しているのである。

　また，分析係では2005年からGISを利用した犯行予測も実施しており，よう撃捜査を支援するための犯行予測が，犯人検挙にいたらなくても，結果として連続事件の犯罪抑止に結びついた事例も認められる。さらに，分析係では他府県警察対象に研修を実施するとともに，科学警察研究所および他府県警察担当者との意見交換を適時実施している。

しかしながら，現状では，すべての都道府県警察において犯罪者プロファイリング業務が実施されているわけではなく，各県における犯罪者プロファイリングに関する知識や分析技術のレベルも均等とはいい難い。そのため，2005年から科学警察研究所法科学研修所において，犯罪者プロファイリングの研修課程がスタートしており，今後ますます充実した研修が実施されることが期待されている。

なお，犯罪者プロファイリングは捜査を支援する1つの手段であり，必ずしも犯人検挙という尺度だけでは，その効用を測ることができないと考えられる。たとえば，海外における犯罪者プロファイリングの有効性に関する調査（Gudjonson & Copson, 1997）では，犯罪者プロファイリングの効用で最も割合が高いのは，「捜査活動に有効であった（82.6％）」「何らかの情報を提供した（53.8％）」であり，「事件解決の一助になった（14.1％）」を大きく上回っている。また，捜査活動に役立った点としては，「事件や被疑者をより理解させてくれた（60.9％）」「捜査員の考えが専門家の意見によって後押しされた（51.6％）」が最も割合が高く，「被疑者の特定を導いてくれた（2.7％）」を大きく上回っている。わが国においても，犯人検挙は現場の捜査員の業務である。犯罪者プロファイリングの担当者が分析結果に基づいて被疑者絞り込みの捜査を実施し，犯人を検挙するのではない。犯罪者プロファイリングの結果に基づく被疑者の絞り込みと特定が，今後も捜査員によるさまざまな捜査活動によって行なわれていくことは変わりない。つまり，犯罪者プロファイリングは，捜査員の意思決定，捜査活動の優先順位づけといった，後方支援的な役割を果たしているか否かという位置づけで理解され，評価される必要があろう。

罪種別コラム 01
連続年少者わいせつ

　この事例は，日本での犯罪者プロファイリング研究，実践が始まる以前の「犯人像推定」の試みである。

　約1年半の間に同一地域で発生していた24件の「年少者わいせつ事件」が，捜査員によって同一犯とみなされていた。この件について犯罪者プロファイリングを依頼された。

　まず，24件について，被害者調書などから，「発生曜日」「時間」「現場」，被害者の「年齢」「身長」「体重」「髪型」「その他特徴」，加害者の「特徴（身長，髪型，眼鏡ほか）」「年齢（被害者供述）」ほかの17項目からなる「比較対照表」と「発生現場をプロットした地図」を作成した。また，発生現場の何カ所かは，実際に行ってみた。

　どのような年少者をターゲットにしたかは，そこに犯人の嗜好，思考，指向が直接反映され，犯人像推定のための重要な資料となるが，捜査資料からそのデータを得られないケースがあった。たとえば，被害者の「身長」「体重」「髪型」「その他特徴」の4項目について，捜査資料に記載のない事件があった（身長なし8件，体重なし16件，髪型なし14件，その他なし16件）。また，被害者は7歳〜14歳が23人で，20歳が1人だけいた。その理由は，捜査資料からはわからなかった。捜査員に聞いてみると20歳の被害者は「中学生に見える短大生」だった。

　つぎに，比較対照表に基づき，ほぼ確実に同一犯とみなせる7件を抽出した。これは，同一犯の確率が高い事件に絞り込んで推定することで，余計な情報を排除できると考えたからである。その7件から，犯人像の推定を行なった（捕まった犯人は，24件中16件の犯行を自供し，抽出した7件中6件を認めた）。

　実際に推定してみると，具体的な犯人像になればなるほど，さまざまな可能性を切り捨てることになり，誤った像を提供してしまう危険性が高くなるように思われた。しかし，抽象的な犯人像では，捜査の役には立たない。捜査の現場では，a. 犯人を捕まえるために直接的に役立つ，b. 具体的，かつ，c. 犯罪心理の専門家ではない捜査員が活用できる情報の提供が要請される。専門用語を多用した報告や抽象的に性格傾向，精神状況などを描いた推定では活用されないだろう。

結局，本件の犯人は，似顔絵などの情報をもって張り込んでいた捜査員により，銃刀法容疑で逮捕された。そのため，犯罪者プロファイリングで導きだした犯人像は実際の犯人とかなり一致していたといってよかったが，それが，捜査現場で役に立つ情報だったかどうかは，検証できなかった。また，この事例では，非行・犯罪心理学に基づく個人的な実務経験，知識にて推定を行なったが，類似犯罪に関するデータベースや統計的なデータを使用できれば，より現場の要請に応えられる可能性があると感じた。さらに，この方法は，犯人を名指しすることは無理だが，どの方向に捜査してゆけば犯人に近づけるかということに関して，1つの有力な情報を提供できる可能性があるとも感じた。ただし，情報をどのように使うかは，捜査員次第である。

　現在ならば，このような事例で，犯人を捕まえようと捜査を展開している担当者に対し，犯罪者プロファイリングが行なえる支援は，かなり違ったものになる。まず，最初に考慮すべきなのは「犯行予測」だろう。犯行行動のパターンが推定可能と思われるし，地理的プロファイリングが行なえるだけの犯行件数もある。加えて，犯人の外見的特徴もある程度わかっている。

　そうならば，探すべき犯人の外見的特徴を描き，犯行予想領域，犯行頻度の多い曜日・時間帯などの推定を行い，それを活用して捜査員を投入し，犯人を捕まえるというような方策を考えることができるだろう。

推定犯人像と逮捕された犯人

	推定犯人像	推定のおもな根拠	実際の犯人
年齢	年齢は、おおむね18歳以上、上限は、せいぜい23歳程度。	被害者は年少者のため申告の年齢幅25-30歳より若い。	24歳（逮捕時）。
生活状況	無職（アルバイト含む）の可能性は捨てきれないが、少々歳を食ったすねかじりの学生で、そろそろ親から見限られかけているとの可能性が高い。中学時代に、不登校、いじめなどがあり、進路が普通と違ってしまった人で普通の大学生や専門学校生より、定時制、通信教育、予備校の学生などの可能性が高いだろう。	犯行日時にまったく規則性がなく、時間を自由に使える者の可能性が高い。輪姦などを除けば、若年の性犯罪者は内向、孤立傾向などの非社会的な傾向が強い。	無職。定時制学生などではなかった。中学、高校時代は、暴走族とも交友があり、いわゆる突っ張りの周辺者的な存在。商業高校をなんとか卒業している。不登校、いじめはなし。母によれば「仲間外れにされている子を友だちとして家に連れてくるようなやさしい子」だった。親からは、余されていた。
家庭	独身。家族と同居している、または単身生活でもきちんと仕送りを受けている可能性が高い。 24番の事件で乗っていたマウンテンバイクが犯人のものとすると、家庭の経済状態はそう悪くない。	無職、学生と推定した場合、小銭を欲しがってはいるが、生活に困窮している様子はない。	独身。アパートで独り暮らし。両親健在。妹1人。本人の実家の生活状態は普通。本人の経済状態は破綻状態で、水道、ガス、電気はストップ。仕送りは受けていなかったが、実家からの金品持ち出しあり。
知能	知的能力は普通より高く、目先が利き、結構慎重に行動する。	手際のよい犯行（下見の可能性あり）。年少者に合わせ無理しない言動をしている。手口に工夫のあとがある。	知的能力は普通程度。目先は利くほうで、行動も結構慎重、臆病。
行動	警察らしき者が張り込んでいたり、自分を指している防犯の「お知らせ」などの危険信号には機敏に反応し、そのような場所を避けて現場を選ぶだろう。		警察の手配については、あまり気にしていなかったという。手口については、本人なりに発覚しないよう工夫していた。
前歴	前科、前歴はない可能性のほうがいくぶん高い。あっても、万引きで補導された程度。	非社会的な若年者であれば、大きな前科がある可能性は乏しい。	3,4年前に、業過致傷で罰金15万円。少年時代には、暴走族関係で、警察に事情を聞かれたことがある程度。万引きあるが、補導歴はない。
他1	常時、果物ナイフ様の凶器をジャンパーの内ポケットなどに携行している可能性が高い。	すべての事件で凶器を使用している。	ほぼ、常時携行していた。
他2	かなりの量のいわゆるアダルト雑誌、ビデオなど（ロリータものばかりとは限らない）を所持。	成功体験を重ね、よりわいせつな行為を行なっていることから、生活が性的な関心で占められてきている可能性が高く、その性的嗜好を充足させようとの行動を取っている。	いわゆるアダルト雑誌（少女雑誌）が少しだけ。ほかに、ロリータビデオの通販資料があった程度。お金がなく購入できなかった。
他3	犯人は、成功体験を重ね（おそらく、表面化していない事件が数件はある）性的な想像（妄想）を拡大しており、その性的嗜好を満足させようとする行動に出ている。そのため、自分の好みにあった被害者を選んでいることが推測される。		成功体験を重ねて、ブレーキがきかなくなっていたのは確か。発覚していない事件あり。 しかし、性的嗜好を満足させるという自覚は、少なくとも本人には乏しく、どちらかというと女の子を「支配」し、思うままにしたいとの気持ちが強かった。
住居	T川の近くに居住している可能性がある T川の橋の方向に向かう大きな通りに面したところが犯行現場として選ばれているのは、大きな通りに面したマンションを選んだ結果との可能性も考え得るが、自宅への逃げやすさのために、あまり意識せずに選んでしまったと推定。	T川の両側に犯行現場がある。橋を渡って逃げることで、安心感が得られるのではないか。（川により警察署の管轄が分かれている）	住居は、T川と反対の山側。 「独りで帰宅する小学生で、大きなマンションへ入っていく子を選んだ結果」と、本人。

2節 FBIの犯罪者プロファイリング手法

1 はじめに

　犯罪者プロファイリングというとFBI（米国連邦捜査局）を連想される方が多い。やはり映画『羊たちの沈黙』や元FBI特別捜査官のレスラー（Robert K. Ressler）らの本『FBI心理分析官』（Ressler & Shachtman, 1992）などマスコミの影響が大きいと思われる。前節で述べられているように，現在，犯罪者プロファイリングの手法は米国のFBI方式と英国のリバプール方式という2つの潮流に大別される。心理学の世界では，昔から研究対象の実験的再現性を重視し，たとえば行動のように観察可能な概念を科学化する実験心理学的方法と，臨床場面を重視して，対象となる個人の内的問題を感得し考察するといった人間理解の枠組みを必要としていく臨床心理学的方法という潮流（安香，1978）がある。犯罪者プロファイリングに関してもこの潮流が当てはまるような印象があり，リバプール方式は実験心理学的，FBI方式は臨床心理学的な色彩が強い。本節では，FBI方式による犯罪者プロファイリングの方法論と実践を中心に述べていくことにする。このFBI方式による犯罪者プロファイリングは，多くの凶悪犯罪・猟奇犯罪の犯人逮捕に貢献し，米国だけでなくカナダなどでも捜査応用の基盤とされている（渡辺，2004）。

2 FBIの犯罪者プロファイリングの方法論

(1) 歴史的・学問的背景

　FBIが本格的に犯罪者プロファイリングに取り組みだしたのは1970年代の後半である。まずFBIは，犯罪者プロファイリングの対象犯罪として快楽殺人を選んだ。快楽殺人は，日本でも時折発生して人々を震撼させるが，米国では，このような事件や連続殺人の発生が多く（Douglas & Olshaker, 1995），市民感情の面からも当然の選択であろう。FBIアカデミーを中心とした論文集（1990）によると，犯罪者プロファイリングの過程は「犯行の分析に基づいて，被疑者の性格特徴や行動特徴を特定する捜査手法」とされている[*1]。性的動

機で殺人を犯す人間は，当然，深刻な心の問題を抱えており，何らかの精神疾患や人格障害を有する可能性が推測される。米国は，前節で紹介されたマッド・ボンバー事件やボストン絞殺魔事件に代表されるように昔から精神科医・臨床心理学者に捜査協力を依頼する歴史をもつ。その結果，犯人の精神病理は犯罪者プロファイリングにおける重要な指標となり，とくに犯行動機や性格・思考のパターンに重点が置かれている。

(2) 秩序型と無秩序型

当時のFBIの行動科学課（後に捜査支援課，犯罪者プロファイリング・行動評価課と呼称され，現在の行動分析課に該当する）は，服役中の快楽殺人犯に対する面接調査を実施し，公式記録を参考にしてこれらの殺人犯を「秩序型」と「無秩序型」に分類した。表2-2にあるように秩序型と無秩序型の犯行現場には違いが認められる。秩序型はその名の通り犯行が秩序だっており，計画性があり被害者を意図的に選び，犯行の動機や目的に応じて巧みに支配して移動し，死体や凶器などの証拠を犯罪現場に残さない。一方，無秩序型は突発的に犯行を行ない，身近な場所でたまたま遭遇した人間を被害者として選ぶ。犯罪現場は乱雑で，死体も凶器もその場に放置されている。このような犯行現場

表2-2 秩序型殺人犯と無秩序型殺人犯の犯行現場の相違点（FBI (1990)を参照とし作成）

秩序型	無秩序型
計画的な犯行	成り行き的な犯行
面識のない人をねらう	面識のある人や知っている場所でねらう
被害者を非人間化しない	被害者を非人間化している
被害者と意図的な会話をする	被害者との会話はほとんどない
犯行現場は秩序だっている	犯行現場は乱雑で汚れている
被害者に服従を要求する	被害者にいきなり攻撃する
拘束具を使用する	拘束具はほとんど使わない
殺害前に暴行を加える	殺害後に性的行為をする
死体を隠す	死体を隠さない
凶器や証拠物は残さない	凶器や証拠物を残す
被害者や死体を移動する	死体は殺害現場に残す

の特徴から，次の作業として具体的な犯人像推定を行なうのである。

表2-3には秩序型と無秩序型の犯人像の違いが示されている。秩序型は，一般的に知能は平均か平均以上で社会性もあり，熟練を要する仕事を好み，配偶者や愛人をもち，車で移動するために行動半径も広い。犯行に関しては，きっかけとなるストレスが存在して，飲酒のうえ行動に及びがちであるが，犯行中の感情は統制されている。犯行後ないしは連続犯行間に自分が犯した事件報道には敏感で，状況によっては転職，あるいは転居して姿をくらませることもある。逆に無秩序型は，知能は平均以下で，社会能力は欠如して，熟練を要しない仕事に就いていることが多い。犯行に関しては，状況的なストレスの影響はないが，犯行時の感情は不安定である。犯罪現場の近くに1人で住んでいるか，職場がある場合が多いとされている。また，秩序型と異なり，事件報道には無関心で，犯行後に薬物使用や飲酒，宗教への傾倒といった目だった行動変化が現われる。

表2-4にあるように，秩序型は一見すると普通の人，時にはテッド・バン

表2-3　秩序型殺人犯と無秩序型殺人犯のプロファイル特性（FBI（1990）を参照とし作成）

秩序型	無秩序型
知的水準は平均かそれ以上	知的水準は平均以下
社会性はある	社会性が未熟
熟練を要する職業に就いている	単純作業の職業に就いている
性的能力は正常	性的能力はない
兄弟の中では年長者	兄弟の中では年少者
父親は安定した職業に就いている	父親は安定した職業に就いていない
子供の頃のしつけが一貫しない	子供の頃のしつけが厳しい
犯行中は感情をコントロールしている	犯行中は感情が不安定である
犯行時に飲酒している	犯行時に飲酒することはほとんどない
状況的なストレスがある	状況的なストレスに陥ることはほとんどない
配偶者と生活している	1人で生活している
整備された車を持ち行動範囲が広い	犯行現場の近くで生活しているか働いている
マスコミの事件報道に注目している	マスコミにはほとんど関心なし
犯行後転職したり転居したりする	重大な行動変化がある（薬物・アルコール中毒，信心深くなるなど）

表2-4　秩序型殺人犯・無秩序型殺人犯・混合型殺人犯の各犯行内容

型	秩序型殺人犯	無秩序型殺人犯	混合型殺人犯
殺人犯	テッド・バンディ （Ted Bundy）	リチャード・T・チェイス （Richard T. Chase）	ジェフリー・L・ダーマー （Jeffrey L. Dahmer）
実際の犯行内容	元法学部の学生であり、ハンサムで話術に長けていたとされる。彼は自分の好みである白人で髪が長い女性を選んで言葉巧みに車に誘い、その後相手を気絶させ、肛門性交を中心とした性行為を行ない最後に殺害した。車を使用した広域犯であり、殺害後の死体はおもに高速道路を利用して、時には数100kmも離れた場所で切断し遺棄することが多かった。典型的なサディスト型のレイプ犯でもあり、車内には被害者をコントロールするためのレイプ用の7つ道具を用意して、10以上の州で35人から60人の若い女性を殺害したとされる。初期の犯行は秩序型の典型と考えられるが、犯行を重ねることによって混合型に変化したともいわれている。1989年に死刑執行。	統合失調症の犯罪者で6名を殺害した。彼は毒によって自分の体内の血液が粉に変わるという妄想にとりつかれていた。そのため自分が生きていくには、人間の血液が必要であるという妄想をもち、たまたま選んだ鍵のかかっていない隣人宅に押し入り、家人をいきなり射殺して、死体を解体して被害者の血液を飲むなどの殺人を犯した。一連の犯行前には、精神病院に収容されていたが、そこではウサギや鳥などの血液を自分に注射したり直接飲んだとされる。1980年、医療刑務所内で隠していた抗うつ剤を大量摂取して死亡。	1978年の最初の殺人から1991年の逮捕までに合計17人の男性を殺害する。おもに町で出会った被害者に、モデルになれば金を払うなどと話しかけ、自分のアパートに誘い込んで殺害を重ねる。カニバリズム（喰人）の傾向があり、切断した死体と性交したり、頭蓋骨に細工をするなど死体をもてあそんだ。アパートには、ドラム缶に入った切断された人体ほか被害者の写真までおびただしい証拠が発見された。1994年に刑務所内で囚人に撲殺される。

ディ（Ted Bundy）のように凶悪な犯罪者のイメージからかけ離れた魅力的な人物である場合もある。一方，無秩序型は逮捕後に面接したレスラーにより『ジョーズ』に出てくるサメの目のようであったと称されたリチャード・T・チェイス（Richard T. Chase）のような変わり者，不気味な人物が想像される（Ressler & Shachtman, 1992）。どちらかというと，秩序型は人格障害者的な犯罪者であり，無秩序型は精神障害者的な犯罪者（田村，1996）である。おそらくは実際の捜査では，犯人の検挙に労を要するのは秩序型であり，比較的短期間に検挙されるのは無秩序型であろうと予想される。しかし，現実には明確にどちらかの型に当てはめるのではなく，どの型のプロファイル特性に近いかを捜査員が判断して，最終的な犯人像が推定されるのである。この分類の中心

的役割を果たしたレスラー自身も，秩序型と無秩序型というのは基本的な分け方であって，この分類をすべての事件に当てはめるには単純すぎるとしている（Ressler & Shachtman, 1992）。たとえば，同性愛の快楽殺人犯であるジェフリー・L・ダーマー（Jeffrey L. Dahmer）はゲイバーや通りなどで被害者を選んで言葉巧みに話しかけるという点では本来秩序型の殺人犯である。しかし，おもに殺害してから性行為を行ない，さらに死体を切断したり食べたりするなどの点では無秩序型の特性を示している。そのためFBIでは，犯行方法に関して，秩序型と無秩序型の両者の特性を示す者を混合型と名づけている。

(3) 犯人の発達的背景

先にも述べたように，FBIの方式は学問的な背景として精神医学・臨床心理学的な色彩が濃く，犯人の性格・思考パターンがどのように犯罪行動に反映されているかを重要視する。このことは，1978年から開始された「犯罪者パーソナリティ面接プログラム」（後にFBI論文集（1990）に集約される）と呼ばれる快楽殺人や強姦など特定の犯罪類型ごとの犯人の顕著な性格，動機，態度，行動を確認する計画の研究チームのメンバー構成に反映されている。この研究チームには，レスラーや『FBIマインドハンター』（Douglas & Olshaker, 1995）などの著書があるダグラス（John E. Douglas）ら一連の犯罪者プロファイリング・ブームの火つけ役となった特別捜査官とは別に，臨床心理学者のグロス（Nicholas Groth），精神科医のバージェス（Ann W. Burgess）らが参加している。グロスとバージェスは性的暴行研究の権威であり，彼女らの参加によって，面接調査と犯罪者評定用の項目が作成された。初期段階の研究は，服役中の快楽殺人犯26名，強姦犯・年少者わいせつ犯125名，精神病院に収容されている性犯罪者100名を対象として面接が進められた。とくに，この面接プログラムでは，犯人の発達的背景が調査されて，たとえば「人を快楽殺人犯にさせるものは何であり，初期の警告信号はどのようなものか」という疑問に答えるために，快楽殺人犯の発達上の問題も検討された。具体的な方法として，最終的に36名の快楽殺人犯と面接調査を実施して，生い立ちなどの生育史的背景特性，幼少期の家庭的背景，その結果としての個人的発達から快楽殺人犯にいたる経緯を報告した。調査によると，快楽殺人犯の大部分はアメリカ社会で一般的と考えられる比較的恵まれた家庭環境に生まれたものの，その後の家庭

環境の悪化に付随したさまざまな発達上の問題や虐待経験を通して，空想世界に愛着を求めていくようになると述べられている。また，それらの空想は，よりよい世界へ補償的な逃避をさせるものではなく，エネルギーを他人に対する攻撃と支配に集中させるものであると記されている。

(4) プロファイラーのトレーニング

FBI方式の特徴は，限定された捜査員の質の向上に重点を置いていることである。先に紹介したレスラー，ダグラスらの特別捜査官は，犯罪学，教育学など心理学的な基礎教養を受けた捜査員であると同時に，豊富な捜査経験をもっている。また，元FBIの特別捜査官であったヘイゼルウッド（Robert R. Hazelwood）は，その講義においてプロファイラーは捜査経験や学問的背景だけでなく，①常識がある，②自由な発想ができる，③個人的な感情を加えない，④分析的理論的思考ができる，⑤犯人と同じように考えることができる，という条件を満たすことが必要であると述べている（渡邉, 1998）。さらに，FBIの教育方法は，FBIアカデミーを中心として，ブレインストーミング[*2]と呼ばれる討論法を用いてトレーニングされる。また，FBIの方法は，犯罪者プロファイリングのアプローチが直感的洞察であり，経験に裏打ちされた推定という経験主義であることを認めており，同時にそれは，捜査員としての自負とも考えられる（田村, 1996）。

3　FBIの犯罪者プロファイリングの現状

(1) 犯罪者プロファイリングの運用

次にFBIの具体的な犯罪者プロファイリングの運用・実施方法について述べる。この点については，1995年6月にスコットランドのダンディー大学で開催された「犯罪者プロファイリングと犯罪分析の評価」というセミナーに参加した科学警察研究所の渡邉（1998），また，実際にFBI本部とFBIアカデミーを視察した同研究所の薩美と無着（1997）の報告で述べられているので，以下それらに基づいて話を進める。

まず，FBIの犯罪者プロファイリングの運用を考える際に念頭に置かなければならないのは米国と日本の刑事司法システムの違いである。米国では警察など独立した法執行機関の組織が18,000以上もあるといわれ，市警察や州警察な

どの地方警察組織は各州の司法権に従って機能しており，日本の警察庁にあたる総括機関は存在しない。そして，FBIは司法省に属するまったく独立した国の機関として位置づけられている。FBIは米国全土に56の支局をもつが，地方警察とFBI支局との関係には地域差があり，発生する事件によっては協力体制を維持している場合もあるが，ニューヨーク，ロサンゼルス，シカゴといった大都市では警察組織も大きいので，FBIへの協力要請はほとんどないということである。しかし，複雑な警察システムの違いのために，警察組織別の捜査能力には地域格差が予想され，必然的にFBIの特別捜査官の存在意義は大きくなると考えられる。原則的にFBIは複数の州にまたがる暴力犯罪や連邦政府の資産に関わる犯罪でないと捜査には介入しない。そのため，FBIが犯罪者プロファイリングなどの捜査支援を行なっているのは協力要請のあった地方警察の事件が中心となり，その結果として収集される犯罪データも限定されるということである。後述するFBIのデータ収集機関である凶悪犯罪者逮捕プログラムにも，薩美と無着（1997）の視察時点で全国の警察組織の5％，殺人事件にして全体の約4％しか報告されておらず，FBIといえども米国全土の重要犯罪を掌握しているわけではない。しかし，ダグラスとオルシェーカー（Douglas & Olshaker, 1995）によるとFBIが1993年に実施した犯罪者プロファイリングの大半は地方警察のために行なわれ，FBI自身の担当事件は全体の約40％と述べられている。このことから，いかにFBIが信頼されているかうかがうことができよう。

(2) 現在のFBIの組織構成

さて，科学警察研究所の薩美と無着（1997），あるいは渡邉（1998）で紹介された海外研修が実施された1995, 1996年当時は，日本の犯罪者プロファイリングが今後，どのような方向性を歩むか，模索していた時代であった。その後，結果的には日本の犯罪者プロファイリングは，どちらかというと，リバプール大学のカンター（David Canter）に代表されるような統計的犯罪者プロファイリング手法を重視した取り組みが中心的に行なわれてきた。しかし，犯罪者プロファイリングのように心理学などの行動科学を捜査に応用する手法は，たんに犯人像を推定するという視点にとどまらず，日本でも今後，「捜査心理学」（Canter & Alison, 1999），あるいは「犯罪情報分析」（渡辺，2005）など捜査

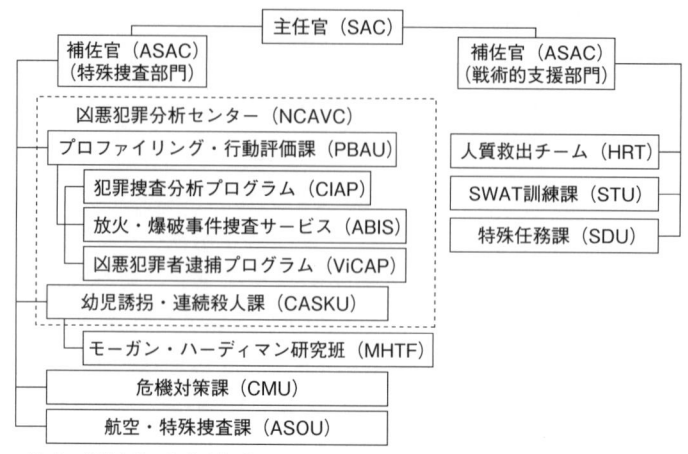

第2章　犯罪者プロファイリングの歴史と方法

```
                        ┌─────────────┐
                        │ 主任官（SAC）│
                        └──────┬──────┘
        ┌──────────────────────┼──────────────────────┐
┌───────┴────────┐                            ┌───────┴────────┐
│ 補佐官（ASAC） │                            │ 補佐官（ASAC） │
│（特殊捜査部門）│                            │（戦術的支援部門）│
└───────┬────────┘                            └───────┬────────┘
    ┌───┴─────────────────────────────┐         ┌─────┴──────────┐
    │ 凶悪犯罪分析センター（NCAVC）    │         │ 人質救出チーム（HRT）│
    │  プロファイリング・行動評価課（PBAU）│     │ SWAT訓練課（STU）  │
    │   犯罪捜査分析プログラム（CIAP） │         │ 特殊任務課（SDU）  │
    │   放火・爆破事件捜査サービス（ABIS）│      └────────────────┘
    │   凶悪犯罪者逮捕プログラム（ViCAP）│
    │  幼児誘拐・連続殺人課（CASKU）   │
    │  モーガン・ハーディマン研究班（MHTF）│
    │ 危機対策課（CMU）                │
    │ 航空・特殊捜査課（ASOU）         │
    └─────────────────────────────────┘
```

（出典：薩美山貴・無着文雄「米国FBIにおける犯人像推定の現状」警察學論集第50巻2号，立花書房，1997，P. 65）

図2－1　危機的事件対応グループ（CIRG）の組織図（1997年現在）

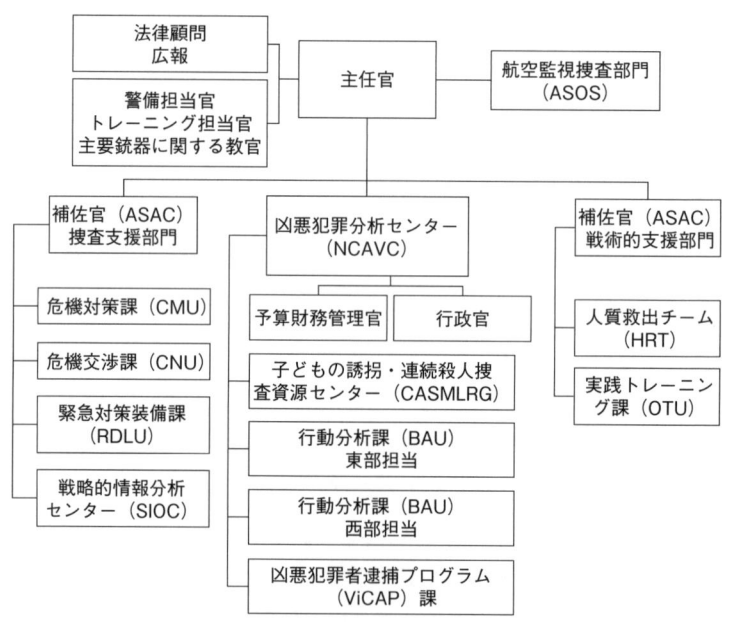

```
                法律顧問
                広報        ┌─────────┐         航空監視捜査部門
                            │ 主任官  │────────  （ASOS）
                警備担当官  └────┬────┘
                トレーニング担当官
                主要銃器に関する教官
    ┌───────────────────────────┼───────────────────────────┐
┌───┴──────────┐        ┌───────┴────────┐          ┌───────┴────────┐
│ 補佐官（ASAC）│        │凶悪犯罪分析センター│          │ 補佐官（ASAC）│
│ 捜査支援部門  │        │    （NCAVC）    │          │ 戦術的支援部門 │
└───┬──────────┘        └───────┬────────┘          └───────┬────────┘
    │                   予算財務管理官 行政官                │
┌───┴──────────┐        子どもの誘拐・連続殺人捜         ┌──┴─────────┐
│危機対策課（CMU）│      査資源センター（CASMLRG）        │人質救出チーム│
└──────────────┘                                          │  （HRT）   │
┌──────────────┐        行動分析課（BAU）                └────────────┘
│危機交渉課（CNU）│       東部担当                        ┌────────────┐
└──────────────┘                                          │実践トレーニン│
┌──────────────┐        行動分析課（BAU）                │ グ課（OTU） │
│緊急対策装備   │         西部担当                         └────────────┘
│ 課（RDLU）   │
└──────────────┘        凶悪犯罪者逮捕プログラム
┌──────────────┐         （ViCAP）課
│戦略的情報分析 │
│センター（SIOC）│
└──────────────┘
```

（出典：渡邉和美・横田賀英子「北米における犯罪情報分析」　渡辺昭一編，捜査心理学，北大路書房，2004，P. 203）

図2－2　危機的事件対応グループ（CIRG）の組織図（2003年3月現在）

活動全般に幅広く展開することが望まれ，そういう意味でもFBIの捜査戦略的取り組みは非常に重要である。本節では，FBIの司法雑誌"FBI Law Enforcement Bulletin"や海外捜査機関の実情を詳しく記述した渡邉と横田（2004）や渡辺（2005）などを参考に，最近のFBIの犯罪者プロファイリングなどに関する現状を述べたい。これら最近のFBIの関連資料を見ると，単に「犯罪者プロファイリング」（Offender Profiling）という視点よりも，さらに「犯罪捜査分析」（Criminal Investigative Analysis）という視点に重点が移行しているように感じられる。「犯罪捜査分析」とは「行動科学および捜査学的視点の両者から犯罪を分析していく過程」（FBI, 2005）とされている。

　米国の犯罪者プロファイリングの中枢は，危機的事件対応グループ（Critical Incident Response Group：CIRG）内にある凶悪犯罪分析センター（National Center for Analysis of Violent Crime：NCAVC）である。凶悪犯罪分析センターは1984年に設置された機関であり，過去10年間で発生した凶悪犯罪に犯罪捜査分析により対処するための中枢である。薩美と無着（1997）で報告されている時点では，凶悪犯罪分析センター内に，プロファイリング・行動評価課（PBAU）が存在し，さらに犯罪者プロファイリングを中心的に担う犯罪捜査分析プログラム（CIAP）と，放火・爆破事件捜査サービス（ABIS），データ収集を担う凶悪犯罪者逮捕プログラム（ViCAP）に分岐していた（図2-1）。また，プロファイリング・行動評価課はFBIアカデミー内に設置されていた。しかし，2003年3月の時点では，図2-2のように組織改正され，東部地区担当と西部地区担当の行動分析課（BAU）が犯罪者プロファイリングの中心となっている（渡邉・横田，2004）。ほかにFBIアカデミー内に行動科学課（BSU）があるが，捜査員の教育訓練やさまざまな研究が中心である。以下，行動分析課，凶悪犯罪者逮捕プログラム，行動科学課について紹介する。

(3) 行動分析課（BAU）

　何回かの名称変更を経て，現在，この行動分析課が，FBIの犯罪者プロファイリングの中枢機関であり，国内の連邦・州・地域の法執行機関だけでなく，外国の機関からの協力要請にも対応している。まず，FBIに犯罪者プロファイリングが依頼される経緯であるが，FBIの各支局にはコーディネーターと呼ばれる調整役が配置されており，担当地区で発生した重大事件に対して，地元警

察から協力要請があった際の窓口となる。コーディネーターは，事件概要から犯罪者プロファイリングの必要性を判断して，その後，事件資料の収集・連絡など行動分析課との調整を行なう。行動分析課には，5年以上の捜査経験を有するなどの所定の条件を満たした特別捜査員が10名配置（2003年3月）され，さらに西部担当と東部担当に分かれている（渡邉・横田，2004）。

FBIのホームページ（2005）によると，行動分析課により行なわれる具体的な捜査支援は，以下の項目に分けられる。その内容は，まず，「犯罪分析」「未知の犯人のプロファイル」という，まさに犯罪者プロファイリングの中核となる活動だけでなく，「捜査上の助言」「脅迫の分析」「危機的事件分析」「重要事件の管理」「尋問戦略」など捜査・尋問に関する助言，さらに，「捜査令状への援助」「起訴および公判戦略」「専門家としての証言」などの法律的側面まで全般的な支援が提供される。渡邉と横田（2004）では，行動分析課の仕事の約10%が犯罪者プロファイリングであり，30%がテロや子供の誘拐などに関する捜査手法の助言，30%が取調べ助言，最後の30%が法廷での専門家証言などとされている。また，薩美と無着（1997）によれば，FBIの特別捜査官は，犯罪者プロファイリングのような犯罪捜査分析は，捜査過程の「1つの道具」であると考えているとされ，犯罪者プロファイリングという道具を使用するか否かは，現場捜査官の意志に任せ，同時に実際に犯人を逮捕するのも現場捜査官であり，犯罪捜査分析プログラム（薩美ら視察当時の名称）から提供される情報の貢献度は，全捜査過程の10%に満たないだろうと見なしている。このように，FBIの捜査支援が，犯罪者プロファイリングに限定されていないことは，ここ数年大きく変化していない。

(4) 凶悪犯罪者逮捕プログラム（ViCAP）

次の凶悪犯罪者逮捕プログラムは，複数の法執行機関における協力・伝達・調整機能を果たし，同時に，凶悪累犯者の捜査，身元特定，追跡，逮捕，起訴に関する援助を行なうことを目的として，凶悪犯罪分析センター内に設置されている（FBI, 2005）。ここで扱われる凶悪犯罪は殺人が中心であり，全米規模の殺人に関する捜査資料を，通称ViCAPと呼ばれる調査票（Douglas et al., 1992）で収集しデータベース化して，さらに，情報を必要とする法執行機関に提供する情報センターと考えられる。捜査員が担当する未解決の凶悪犯罪に関

するデータを入力すると，ViCAPのデータベースに登録される。次に，犯罪分析官が適切な条件検索を行なった結果，過去の類似事件が検索（リンク）されると，検索された事件の当時の担当捜査官に連絡を取るように助言するという手続きが取られるのである。このように凶悪犯罪者逮捕プログラムの第1の目的は，事件発生時の犯行手口の資料を提供することであって，この機関では犯罪者プロファイリングは実施されない。さらに第2の目的として，全米で発生した未解決事件の結びつけ（リンク）をすることで，複数の州にまたがる連続凶悪事件の解決に貢献するのである。

　薩美と無着（1997）の視察時点では，この凶悪犯罪者逮捕プログラムには，7名の犯罪分析官が配備されており，ここでは捜査経験は必要条件ではなく，どの要因に重点を置いて犯罪分析を行なうか集中的な個別訓練が行なわれていた。一方，渡邉と横田（2004）によると2003年3月現在，ViCAPには19名の犯罪分析官，3名の重大事件捜査官，6名の特別捜査官の合計28名が勤務し，さらに州警察など多くの法執行機関の参加が記されており，実務捜査上，非常に有効に機能していることがうかがわれる。また，渡邉と横田（2004）では，このViCAPのデータベースには①法執行機関の自主的な情報提供が基盤であるために，十分な情報収集が困難，②調査の質問項目数が多く捜査員への負担が大きい，③選択肢の識別可能性が明確でないなどの問題点も指摘されている。一方，ソフトウェア的改良が加えられ，殺人犯だけでなく，将来的には性犯罪者も検索・分析対象とする見通しが示唆されている（Witzig, 2003）。

(5) 行動科学課（BSU）

　この行動科学課は，FBI方式の犯罪者プロファイリングの出発点となった場所であり，ここでの研究成果は先に述べたようにFBIアカデミーと凶悪犯罪分析センター名で論文化（FBI, 1990）されているほか，市販の単行本（Ressler et al, 1988; Ressler & Shachtman, 1992；Douglas et al, 1992）でも紹介されている。行動科学課は基本的に，捜査員の教育機関であり，渡邉と横田（2004）によると，日本の科学警察研究所に類似した機関として紹介されている。この機関は，法執行機関を支援するために，行動科学や社会学的視点からの教養訓練，研究などのプログラムを開発・提供することを目的として設置された。教養訓練としては，犯罪行動の生物・心理・社会的側面，犯罪分析，ストレス管

理，コミュニティ・ポリーシング，捜査心理学などをトピックスとして扱っている。また，研究面では，老女を対象とした殺人，殉職事案，テロリズム対策，年少者対象の殺人，警察官の自殺，供述心理，脅迫言動からの犯人像の推定，サイバー犯罪の行動分析，犯罪者集団の暴力，ヘイト・クライムなどのトピックスを扱っている。

どちらにしても，教育訓練，研究共に犯罪者プロファイリングに最重点を置くのではなく，さまざまな法執行機関に関する捜査関連領域において，行動科学や社会科学的視点からの捜査支援に主眼が置かれていると思われる。(なお，これらFBIの最新の組織構成や活動・研究などに関してはFBIのホームページ http://www.fbi.gov/homepage.htm に紹介されているので，さらに興味のある方は参考にされたい)

4 おわりに

FBI方式の犯罪者プロファイリングは，とくに快楽殺人を中心とした研究が中心であり，そのままでは，日本の犯罪事情に馴染みにくいと考えられていた(田村，1995)。また，科学性の面で批判されることもあり(渡辺，2005)，日本では，多変量解析を中心とする統計的犯罪者プロファイリング手法が多く研究されている。しかし，2000年に設置された北海道警察科学捜査研究所特異犯罪情報分析班に代表されるように，日本の実務犯罪者プロファイリングの専門機関は，科学捜査研究所の心理担当者と捜査経験の豊富な警察官により構成される場合が多い。これらの専門機関は，日本の捜査実務に浸透しつつあり，捜査実務上の要請に応じて，心理学など行動科学的知見と捜査経験からの視点が，折衷されることが重要である。また，捜査実務の現状としても，必ずしも犯罪者プロファイリングを，その運用に適しているとされる連続放火や連続強姦にのみ限定できる治安情勢とはいえない。犯罪の凶悪化にともない，快楽殺人はすでに対岸の火事といえる状況ではなく，今後は，日本でも特異な単発の殺人事件なども犯罪者プロファイリングの対象となる場合が増えてくるであろう。

捜査員が次々に，日本の犯罪者プロファイリングに参加している現在，改めて，捜査員の視点から構築されたFBI方式の犯罪者プロファイリングの重要性が問われる時期となっている。同時に，さまざまな捜査領域において，FBIで

行われているような各種捜査支援手法が日本に導入されることが期待されてくるかもしれない。

★注
* 1 ここでいう特定とは，日本の警察の犯罪手口分析のように前歴者の中から具体的な被疑者を特定することではない
* 2 ブレインストーミングとは，何人かのグループが，まったく制約のないリラックスした状態で，自由に空想，連想の連鎖反応を促進しつつ，奔放なアイデアを出していく（清水, 1973）創造性開発技法である。

罪種別コラム 02

殺人

　「殺人」という罪種は，犯罪者プロファイリングのイメージにきわめてフィットするようである。とくに，米国の犯罪者プロファイリングのテキストや，殺人に関する専門書において，「性的殺人」（sexual homicide）は少なからぬ比重を占める。犯罪者プロファイリングにおいて最も著名な類型である「秩序型」（organized；殺害を計画し，犯行現場で支配力を誇示するタイプ）と「無秩序型」（disorganized；犯行が無計画で，衝動的であるタイプ）は，FBIによる性的殺人犯36名に対する面接調査より得られた知見である（Federal Bureau of Investigation, 1985）。また，アメリカ精神医学会による『精神疾患の診断・統計マニュアル　第4版』（Diagnostic and Statistical Manual of Mental Disorders：DSM-IV）に記述される「性嗜好異常」（paraphilias）は，犯罪者プロファイリングのテキストにおいて，性的殺人と関連づけて詳しく紹介されている。

　わが国において過去に発生した殺人においても，性的暴行の認められる殺人は一定数見いだされる。たとえば，著者らは，殺人捜査本部事件542件の分析において，犯人が被害者に性的暴行を加えた後に殺害する犯行スタイルを一類型として見いだしている（横田ら，2003；渡邉ら，2004）。この犯行スタイルでは，被害者が全裸で発見されることが多いほか，犯人の射精や遺体の一部切断・切り取り，陰部などに異物が挿入された形跡が認められることがある。また，岩見ら（2003）は，犯行時に性的な動機あるいは性的な行為が認められた殺人，殺人未遂事件の犯人83名の特徴について分析し，性的殺人犯の特徴として，被害者と事前面識を有する者が約3割であること，約半数が，殺人，強盗，放火，誘拐，恐喝，窃盗のうちいずれかの犯罪経歴を有すること，犯行の約8割が犯人の住所，勤務先，前住所等の拠点と同一市町村区内あるいは隣接市町村区内で発生していることを示している。

　性的殺人は，凶悪かつ社会的なインパクトが強い犯罪であると同時に，犯罪者の精神病理が表出されやすいという点において，犯罪者プロファイリングに適した罪種であるといえる。しかしながら，性的殺人は，わが国においてまれな犯罪であることもまた，事実である。警察庁による公式な犯罪統計書である『平成15年の犯罪』によると，平成15年に殺人で検挙された被疑者1,456人のうち，犯行の直接の動機が性的欲求であると報告されている者

は4人のみである。それでは，わが国においては，どのようなタイプの殺人事件が多くを占めるのであろうか。

　同統計書によれば，平成15年に認知された殺人1,452件のうち，55.1%（817件）が住宅内で発生している。また，検挙事件1,258件のうち，単独犯が90.8%（1142件）であり，84.9%（1,068件）がなんらかの関係者（うち，530件が親族）である。動機に関しては，検挙人員1,456人のうち，憤怒が44.4%（647件），怨恨が16.2%（236件）である。これらの数値は，わが国における殺人では親族や知人が被害者であるもの，憤怒や怨恨が動機であるものが多いことを如実に示している。クラーエ（Krah'e, 2001）は，殺人における心理学的研究に関する考察の中で，バーコヴィッツ（Berkowitz）の研究を引用しつつ，見知らぬ人を殺す場合と犯人が知っている人物を殺す場合では，ダイナミクスや動機がまったく異なることを指摘し，犯人と顔見知りの被害者に対する殺人・傷害致死は「敵意的攻撃」（hostile aggression）であるとして，金品への物欲や他者の地位を自らのものにしたいとの欲求に動機づけられる「道具的攻撃」（instrumental aggression）と区別している。

　殺人は，ほかの暴力犯罪と異なり，被害者から供述を引き出すことが不可能である。したがって，犯人が明らかになる前に，被害者と被疑者のかかわりの詳細について知ろうとするならば，現場の状況ならびに被害者属性より推測することになる。たとえば，渡邉（2004）は，殺人捜査本部が設置されたバラバラ殺人事件77件の分析において，被害者属性によって犯人と被害者の事前面識が顕著に異なることを示している。被害者が未成年者の場合には両者の間になんら関係性が認められなかったものが7割以上を占めるが，20歳以上の女性の場合には，親族もしくは愛人が犯人である事件が7割強を占める。他方，20歳以上の男性が被害者の場合には，9割を超える事件が被害者の知人による犯行であったが，愛人の割合は約1割と少なく，職場関係をはじめとする多様な関係者が犯人であった。この分析結果は，殺人の分析においては被害者属性に着目することにより，被害者と犯人とのかかわり，もしくはそのほかの犯人像を浮かび上がらせることが可能であることを強く示唆している。

殺人は，社会─構造的要因からも検討されている。レイトン（Layton, 1989）は，米国の大量殺人について，犯人が「中産階級ポスト」から締め出された結果感じた屈辱感，剥奪感が，犯行の根底にあると洞察している。また，わが国においても，『犯罪白書　平成15年版』（法務省法務総合研究所，2003）における特別調査の結果において，殺人または強盗で死刑もしくは無期懲役の判決を受けた者の中で，不良グループを構成する若年者が，とりたてて落ち度のない被害者に対し，ささいなことから因縁をつけて制裁を加えたり金品を要求することなどからはじまり，やがて，激しい暴行や拷問ともいうべきリンチを加え，ついには殺害にいたるというケースが，一定数見いだされると指摘している。ささいなことが攻撃のきっかけとなっていること，多人数で弱い立場にあるものを執拗に攻撃していること，遊び感覚で意図的に苦痛を増大させるような行為が行なわれていること，卑怯者・臆病者と見られたくないとの心理から加担している場合もあることなど，同白書では，こうした犯罪において「いじめ」問題と同様の構図がうかがわれると考察されており，現代社会の抱える問題と無関係ではないだろう。これらの洞察は，直接犯人検挙に結びつくものではないにせよ，事件の本質的な理解には不可欠である。これらの理解は，犯人像を描き出すための分析の際にも，どのような行動に着目すべきなのか，いかなる切り口が可能なのかを考えていくうえで，大きなヒントを与えてくれるであろう。

　わが国で今後，犯罪者プロファイリングをより効果的に活用していくためには，過去に発生した殺人事件に関する記述的分析を蓄積していくと同時に，一見遠回りで地道な作業であるが，社会的・時代的背景をも考慮しつつ，行動科学的知見より各事件を個別に洞察していくことにより，殺人犯の内面プロセスにより深く切り込んでいくことが求められよう。

3節　カンターの犯罪者プロファイリング手法

1　はじめに

　この節では，英国リバプール大学捜査心理学センター教授であるカンター（David Canter）が提唱する「犯罪者プロファイリング」および「地理的プロファイリング」について紹介する。わが国では，彼の犯罪者プロファイリングの手法をFBIの手法と区別するために，「リバプール方式」あるいは「統計的プロファイリング」と呼んでいる（田村，1996；2000）。彼は主としてファセット理論を用いていることから，ファセット理論に基づく手法とも表現できよう。また，彼の地理的プロファイリングについては，「円仮説」（circle hypothesis）などが有名である。さらに，彼は捜査心理学という新たな学問領域を設けている（第2章1節を参照）。

2　カンターのデビュー戦

　1985年，カンターは初めて犯罪者プロファイリングを実施した（Canter, 1994）。当時，ロンドン警視庁は，マスコミが鉄道強姦魔と命名した，ある連続犯による犯行と思われる殺人事件と強姦事件の捜査中であり，その捜査支援をカンターに求めてきたのである。当時，サリー大学教授であったカンターは，環境心理学者としての学問知識を利用して，「犯罪者プロファイリング」を実施したが，その分析手続きは以下のように要約できる。

①警察から事件資料を入手する前に，新聞記事から抽出した事件情報を事件発生順に時間や曜日などを記入した一覧表を作成した。捜査本部はそれをひな型に，正確で詳細な犯行特徴に基づく一覧表を作成した。

②警察が同一犯の犯行と考えていた約30件の事件から，犯人の行動について約100項目を抽出して，行動変数を作成した。

③連続強姦事件の犯行構造を明らかにするため，行動変数に対して非計量的多次元尺度構成法という統計的手法を利用した。

④統計的分析の結果から，連続強姦事件がすべて同一犯による犯行か否か，

犯行が殺人へと再びエスカレートするかなどについて，警察へ回答した。
一方，「地理的プロファイリング」は以下の手続きで行なわれた。
①連続事件の発生地点を地図上にプロットし，発生年別に事件発生地点分布を比較した。その結果，初期の発生地点分布は非常に狭く，経年によって発生地点分布に急速な拡大が認められた。
②初期の犯行領域は犯人の犯行基点であると解釈し，初期3件の発生地点に囲まれた地域内に犯人が居住していると推定した。

このほかにも，彼は事件間で被害者の目撃証言や法科学的証拠に共通した特徴，さらに発生日時などの時間的要因を比較検討し，犯人の年齢，職業，パーソナリティ，犯罪経歴について推定している（Canter, 1994）。

この事例の分析手続きについて検討すると，分析対象である連続事件の犯行行動を細分化し，整理した事件発生順の一覧表を作成したことが重要である。一覧表の作成は，膨大な犯罪情報（criminal information）から，犯罪捜査に有益な情報（criminal intelligence）を発見することに役立つ基本的な作業である。とくに，この事例では犯行行動に関する一覧表の作成が，事件リンクに使用する犯行行動の抽出に役立ったと考えられる。また，この事例では，発生中の事件データしか利用できなかったため，事件リンク分析や犯行のエスカレーションの検討に重点を絞り，これらの検討に多変量解析を利用していることも特徴的である。つまり，カンターのデビュー戦であるこの事例は，彼の後の研究で行なわれているような，過去の解決事件に対するデータ分析から導かれた犯人像の推定ではなかったのである。さらに，この事例では，彼が適時に捜査員と共同で分析作業を進めることができたため，正確な事件情報や捜査状況が捜査員から入手でき，なおかつ捜査本部のニーズも捜査員から彼へ的確に伝達される環境にあったことも重要であろう。この事例は，ゼロから犯罪者プロファイリングをスタートする際に，警察官ではない研究者が，捜査員とどのような役割分担をし，分析作業を進めていけばよいのかを知るには参考になると考えられる。

なお，分析後に検挙されたジョン・ダフィ（John Duffy）は，現場資料の血液型に一致した容疑者約2,000人の中には含まれていたが，当初の捜査における優先順位は非常に低かった。しかし，カンターの推定した犯人の居住圏内に

居住していた容疑者はダフィだけであった（Canter, 1994）。英国警察は，カンターの分析を捜査支援の効果事例と認め，本格的な犯罪者プロファイリングの導入に踏み切ったのである（田村，2000）。

3 ファセット理論に基づいた犯罪者プロファイリング

　カンターはダフィ事件に対する捜査支援の体験から，心理学者による科学的な捜査支援手法の確立という明確な目的をもった捜査心理学という学問領域を形成していった（Alison & Canter, 1999）。彼とその研究グループは，ダフィ事件で採用した分析手続きである，ファセット理論を背景にした研究とそれに基づいた捜査支援を提唱しており，犯罪者プロファイリングはその一部といえよう（第2章1節を参照）。

　データに基づいた犯人像の推定を実施するためには，解決事件の犯行特徴と検挙された被疑者特徴との関連を検討しなければならない。カンターとヘリテージ（Canter & Heritage, 1990）による強姦事件の犯行テーマ分析は，過去に解決した事件データに対してファセット理論を用いた先駆的な研究例である。この研究では，被害者と面識のない強姦被疑者27名による66件の犯行について資料収集し，各被疑者が犯行時に行なった33項目の行動変数を抽出した。次に，これらのデータに対して非計量的多次元尺度構成法の1つで，変数間の類似性を視覚的に表示する「最小空間分析」（Smallest Space Analysis；以下SSA）を実施した。SSAは変数間の類似性によって分析対象の事件間における共通特徴と特異な特徴とを識別する。この研究では強姦事件間で共通する行動グループと5つの異なる行動グループが認められた。彼らはこれらの行動グループが被疑者の犯行テーマを意味すると解釈し，5つの犯行テーマを，それぞれ「親密性」「性愛性」「暴力性」「非人間性」「犯罪性」と命名した。「親密性」とは被害者と親密な関係を築きたいという犯行スタイル，「性愛性」とは被害者を媒体としてあらゆる性的行為を実行したいという犯行スタイル，「暴力性」とは被害者への過剰な暴力を行使するという犯行スタイル，「非人間性」とは被害者を人間としてではなく搾取の対象としている犯行スタイル，「犯罪性」とは犯罪者として洗練されている犯行スタイルを意味する（図2-3を参照）。

　この犯行テーマによって，犯人の犯行中の行動を総合的に理解することが可

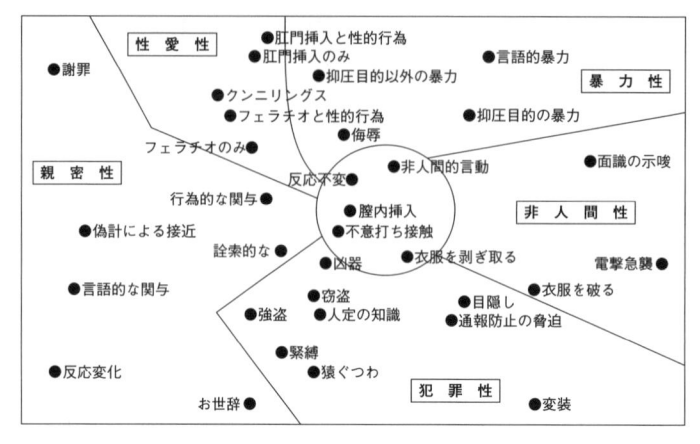

図2-3 SSAを用いた強姦事件の犯行テーマ分析 (Canter & Heritage, 1990)

能となる。なお，犯罪者プロファイリングにおいて犯行テーマ分析が役立つのは，犯人の根底にある犯行動機の理解，事件リンク，被疑者の取調べなどの場面であると考えられている（横田，2002a）。つまり，犯行テーマからただちに犯人属性の推定が可能になるわけではない。数種類に分類された犯行テーマに犯人属性を対応させると，犯人のタイプも数種類に限定されてしまう。また，現実には犯行テーマに対応して明確に犯人属性が分類できることはきわめてまれであろう。それゆえ，犯人属性の推定に犯行テーマを利用するためには，さまざまな検討を加えていく必要があると考えられる。

ところで，ファセット理論は，もともと質問紙調査のために研究計画からデータ分析，分析結果の解釈と考察にいたる一連の過程を統合した，ガットマン（Louise Guttmann）が提案した研究方法論である。ファセットという概念は，「研究デザイン」「データ分析手法」「ファセット理論（理論的根拠・法則の構築）」の3つに分けられる（Shye, 1978）。

先ほどの犯行テーマ分析を例にすると，先行研究などから仮説を構築したうえで，事件情報から行動変数を抽出し，行動変数をコーディングして，適用可能な統計的手法を準備するまでの段階が，研究デザインにあたる。とくに，研究デザインを図式化，文章化して表現する手法は，マッピング・センテンスと呼ばれる。データ分析手法は，SSAの使用にあたる。そして，データ分析の結

果,浮上したいくつかの行動グループに対して,先行研究などを参考に解釈して犯行テーマと命名し,各犯行テーマを詳細に検討したうえで,強姦事件の行動構造を明らかにしていく段階が,理論的根拠・法則の構築に相当する。

なお,ファセット理論で用いられるデータ分析手法はSSA以外にも,「尺度解析」(Scalogram Analysis:SA),「部分順序スケログラム分析」(Partial Order Scalogram Analysis;以下POSA),「多重スケログラム分析」(Multidimensional Scalogram Analysis:MSA) などが開発されている。ファセット理論は,データの尺度水準が順序尺度あるいは名義尺度である定性データを用いる場合に非常に有効であるため,心理学,社会学,経営学,工学といった領域において使用されている(木村ら,2002)。

4 円仮説に基づく地理的プロファイリング

犯罪者プロファイリングによって犯人像を提供したとしても,その犯人の捜索範囲が示されなければ,捜査員は犯人の探索や発見,絞り込みという捜査を実施しにくい。それゆえ,カンターは地理的プロファイリングの研究も実施している。なお,捜査支援手法という広義でとらえれば,犯罪者プロファイリングの中に地理的プロファイリングも含めるべきであろう。

地理的プロファイリングでは,「認知地図」(cognitive map)という概念が犯人の居住地推定に利用されている。人間の認知地図は,身近な場所のほうが不慣れな場所よりも,外界に関する空間的知識が豊富なため,効率的な活動を可能にさせる。それゆえ,認知地図は個人の日常生活におけるさまざまな経験によって変化するのであり,個々に独自の認知地図が存在する。当然ながら,犯行地の選択行動も犯罪者の認知地図の影響を受けていると考えられる。警察が用いている「土地鑑」「敷鑑」の概念は,犯罪者の認知地図の中でも日常生活の行動パターンと接した身近な地域や場所をさしているといえるのである。

犯罪者の身近な環境に関する認知地図という概念を利用して,カンターとラーキン(Canter & Larkin, 1993)は,連続強姦犯45名による犯行地点と犯人にとって身近な環境である居住地点をデータとし,居住地点と犯行地点分布との関係を検討した。その結果,「通勤犯行型」(commuter type)と「拠点犯行型」(marauder type)という2つのタイプの犯罪者の犯行地選択モデルを提

第2章　犯罪者プロファイリングの歴史と方法

通勤犯行型　　　　　　　拠点犯行型

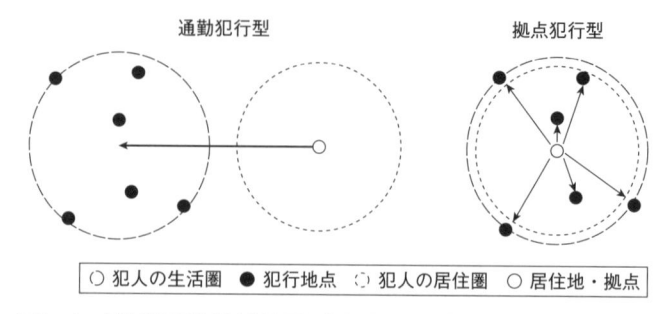

○ 犯人の生活圏　● 犯行地点　◎ 犯人の居住圏　○ 居住地・拠点

図2-4　通勤犯行型と拠点犯行型の犯行地選択モデル（Canter & Larkin, 1993）

● 犯行地点　H 被疑者の居住地

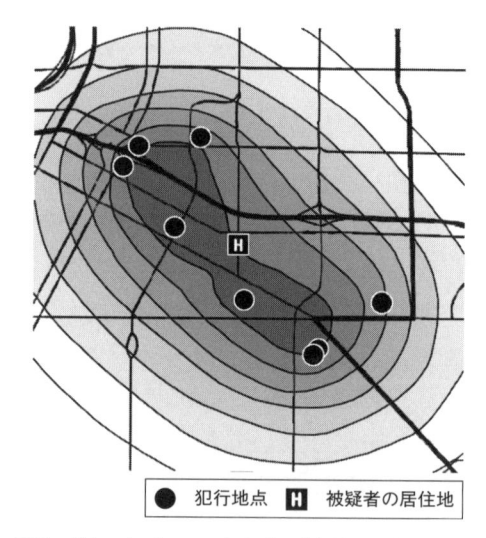

図2-5　ドラッグネット（Dragnet）による被疑者の居住地推定（Canter, 2003）

案した（図2-4を参照）。前者は居住地が犯行圏（生活圏でもある）とは別の場所にあり，犯行時に居住地から移動して，特定地域内で犯行に及ぶタイプの犯人である。後者は居住地と犯行圏（生活圏でもある）が重なるタイプの犯人である。カンターは，後者のタイプについて「円仮説」を提案した。円仮説とは，連続犯罪の犯行地点のうち最遠2地点を直径とする円を描き，その円内に犯人の居住地が存在するというものである。先ほどの研究では，連続強姦犯45名中39名（86.7%）について円仮説が成立した。

また，カンターはカインド（Stuart Kind）が提唱した地理的重心の計算方

法をさらに検討し，コンピュータ・プログラマーで数学者，心理学者でもあるハントレー（Malcolm Huntley）の協力によって，犯人の居住地を推定する「ドラッグネット」（Dragnet）というソフトウエアの開発にいたっている（Canter, 2003）。このソフトウエアは，連続事件の犯行地点に基づいて地図上に犯人の居住地確率をグラデーション表示し，犯人の居住地が存在する確率が最も高いエリアを最も濃い色で示すものである（図2-5を参照）。

5　カンターの犯罪者プロファイリングの影響力

　カンターのように，多変量解析を用いた犯行行動の類型研究には，異文化比較が可能になるという利点がある。

　たとえば，カナダのニューファンドランド警察（RNC）犯罪行動分析係官であるハウス（John House）は，カンターらの行動変数と若干内容は異なる変数にて，SSAを使用しRNC管轄内で発生した強姦事件の犯行行動を分類した。その結果，「性愛性」「サディズム」「暴力性」「犯罪性」という犯行テーマが抽出されている（Jackson & Bekerian, 1997）。また，カリフォルニア州の警察官であったゴッドウィン（Godwin）は，SSAやPOSAなどを用いてアメリカの連続殺人犯について研究している（Godwin, 1999）。連続殺人犯の犯行行動に対してSSAを実施した結果，「感情的行動・媒体的被害者」（FBIの無秩序型殺人犯と類似した犯行スタイル），「感情的行動・モノ的被害者」（FBIの怒り報復型強姦犯や署名的行動をとる連続殺人犯と類似した犯行スタイル），「認知的行動・媒体的被害者」（FBIの力主張型強姦犯と類似した犯行スタイル），「認知的行動・モノ的被害者」（FBIの怒り興奮型強姦犯と類似した犯行スタイル），という4つの犯行テーマを見出している。

　わが国においても，林の数量化理論Ⅲ類を用いた放火事件の類型研究（桐生, 1998），非線型正準相関分析を用いたバラバラ殺人事件の類型研究（渡邉・田村1999），対応分析を用いた連続侵入窃盗事件の犯罪者プロファイリング事例（岩見, 1999），等質性分析を用いた強姦事件の類型研究（田口, 2002）など，多変量解析による犯行行動の類型研究はさかんに行なわれている。これらの多変量解析はファセット理論を背景にしたものではないが，SSAと同様に変数間のパターン分類に利用できる。なお，近年，わが国においても SSAと

POSAを用いたファセット理論に基づく侵入窃盗犯の研究例が見られるようになった（横田，2002b）。

さらに，わが国においても，連続放火事件について円仮説を検証した地理的プロファイリングの研究が行なわれている。この研究では，円周辺部を含めると，犯人の72.0％について仮説が成立するというものであった（田村・鈴木，1997）。また，松嶋ら（2005）による別の連続放火事件に関する研究では，円仮説が63.6％の被疑者について成立し，さらに，48.9％の被疑者は円周付近（円周の内外それぞれ500m圏内）に居住していたことを明らかにしている。

最後に，犯罪者プロファイリングにおける多変量解析による推測について考えてみたい。ターヴェイ（Turvey, B. E.）は，多変量解析による犯罪者プロファイリングは帰納的推測（inductive inference）であるため，可能性を示すに過ぎず，常に推定結果が正しいとは限らないと指摘し，前提から必然的に結論が導かれ，説得力の高い演繹的推測（deductive inference）を犯罪者プロファイリングに用いるべきであると提唱している（Turvey, 1999）。しかしながら，犯罪者プロファイリング自体が可能性を提示する捜査支援手法といえ，実際の犯罪者プロファイリングでは，その可能性を提示するために，捜査対象となる時間，場所，人を絞り込み，必要に応じて推定結果にさらに優先順位をつけるなどして，効率的な捜査が可能な提案が行なわれる。それゆえ，どちらか一方の推論のみを用いるのではなく，演繹的推測と帰納的推測は絶えず交互に行なわれているといえよう。

罪種別コラム 03
性犯罪

　ベテランの捜査員でも，性犯罪者に対して固定的なイメージをもっている人が多い。たとえば，性犯罪者は頭髪が薄くヒゲが濃い人間が多いからそういう奴を捜せとか，強姦犯はマッチョで年少者わいせつ犯はひ弱なタイプだ，といった具合である。多くの場合それは間違っているか，あるいはほんの一面を見ているにすぎない。犯罪者プロファイリングをするうえで，そのような色メガネははずさなければならない。

　性犯罪者の多様性について，これまで行なわれてきた犯行のテーマ分析と類型化の研究を，「強姦」と「年少者わいせつ」に分けて紹介しよう。

1　強姦

　前節で述べられているように，カンターとハリテージ（Canter & Heritage, 1990）によって行なわれた強姦のテーマ分析では，「親密性」「性愛性」「暴力性」「犯罪性」「非人間性」が識別されている。日本でもいくつか追試が行なわれているが，ほぼ似たようなテーマが抽出されている（たとえば田口・猪口，1998）。また，同様の分析法を使った犯行形態の分類では「対人志向性，暴力性」（横田ら，2002），「接近方法，暴力の強さ」（長澤，2000）などが抽出されているほか，接近手段や制圧手段の分類も行なわれている（田口，2002，佐々木，2004）。それぞれ，抽出された要因と犯罪者の属性に関連性があることが示唆されている。決定木（第3章4節参照）を使った分析でも，犯行のテーマと犯罪者の属性の関連が指摘されている（田口・荘島，2005）。犯行のテーマは，犯罪者あるいは犯行を1つのテーマに振り分ける（類型化）のではなく，テーマの強弱と組み合わせ（特性）によって理解しようとしている。

次に，マサチューセッツ治療センター（Massachusetts Treatment Center；以下MTC）で開発された強姦犯罪者の分類システム（MTC：R3）を見ていこう。

A　機会的タイプ（社会的能力でさらに2つに再分割される）
　　性的特徴や攻撃的特徴は強くないが，そういう機会に遭遇したとき衝動的に犯行に及ぶ。侵入盗や強盗の前後に行われることが多い。暴力は使われても必要最小限である。比較的多く見られる。

B　怒りの拡散タイプ

　　普遍化した怒りがいつもみなぎっており、怒りの対象は女性だけでなく誰にでも向けられる。犯行時は過剰な暴力が使われる傾向がある。あらゆる場面で反社会的であり、暴力的な犯歴を有する。

C　性的なサディスティック型（表出タイプと非表出タイプに再分割）

　　暴力と苦痛によって性的興奮を得る。過剰な暴力が使われる点では「怒りの拡散タイプ」と類似する。性犯罪以外にも反社会的な経歴を有する者が多い。まれにしか見られないが、最悪の場合殺害まで及ぶ。

D　性的な非サディスティック型（社会的能力で２つに再分割）

　　性的満足がおもな動機であるタイプで、サディスティックな暴力は使われない。自らの性的能力を証明したいという願望がある。被害者が後で好きになるというファンタジーをもつ場合もある。

E　報復的なタイプ（社会的能力で２つに再分割）

　　「怒りの拡散タイプ」と似ているが、怒りが女性だけに向けられる点が異なる。女性の自尊心を傷つけ屈辱を与えるだけでなく、身体的に傷つけることを明確に意図している。

2　年少者わいせつ

　年少者わいせつ用にもMTCが開発したもの（MTC：CM3）があるが、ここでは別の類型を紹介する。まず子どもへの性的関心がいつから始まったかによって、「未熟型」と「退行型」に分けるグロス（Groth）の類型である。

A　未熟（固執）型あるいは嗜癖型

　　子どもに対する性的嗜好が青年期から始まる。成人女性との正常な関係がもてないため、子どもにのみ強く性的に引きつけられる。子どもと仲良くなれたときに性的接触が行なわれる。男児を対象とすることもある。その他の特徴として児童ポルノの収集が考えられる。

B　退行型あるいは状況型

　　子どもに対する性的嗜好はないが、成人との性的なストレスによるトラウマなどによって、性的な対象が子どもに向けられるもの。成人の代わりに子どもをねらい性交に及ぶが、犯行の動機は多様である。

　しかし以上の類型では、犯行情報から分類することが困難であろう。そこ

で渡邉と田村（1998）は捜査上有益な分類として，上記類型の下位分類を行なったラニング（Lanning）の行動分析を紹介している。
A　嗜癖型の下位分類として
　　a　誘惑型
　　　子どもに贈り物をしたりして誘惑を続け，仲良くなってから性行為を行なう。子どもと親しい関係になれる能力がある。
　　b　内向型
　　　子どもを誘惑する能力がないため，非人間的に扱う。子どもの遊び場などを徘徊する変質者タイプ。
　　c　サディスティック型
　　　痛みや苦痛を与えて性的興奮を得る。誘拐後に殺害する場合もある。
B　状況型の下位分類として
　　a　退行型
　　　ストレス状況下でわいせつ行為を行なう。成人の代わりに子どもをねらうもので，子どもに対する性的嗜好はない。
　　b　道徳的無差別型
　　　日常の暴力パターンの延長として，子どもを対象とする暴君タイプ。自分をマッチョに投影していることが多い。
　　c　性的無差別型
　　　セックスには無規律で，何でも試そうとするが，性的側面以外はまともである点で「道徳的無差別型」とは異なる。自分の子どもを対象にすることがある。
　日本でも年少者わいせつの研究が行なわれているが，たとえば渡邉と田村（1998）は，年少者強姦犯の類型で，犯行時の犯人の乗り物と犯人の属性に関連があることを見いだしている。

4節 地理的プロファイリング

1 はじめに

　本節の主題である「地理的プロファイリング」の主要な目的は，連続犯の空間行動に焦点をあてて，ある犯行エリアを形成している犯人の活動拠点について洞察を与えることである。それは，たとえば「犯人の住居などがありそうな地域」について，所轄署の刑事部屋に掲示されている地図にその範囲を描いてみせること，といえる。

　近年，地理的プロファイリング研究には多様な取り組みが見られ，犯罪捜査を支援するための新たな「道具」の1つとして有望視されている。ここでは，これまでに提案されてきた手法のいくつかを紹介しつつ，より実践的なアイデアを紹介する。また，地理的プロファイリング研究の今後の方向についても述べてみたい。

　とりあえず，現在の地理的プロファイリングについて概観してみよう。

2 地理的プロファイリングの必要性

(1) 捜査現場が抱える問題

　石山（1998）により紹介されている科学鑑定をはじめ，指紋システムや犯罪手口照会システムという既存の捜査支援システムが犯人逮捕に常に十分に機能するとは限らない。たとえば放火事件では，消火作業を終えた犯行現場から，犯人を特定できる物的証拠が発見されることはまれである。また，放火事件も含め，通り魔事件や強盗事件は，暗闇に乗じて実行されることも多く，犯人に関する確実性の高い目撃証言が得られがたい。

　犯罪発生地域を対象に行なう捜査員の聞き込み活動のことを「地取り捜査」という。事件が成功裏に解決する過程では，このような基本捜査によって有力な犯罪者情報がもたらされるものである。しかし近年では，都市化の進展にともなう犯罪捜査環境の悪化や近隣交流の希薄化などの影響によって，情報収集の困難さが増している。これに加え連続犯罪には，そもそも被害者と犯人との

人間関係が成立しないという問題（罪種ごとに背景は異なるが次章にて詳細に解説される）が存在していることも理解しなければならない。

(2) 容疑者絞り込みの枠組み

　捜査機関の活動の目的は，地域社会から犯罪を根絶し国民が平穏に生活する権利を守ることである。この観点において，犯人の検挙は，きわめて重要な課題の1つといえる。

　しかし現在の警察は，先述のように人や物からの伝統的な捜査が困難になりつつあることから，田村ら（1997）が指摘しているように，新たな容疑者絞り込みのための「枠組み」が早期に確立される必要がある。

　地理的プロファイリングは，その有望な枠組みの1つである。連続犯行の地点分布から犯人住居が存在する可能性の高い地域を推定したり，可能性の高い次の犯行地，あるいは犯行現場への移動ルートを推定することが可能である。提示される地理的プロファイルは，よう撃捜査のように，効率的な捜査戦略に役立つと考えられる。

(3) 適用ケース

　『警察白書』（1998）によれば，平成9年の刑法犯の認知件数が189万件を越え，戦後最高を記録した。殺人事件は，その中で1,282件報告されているものの，過去5年間の推移（年平均1,258.6件）に著しい変動が見られない。また，殺人と同じ重要犯罪に分類される強盗，放火，強姦および強制わいせつ，重要窃盗犯罪に分類される侵入盗，自動車盗，ひったくり，すりなどに比べると，殺人事件の認知件数がとくに多いという状況にはないようである。

　近年，マスメディアが熾烈な報道合戦を演じる欧米並の猟奇殺人事件が日本でも発生しているが，幸いなことに，酒鬼薔薇事件のような特異な事件の発生は，まだ少数のようである。

　鈴木ら（1998a）は，地理的プロファイリングが必要とされる犯罪の4要件を示している。すなわち①地域住民の不安が高い，②被害者と犯人との関係がない，③犯罪現場から得られる鑑識資料に乏しい，④発生頻度が高い，である。以上の現実をふまえると，日本の犯罪捜査場面で地理的プロファイリングが必要とされるのは，より日常的に多発しているようなケースであると考えられる。連続空き巣狙い事件に対する地理的プロファイル例が紹介されているが（岩見，

1999),そのほかに連続放火事件での活用も多いと聞く(田村・鈴木,1997)。

3 地理的プロファイリングのデータと背景理論

(1) 分析データ

地理的プロファイリングで扱うデータは,連続発生する事件の空間情報である。空間情報とは,「場所と時間」に関する犯罪事実である。具体的には,現場の住所,犯人が標的にした被害対象の種別,犯行方法(警察用語では「犯罪手口」という),発生日時・曜日,などのさまざまな情報が対象になる。

一方,分析の前処理として,これらのデータに基づいた事件のリンク分析を行なうことが重要である。これは,現在,連続して発生している事件が同一犯によるものなのか,あるいは過去の類似事件との関連性について検討を行なうことであるが,適正な分析を行なうためには不可欠なプロセスなのだ。

(2) 環境犯罪学とGIS

このような犯罪の地理的要因に注目する取り組みは,さほど目新しいことではない。守山(1999)によれば,環境犯罪学が犯罪の場所を問題にする点では,シカゴ学派(シカゴ大学社会学部の研究者)と呼ばれる1930年代の犯罪学研究に類似しているという。地理的プロファイリング研究も,犯罪学研究の系譜をたどってみれば,同じ源流に行きあたると考えられる。

近年,コンピュータに関連する諸科学の発展は,地理情報システム(Geographical Information System;以下GIS)研究という新たな学際研究を誕生させた(岡本,1998)。このようなGIS研究で構築された理論や技術は,犯罪学研究にも応用され効率的なデータ分析の一助となっている。後述するロスモ(Rossmo, D. K.)のような研究は,まさしく犯罪学研究とGIS研究との共同の産物といえる。これは捜査心理学としての新たな潮流になるだろう。

(3) 背景理論

ゴリッジ(Golledge, 1987)は,「人間が活動する場所を選択する際の重要な心理的決定要因は居住地である」と述べている。一般の人々の空間行動についての示唆は,犯罪者の空間行動の説明にも援用できると考えられる。他方,ブランティンガム夫妻(Brantingham & Brantingham, 1981)は,住居周辺の地域が犯罪者にとって魅力的な場所であるという,日常の生活空間とのかかわり

が深い活動領域の存在を提唱している。彼らの説明によれば，住居の周辺は慣れているために安全であること，そしてそのような環境での犯行のチャンスは発覚のリスクを上回るという。

以上は，連続犯による一連の犯行エリアというものが，地理的環境の制約を受けながらも，住居との特別な心理的距離によって形成されていることを示唆していると考えられる。したがって，各犯行地点の距離に基づく分布状況の調査から，住居との関係性を導きだすことが可能になる。

4 地理的プロファイリングの手法

地理的プロファイリングは，環境犯罪学のほか，地理学および心理学に近接する諸科学の理論や方法論を犯罪捜査の支援目的に開発された手法である。そのいくつかは，本章3節にて紹介されているが，ここで改めて概観してみる。

(1) 円仮説（Circle Hypothesis）

この推定モデルは，リバプール大学の教授カンターら（Canter & Larkin, 1993；Canter & Gregory, 1994）が提案した。このモデルは，「まず，同一犯によるとみなされる犯行地点のすべてを地図に記入する。そのうえで，地図上の最も距離の離れた2地点間の距離を直径とする円を描く」。するとその円にはすべての犯行地点と犯人の住居が含まれることを仮定している。この推定モデルは単純であるがゆえ，地図とものさし，それとコンパスさえあれば誰にでも分析できるという利点を有する。

(2) 犯罪地理探索モデル（Criminal Geographic Targeting；以下CGT）

この推定モデルは，ロスモ（Rossmo, 1993；1995）がバンクーバー市郊外のサイモン・フレーザー大学にて，博士論文として発表した。

CGTモデルは，「犯人の標的捜索行動は居住地から離れるにつれて犯行に及ぶ確率が単調減少する」。しかし「居住地の近隣に犯行が行なわれない地域が存在する」という考えを組み合わせたものと解することができる。つまり，このモデルでは「拠点から適度に離れた地域」における犯罪の発生確率が高いことを仮定している。

ロスモの説明によれば，CGTの分析結果は「犯人の活動拠点らしさ」のランクづけに基づいて3次元の等高線地図，あるいは多色グラデーションで表示さ

れるほか，コンピュータ画面上に地図と重ねて表現することができるという。また，このモデルの捜査場面への活用の目的について，潜在的被疑者を絞り込み，そしてどこから捜索を始めるのか，という捜査の優先順位づけに活用されることで捜査労力の軽減に貢献できるだろうと述べている。

(3) 地理的重心モデル（Center of Gravity model）

　70年代後半のイギリス国内を震撼させたヨークシャー州の切り裂き魔事件（1975年〜1980年）は，今なお有名な猟奇殺人事件である。当時の内務省中央調査部長を務めていたカインド（Kind, 1987）が，この事件の再捜査を行なうために設置された捜査本部が用いた手法として「地理的重心モデル」を紹介した。この推定モデルでいう「重心」とは，「一連の犯行地点との距離の総計が最も短くなる地点」と定義されている。

　重心の概念には，「犯人の行動は，地理的，時間的な制約を受ける」という考えが背景にある。つまり，犯人は，住居周辺の状況を詳細に承知しているためいつでも自由に行動できるが，その反面，住居から離れた土地鑑のない場所ではどのようなリスクがあるかわからないから，夜遅くに行動することを好まない。したがって，この推定モデルでは，犯行地点がこれらの要因のバランスによって配置されると考えるので，地点分布の重心地点に犯人の活動拠点として住居が存在することを期待しているといえる。

　カインドによれば，犯人のピーター・サトクリフ（Sutcliffe, P. W.）の居住地，Bradfordの特定において，地理的重心モデルが有効であったと主張している。その後は，いくつかの論文にて難解な事例検討（Canter & Larkin, 1993）として紹介されるにとどまり，重心と犯人住居との関連性について追試された例は見あたらない。仮に，カインドの主張通りに，本推定モデルに高い有効性が備わっているのであれば，捜査の視点からとても魅力的な手法だといえる。

5　地理プロファイリング支援システムの開発

(1) システムの概要

　犯罪地理分析の主要な手続きは，地図上にプロットした各地点間の距離計測を行なうことである。地点情報数が多いと，これは結構やっかいな作業になる。三本と深田（1998）は，地理的プロファイリング研究を支援するために，コン

ピュータ・システムとして「Power Plot Professional」を開発した。

支援システムの開発では，①誰でも容易に操作できるユーザーインターフェイスの重視，②長期間の動作保証とデータの流用性の確保，③データの効率的活用を可能にするデータベース構築，④既存および新規の手法の部品化構想によるユーザー・ニーズへの対応，の4点を基本コンセプトとした。

ソフトウエアは，犯罪に関する場所・時間などの情報を1つの「プロットデータ」として扱い，そのデータの入力および計測・分析などの各処理機能を制御する。また，「事件ごとのプロット情報の管理」「円仮説および地理的重心モデルの分析結果表示」「計測データの統計処理及びグラフ表示」などの機能を備えている。地理的重心モデルの分析結果に関しては，ワイヤーフレーム・格子・グラデーションなどの多彩な表示が行なえる。なお，プロット情報を入力するための背景地図は，「BMP形式」の画像ファイルであれば利用できる。

このシステムは，犯行エリアが該当する電子化地図上に犯行地点を容易にマッピングでき，重心算出や円描画も自動的に行なってくれる誠に便利なものである。このようなツールを使うことの効用は，複数の手法による分析結果を同一画面上で比較できることのほか，背景地図上に分析結果（犯罪情報も含め）が表示されるため，捜査員への効果的な説明に役立つことである。

(2) システムによる分析の試み

本システムを実務で使用する観点に立つと，機能として備えている各分析手法の有効性については，あらかじめ十分に検討しておくことが重要である。とくに，地理的重心モデルについては，魅力的な手法であるがゆえ，その推定能力を調査したうえで利用すべきである。

このモデルでいう「重心」は，いわば各犯行地点への移動コストが最小になる理想的な地点といえる。現実の犯人が，常に最小の移動コストを考えて行動しているとは考え難いが，仮に，犯人がそのように考えて行動したとしても，重心と住居とが一致するという現象は偶然の産物でしかないだろう。

では地理的重心モデルとは，実際にどれだけの能力を秘めているのだろうか。既決の連続放火犯14名を対象に行なった分析結果を見てみよう（三本・深田，1999b）。なお，分析に必要なデータ数についてであるが，ロスモ（Rossmo，1993；1995）は，解決した連続殺人事件や連続強姦事件を用いてCGTモデル

の有効性について検証し，最低5ヵ所の犯行地点情報があれば分析可能であったとしている。分析精度を高めるうえで用いるデータ数が多いに越したことはないが，この5件程度を最低ラインと考えるのが妥当であろう。

分析の方法は，データをカンターら（Canter & Larkin, 1993；Canter & Gregory, 1994）の空間行動モデル2類型（①住居が存在する生活圏の中で犯行に及ぶ「拠点犯行型」，②生活圏からは離れた地域で犯行に及ぶ「通勤犯行型」），それと放火犯罪3類型（①2日ないしそれ以上の期間に渡り5件以上の犯行に及ぶ「長期間放火型」，②1日以内に5件以上の犯行に及ぶ「短期間放火型」，③1日以内に同一場所で5ヵ所以上に火を付ける「大量放火型」）に分類したうえで，地理的プロファイリング支援システムを用いて各犯行地点と拠点（住居，重心）との距離計測を行なった。

事例全体の集計結果について概観してみると，「犯行地点―重心」間距離（Ave.：1,185.3m, SD：1,574.7）が，「犯行地点―住居」間距離（Ave.：2,492.7m, SD：3,534.2）に比べて半分以下と短いものであった。地理的重心が各犯行地点に到達する最短地点として算出されるため，このモデルの特性から見れば，これは当然の結果といえる。一方，距離が大きく隔たった原因としては，住居の遠方で犯行に及ぶタイプのデータが混在しているためと考えられる。このため，本推定モデルに適合しない通い型を除外した結果について見ると，拠点型（長期間放火型7件及び短時間放火型3件）における「犯行地点―重心」間距離（Ave.：1,367.0m, SD：1,841.7）と「犯行地点―住居」間距離（Ave.：1,607.1m, SD：2,148.4）とは近似しているのである。

この結果から，「拠点犯行型」に限定して拠点推定を行なう視点においては，地理的重心モデルの利用可能性が高いと考えることができる。その場合，本質的な推定エラーを回避するために，本モデルに適合しない「通勤犯行型」をあらかじめ識別できることが前提条件となるのだが，現在のところ犯罪現場の情報によってそれらを明確に識別できる指標は見いだせていない。

それでも犯行地点と重心との距離をタイプ識別の指標にする視点からは，犯行地域の広がりを調査することが，手がかりの1つになると考えられる。通い型は，「犯行地点―重心」間距離（Ave.：731.1m, SD：429.2）が，拠点型における長期間放火型（Ave.：1,695.6m, SD：2,109.0）に比べて半分以下と短く，

狭い地域で活動する傾向があるためである。なお，拠点型における短期間放火型（Ave.：600.2m, SD：812.0）は，通い型と同様に狭い地域で活動する傾向があるものの，両者は犯行期間が異なるから容易に識別できるだろう。

また，時系列的な犯行の順序にともなう距離の変容状況も，タイプ識別の指標として有望視できそうだ。拠点型における初期犯行（1件目から3件目）についてみると，「犯行地点―重心」間距離は右肩下がりの減少傾向があり，これに対し通い型では右肩上がりの増加傾向がある。つまり，犯人が標的（場所）を決定し犯行をくり返す過程では，拠点（住居や職場，飲食店などの立ち寄り先）への接近，あるいは離脱という空間行動に，タイプ特有の行動特徴が反映されるのではないかと考えられる。

(3) システムの評価

本システムに採用した地理的重心モデルによる拠点推定の精度は，重心と住居の距離が指標になる。拠点型に分類された事例全体の結果では，「重心―住居」間距離（Ave.：880.7m, SD：1,116.2）が「住居―犯行地点」間距離の約55％，「重心―犯行地点」間距離の約64％と短い傾向を示しているが，その位置のずれは期待した以上に大きいものであった。拠点型に分類された長期間放火型の中には，「重心―住居」間距離の近接する事例（13.5m）が一部存在していたが，一致するものはない。したがって，地理的重心モデルに「犯人住居のピンポイント」を期待するのはあまりにも高望みのようである。むしろ，「重心を起点とした一定の範囲内に犯人の住居が存在する率」によって，この推定モデルの精度を評価することの方が妥当であろう。そこで有力視されるのは，拠点型に見いだされた「重心―住居」間距離の近似性である。つまり，重心と住居との位置のずれが，「犯行地点―重心」間距離に比べ小さいため，重心を中心として「犯行地点―重心」間距離を半径とした円を描くと，その中に犯人の住居が存在する率が高いと考えることができる。

著者らは，この考えをもとに地図上に推定する領域を「疑惑領域」（Suspicion Area）と命名した。

地理的重心モデルに疑惑領域を加味した手法は，拠点犯行型に該当する10事例に適用したところ，すべての犯人住居が疑惑領域内に存在するという好結果をもたらした。適用した事例数の少ないことは否めないが，このような結果が

示されたことによって，未解決の連続犯罪に本手法を適用するという実践場面での効果が期待できよう。

有効な情報を捜査側に提供するという視点に立つと，疑惑領域の直径が数kmにも及ぶようでは役に立たない。試験的に，疑惑領域を段階的に縮小してみるとヒット率は著しく低下し，50％縮小した場合のヒット率は30％であった。このため，推定領域の効果的な絞り込みにはさらなる工夫が必要だ。なお，本分析に用いたデータの中に，「地域と発生頻度」の精査が疑惑領域の縮小に有効なケースが見られたことを付け加えておく。

6　事例紹介

Y県T市において，発生した連続放火事件。犯人は，5ヶ月間に6件の放火を行なった。地図上の①～⑥が犯行地点および犯行順番である。

図2-6の地図に点線で示す円が，円仮説による推定領域（直径約2.7km）である。この事例は，犯人の住居（地図上に示した■印）が推定領域の外側に存在するため，厳密にいえば円仮説が成立しないケースである。田村と鈴木（1997）の知見を適用した場合，区割りした領域の円近傍から捜査を始めれば犯人住居に行きあたる可能性がある。しかし円仮説では，推定領域のどの辺り

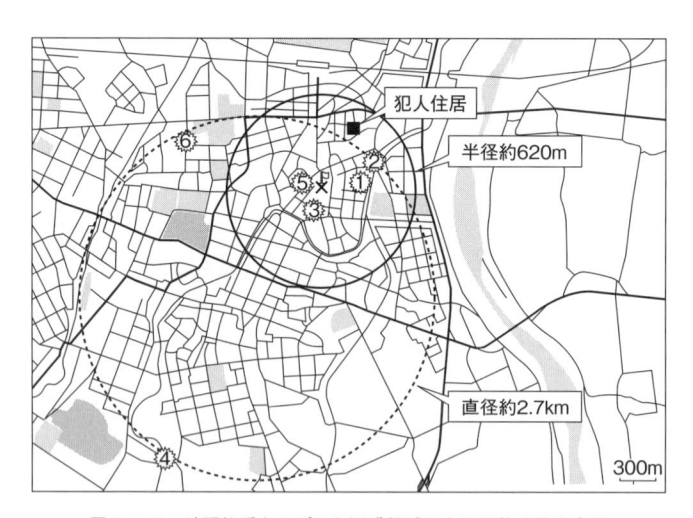

図2-6　地理的重心モデルと疑惑領域による居住地推定事例

が犯人居住地として最も可能性が高いかをさし示すことは難しい。一方，実線で示す円は，地理的重心モデルに疑惑領域を組み合わせた手法を適用した推定領域（半径約620m，円中心の旗地点が重心）である。疑惑領域は犯人の住居を包含し，かつ円仮説に比べより狭い範囲で居住地推定が可能であった。

7 おわりに

"現場百遍"。使い古されたことばである。しかし今日においても，犯罪現場が犯人を逮捕に導くための情報の宝庫であることに変わりがなく，経験豊富な刑事の日常的な捜査活動を象徴していることばでもある。

地理的プロファイリングは，まさしくそのような捜査員と同じ視点で現場の重要性をとらえている。これまでは，空間情報を効率よく扱える分析用ツールが存在しなかったため，膨大なデータ処理を必要する地理分析は，本邦の犯罪学研究においてそれほど注目されてこなかった。しかし現在では，急速に発展するコンピュータ技術が手軽に利用できるため，空間情報を扱うこともそう難しいものではなくなった。

本節にて地理的プロファイリング支援システムとして開発した分析ツールを紹介したが，その実用化も進みすでに多くのデータも構築されている。このような分析を行なう環境の整備は，われわれ研究者の労力を軽減するのに役立つばかりでなく，研究者間で互換性のあるデータ共有をも可能にするから，今後の地理的プロファイリング研究をいっそう加速させるだろう。

また，拠点を推定するために利用できる手法についてもいくつか紹介したが，それぞれの道具としての"役割や能力"を十分に理解して活用されるならば，有益な捜査情報を導きだし，困難な犯罪捜査の支援に役立つと考えられる。なかでも，ここで紹介した地理的重心モデルに疑惑領域を加味した手法は，実用性の高い推定モデルだと考えられる。この一方で，新たな視点から，より説明力の高いモデル構築を行なっていくことが，地理的プロファイリング発展の過程では肝要である。

さらに，犯罪者の空間行動をどのように理解するのかというプロセスも重要に思われる。地理的プロファイリングでは，主として犯行場所という地理的要素を対象にするがゆえ，それと不可分の都市景観の知覚要素（Lynch, 1960）

が犯罪者の空間行動にどのような影響を及ぼすのか調査することも興味深い研究テーマの1つである。このほか，犯行動機（桐生，1995）との関係も十分に検討される必要があるだろう。したがって，地理プロファイリングの発展のためには，犯罪学研究に関連する幅広い領域の研究者による学際研究が展開されるべきである。そのような多角的な研究知見は，犯罪者行動の理解を確実に深めてくことにつながる。

Topics ▶▶▶ 3
地理情報システム
(GIS：Geographic Information System)

　地理情報システムは，コンピュータ地図とデータベースを統合的に運用するもので，おもな特長として以下の4点をあげることができる。

1．自由度の高い地図の作成
　コンピュータ地図を用いることにより，縮尺（地図の細かさ）や大きさ（収録範囲）を自由に変えられるだけでなく，表示する項目も任意の形式で作図することができる。たとえば，「高速道路，国道，鉄道，河川，町丁目界だけを抽出し，ある自治体の全体を表示する」といったことは，GISの初歩的利用であろう。

2．データベースと地図の密接な連携
　データベースには位置情報を含めさまざまな情報が保存されており，それらの地理的分布や位置関係を把握しようとした場合，地図が不可欠のものとなる。GISがなければ，用意した紙の地図に一つ一つピンやシールなどで印をつけ，作図する必要があるが，表示する地図の条件を変えるたびに新たな紙の地図を用意したり，既存のマークをすべて除去しなければならない。また地図の種類を変える際にも，それまで行なった作業がすべて無駄になってしまう。しかしGISでは，データベース内容の地図への表示，異なる地図の重ねあわせ，表示要素の差し替えは簡単に行なえるため，作業を効率的に進めることができる。

3．容易な空間検索
　データベースを用いることによって，項目の内容に関する検索処理を行なうことは簡単であるが，GISでは，それに加えて位置関係を用いた検索がきわめて容易になる。たとえば，ある駅から半径10kmの円内のコンビニエンスストアを調べようとした場合，通常のデータベースでの検索では，検索対象となる場所の住所をすべて調べたうえで，あてはまる住所とそれぞれのコンビニエンスストアの住所を照合して，抽出対象となるかどうかを判断しなければならない。しかしGISを用いる場合は，コンビニエンスストアの位置情報が緯度・経度（またはなんらかの座標系）で表現されていれば，ある駅を中心とした半径10kmの円を描き，対象となるコン

ビニエンスストアを簡単に抽出することができる。ここでコンビニエンスストアの位置情報が，住所の文字列でしか保存されていなければ，「○市○町○丁目○番○号」という文字列から，緯度経度等の位置情報を得る。アドレスジオコーディングを事前に行っておけばよい。

4．高度な空間統計

　GISにおいては，位置をもっている情報を組み合わせ，位置関係を考慮した分析を行なうことができる。最も単純な指標として，あるデータの密度を計算することがあげられるが，それにとどまらず，ある地域の特性を分析する際に，近隣地域の影響を加味した分析を行なうことが可能で，すでにこうした解析機能を有するソフトウエアも開発されている。

　こうした特長をもつGISであるが，これまでコンピュータの処理能力の低さや，コンピュータ地図の未整備により，一般に目にする機会はほとんどなかった。しかし最近では，カーナビゲーションシステムや，インターネットや携帯電話を通じて提供されている各種の地図サービスなどにその応用例を見ることができ，有用性が広く知られている。

　さて，GISの使い勝手は背景地図として用いるコンピュータ地図によって大きく左右される。コンピュータ地図には，大きくラスター地図とベクトル地図がある。最近安価に提供され，広く利用されている電子地図はラスター地図に分類される。これは，画像として記録されている地図のデータを利用するもので，買ってすぐに簡単に使うことができる。製品によっては，簡単な検索機能や，距離・面積の計算ができるものがあるが，本格的なGISの背景地図として用いるには十分な機能を備えているとはいえない。一方ベクトル地図は，地図を画像として読み込んでいるのではなく，デジタイズすることによって，地図要素を点・線・面（多角形）に分け，同時にそれらの属性データベースを収録している。例えば，道路は線（あるいはネットワーク）として分類され，その属性データベースには，道路の名称や幅員などが記録されている。またベクトル地図では，道路・建物・行政界といった属性の種類別に地図が階層構造をなしており，必要な階層だけを取り出して使用できる。つまり必要な属性の階層（レイヤー）を組み合わせて，背景地図を構成する形になっており，アニメーションの1コマが，遠景・近景・人物などのセル画を重ねあわせることによって作られているのと似ている。もっとも詳細な住宅地図レベルの属性データベースには，個々の建物の所在地・名称・居住者名（表札情報）などが含まれている。GISの真価は，正確で詳細なベクトル地図を用いた際に発揮されるといってよい。

　日本国内についても都市部の住居表示地区をはじめとして，地方の市街地や町村部の一部まで，住宅地図レベルの大縮尺デジタル地図が販売され

ている。その他，各自治体等が独自に管轄区域のデジタル地図を整備している。また国土地理院からも「数値地図2500─空間データ基盤─」が，試験公開という形で無償提供されており，全国の相当部分について大縮尺デジタル地図を利用することができる。

　警察機関におけるGISの利用は，緊急通報や道路交通管理の部門に始まり，刑事そして生活安全分野へと拡大している。とくに，インターネットを中心として一般向けに公開されている「犯罪発生マップ」や「不審者マップ」は，わずか数年で広く普及し，地域住民に対する情報提供手段として，欠くことのできないものとなっている。

　一方，犯罪者プロファイリングとGISに関しては，地理的プロファイリングでの利用が想定されるが，現状では研究を中心とした展開に限られている。既存の地理的プロファイリングソフトウエアは，GISソフトウエアというよりもGISの周辺的なソフトウエアに位置づけられるが，事件発生地点の地理的環境を反映させることが困難で（反映させる必要があるかどうかも検討は必要だが），国内事件への適用可能性も十分検証されていない状態である。また犯罪捜査で用いられる犯罪情報分析向けのシステムも，費用対効果や既存の捜査手法との兼ねあいなどによるためか，導入は一部の共進的な地域に限られている。ただし，犯罪発生マップで見られたような劇的な業務革新が，犯罪捜査や地理的プロファイリングの分野においても発生する可能性は高く，今後の展開が注目される。

第3章
犯罪者プロファイリングの研究と実際

1節 海外における犯罪者プロファイリングの主要な研究

1 はじめに

　犯罪者プロファイリングの本質について，「アート（職人芸）なのか科学なのか」を議論することは生産的ではない，というのが筆者の立場である。しかし一方では，たとえばクックとヒンマン*¹（Cook & Hinman, 1999）のように，犯罪者プロファイリングの技法とその精度は犯罪捜査経験の蓄積に依存するもので，犯罪者プロファイリングはアートと科学の連携であるとする主張も根強い。
　ここでは，1990年代後半以降の犯罪者プロファイリングに関する研究を中心として取り上げ，研究の展開，犯罪者プロファイリングの妥当性を巡る議論，新しい研究の方向性について見ていきたい。

2 犯罪者プロファイリングと捜査心理学

　今日，犯罪者プロファイリングの研究としては，1999年から犯罪者プロファイリングシリーズと名づけられたモノグラフを刊行している，リバプール大学教授であるカンターら（Canter & Alison, 1999a, 1999b, 2000a, 2000b）の業績が目につく*²。彼らの包括的な研究の展開はめざましく，たとえば財産犯を主題にした巻で扱われているのは，侵入盗，武装強盗，放火，職場盗，詐欺な

どと幅広く，またカンターとその門下以外にも，世界的な犯罪学の権威であるケンブリッジ大学のファーリントン（David P. Farrington）らの研究を盛り込むなど，活発な研究活動がうかがえる（Canter & Alison, 2000a）。カンターらは捜査心理学（Investigative Psychology：IP）という新しい心理学の研究分野を提唱しているが，これはしばしばFBIによる秩序型と無秩序型を核とする犯罪者プロファイリングパラダイムである犯罪現場分析（Crime Scene Analysis：CSA）と対比されている[*3]。

　カンターらの研究の多くに共通しているのが，警察記録などの詳細な事件データを，SSA（最小空間分析）を中心とした多変量解析によって分析するという点である。田村（1996）では，カンターらのアプローチはリバプール方式として紹介されているが，その後の約10年間で，カンターらは心理学の知見を犯罪者プロファイリングに活用するという姿勢を，犯罪捜査を支援する心理学の確立に発展させ，多くの研究者と実務家を育成した。現在，英国のみならず，世界各国で捜査心理学をバックグラウンドにした研究者や実務家が活躍している。日本の警察関係者の多くの研究も，カンターらの方向性と軌を一にしていると考えられる。

　またカンターと並んで精力的に研究を進めているのが，現在リバプール大学に所属しているアリソン（Lawrence Alison）である。アリソンはカンターとともに，犯罪者プロファイリングシリーズの編著を担当しているが，それだけにとどまらず，『法心理学者のケースブック』と題して，犯罪者プロファイリングや捜査支援に関するモノグラフを刊行しており，より鮮明に捜査を中心とした警察活動を支援するための研究を展開している（Alison, 2005）。こうした研究の進展は，捜査心理学派の新しい研究系譜を開拓しようとしているようにも思える。

　なお捜査心理学のグループに属していない英国のプロファイラーとして，ブリトン（Paul Britton）が日本でも紹介されている（Britton, 1997）。しかし，彼の用いている手法の詳細は明らかにされていない[*4]。

　一方ミューラー（Muller, 2000）は，少なくとも米国ではFBI方式による犯罪者プロファイリングの独占状態となっているとしている。しかし，体系だった研究の進展という点では捜査心理学の系統と比較してそれほど見るべきもの

はなく，実務的な面での応用が中心と考えられる。理由としては，FBI方式の犯罪者プロファイリングが，刑事司法機関であるFBIの内部で行動科学的な素養のある捜査官によって開発・発展され，その手法が捜査官を中心とした人々に広められていることにあると考えられる。現在，FBIにある国立凶悪犯罪分析センター（National Center for the Analysis of Violent Crime）において各種の捜査支援サービスが行なわれている。

3　手法と結果の妥当性をめぐる議論

ここまで見たように，1990年代には世界的に認知されるようになった犯罪者プロファイリングに関して，捜査心理学派を中心としてさまざまな発展が見られている。そこで，次に犯罪者プロファイリングに関する代表的な疑問である，犯罪者プロファイリングの手法とその結果の妥当性に関する研究について紹介する。

ホマントとケネディ（Homant & Kennedy, 1998）は，FBIの手法を犯罪現場プロファイリング（crime scene profiling）とし，特定人物の容疑的確性を面接等によって明らかにする心理学的プロファイリング（psychological profiling），計量分析を中心とする犯罪者プロファイリング（offender profiling）とを区別したうえでその妥当性を検討した。彼らは，FBIが依拠している犯罪者プロファイリングに関する研究が，データの代表性，手続きの明確さ，結果の解釈のいずれの点においても，不十分または不適切な点があることを指摘している。また，心理学における特性論的なパラダイムの適用の難しさについても述べている。しかし総体的には今後の研究の進展によって，犯罪者プロファイリングの適用と有効性が拡大することへの期待を表明している[*5]。

またカンターら（Canter et al., 2004）は，米国の100人の連続殺人犯のデータの分析に，FBIの秩序型と無秩序型を判別する39の変数を用いた。結果として，無秩序型を示す変数の方が秩序形を示す変数よりも数が多く，より詳細かつ明瞭であること，個々の事件に秩序型と無秩序型の両方の特徴が見られることが多いことを示したうえで，SSAの結果から4つのスタイル（性的コントロール，死体の切断，殺害，略奪）を見いだした。カンターによると，SSAのプロットは秩序型を示す変数がより中心に近く，無秩序型を示す変数が周辺部に

散らばっており，事件の特徴は無秩序型を示す変数のどれに該当するかによって特徴づけられやすいとしている。

モクロスとアリソン（Mokros & Alison, 2002）では，犯罪者プロファイリングの基底条件となっている「類似した犯行をする犯人たちは類似した特性をもつ」という前提を「相同仮説（homology assumption）」として明確化し，強姦犯のデータを利用して犯行形態と属性の関連を検討している。犯行形態と属性のそれぞれをSSAにより分析し，サンプルのプロットから両者の相関を見ているが，線形の強い相関は確認されなかった。変数選択やSSAの結果という単一指標による比較は，彼らが考察しているとおりやや単純に過ぎた可能性がある。しかし，こうした犯罪者プロファイリングを可能にするための基本的な前提について，データに基づいた検証は引き続き行なわれる必要があるだろう。

さて，犯罪者プロファイリングの妥当性に関する実験的な検討として，必ずといってよいほど参照されているピニゾットとフィンケルの研究（Pinizzotto & Finkel, 1990）を紹介しておきたい。この論文は，ピニゾットの博士論文の研究として行なわれた成果の一部であるが，犯罪者プロファイリングの的確性を検証するその実験的手法はほかにほとんど類を見ない包括的なものである。対象として，犯罪者プロファイリングの教官，プロファイラー，刑事，心理学者，大学生の協力を得て実験が行なわれた。また個人差ではなく，その群間差を検討するために，性犯罪と殺人の実際の事件資料を用いて，個別にプロファイル作成（どのようなタイプの人間が犯人であるかを，なるべく詳細かつ自由に記述した報告書）や事件情報の想起，5人の容疑者像の記述から犯人の的確性を順位づける課題などが行なわれた。分析では，報告書の長さや的確な予測の数などの客観的な指標，作成したプロファイルに関する自己評定，犯罪現場の記述と犯人属性の関連についての説明様式，さらには現役捜査員によるプロファイルの有用性の評価などによって，犯罪者プロファイリングの的確性が評価されている。性犯罪に関しては，おおむねプロファイラーが非プロファイラーよりも有意に良好な結果を収めているが，殺人事件についてはほとんどの分析で有意な差が認められなかった。またプロファイラー特有の思考方法があるかどうかについては，ほかの群との明瞭な違いを確認することはできなかったが，性犯罪と殺人の両方でより多くの事件内容を必要かつ重要であるとしてい

ること,性犯罪の場合に犯罪現場の詳細の想起が優れていることが指摘されている。なお罪種による結果の違いを彼らは,事件資料の匿名化[*6],情報量の違い,罪種の一般的傾向との差異,実験参加者の少なさ(犯罪者プロファイリングの教官は4名,それ以外の群は各6名)という4点の理由によるとしている。確かに彼らが示唆しているとおり,実験参加者の少なさは,統計的な検定力に大きく影響したと考えられる。また質的な面でもそれぞれの母集団を適切に反映したサンプルだったかについては,検証が難しい。

　犯罪者プロファイリングの妥当性については,オーストラリアのコクシス(Richard N. Kocsis)らもさまざまな角度から検討を加えている[*7]。例えばコクシスら(Kocsis, 2003a)は,ピニゾットとフィンケルの実験パラダイムを踏襲した追試を行ない,プロファイラーがより長く的確なプロファイルを作成することを確認した。また興味深い結果として,犯罪現場と犯罪行為に関する項目ではプロファイラーと心理学者の結果に有意差はなく,両群とそれ以外の群の間にのみ有意差が確認された。なおこれに先立つ形でコクシスらは,プロファイルの作成課題ではなく,犯人属性を多肢選択形式で予測する実験でもプロファイラーの回答がほかの群に比較して優れていたことを報告している(Kocsis et al., 2000)。罪種による違いについては,殺人や強姦が中心となっている既存の研究に対して,連続放火を用いた場合でもプロファイラーが捜査官よりも有意に的確な結果を示している(Kocsis, 2004b)。こうした一連の研究の結果を統合し,コクシス(Kocsis, 2003)はプロファイラーが犯人の身体的特徴,認知面(動機や土地鑑),行動,社会的属性という検討したすべての側面の予測において最もよい成績を収めているがかなり個人差が大きいこと,理系の大学生がプロファイラーに次いで良好な成績となっており,かつ個人差が小さいこと,警察官や消防の放火担当捜査官の成績は,統制群(事件情報を与えられず,一般的に想像される殺人犯や連続放火犯の犯人像を作成した)や霊能者に次いで低いことを報告している。また,警察官の中での比較では,経験が豊富な捜査官よりも一般の警察官,さらには警察学校の生徒の方が的確な予測を行なっているとした。これはFBIのヘイゼルウッド(Robert R. Hazelwood)などが主張する,豊富な捜査経験をプロファイラーの基本要件とする立場とは正反対の結果であり,興味深い[*8]。この結果についてコクシス

は，教育水準の違いが群間差に影響している可能性を示唆している。また，理系の大学生の成績が良好だったことに関連して，プロファイラーに要求される適性として，論理的・客観的思考能力に着目している。いうまでもなくこうした実験結果から，捜査官は犯罪者プロファイリングを行なう能力が低いとするのは早計である。実験である以上，日常の捜査活動とは様相が異なり，時間的な制約も大きい。コクシスらによる一連の実験的検討に対して，実験課題が実際の捜査活動とは異なる人工的なものであること，文書と記号の操作に習熟した順で成績がよいのは当然であること，実際の捜査活動では捜査官がさまざまな手がかりを利用して捜査を進めていることが結果の差異に影響しているという考えもある。

　さてプロファイルの内容ではなく，プロファイルの作成者がプロファイラーか否かという点で，捜査官の評価が異なるのかどうかについて，コクシスとヘイズが検討している（Kocsis & Hayes, 2004）。彼らは59人の現役捜査官の協力を得て，殺人事件のプロファイルについて，「言語学的な特徴を調査し，捜査官により好まれる書式を開発するため」という名目で，一貫性，明確性，個別性（容疑者絞り込みへの有用性）の評価を依頼した。また，実際の犯人に関する記述とプロファイルの記述を比較し，どの程度プロファイルが的確だったのか評価を得た。プロファイルはプロファイラーが作成したとされる条件と，捜査官が助言を求めた人が作成したとされる条件に分かれ，さらに3種類のプロファイルのうちの1つがランダムに用いられた。結果として，経験の長い捜査官ほどプロファイルと実際の犯人像との対応が低いと評価したが，プロファイラーが作成したとして提示されたプロファイルに対して，評価が有意に高いことが確認された。コクシスとヘイズはこうした結果に対し，一種のバーナム効果[*9]が確認されたとしている。犯罪者プロファイリングに影響するバーナム効果については，アリソンらの指摘もある（Alison et al., 2003）。コクシスらの業績については，新奇性や独自性に欠ける傾向はあるが，近年最も積極的に研究成果の発信をした研究グループの1つであることは確実であろう。

　ここまで，（犯人の人物像を推定するという点で）狭義の犯罪者プロファイリングの妥当性をめぐる研究を概観してきたが，地理的プロファイリングについても，その手法の評価法の妥当性をめぐって，論争が起こった。きっかけと

なったのは，アメリカ司法省が委託した地理的プロファイリングの評価に関する報告である（Rich & Shively, 2004）。この報告書は，2004年8月に行なわれた専門家による検討会を土台にして，どのように地理的プロファイリングのソフトウェアを評価するかがまとめられたものである。ここで想定された地理的プロファイリングのソフトウェアは，ロスモ（Kim D. Rossmo）が開発したアルゴリズムを実装したリゲル（Rigel），カンターらが開発したドラグネット（Dragnet），カンターの元で学んだアメリカの元警察官であるゴッドウィン（Maurice Godwin）によるプレデター（Predator），そしてレヴァイン（Ned Levine）がアメリカ司法省の協力を得て開発した，法執行機関向け空間情報分析ソフトウェアであるクライムスタット（CrimeStat）である（プレデターについては，検討会の際に入手不能であったため，詳細な情報はない）。報告書では各ソフトウエアの特性がまとめられるとともに，結果の精度，利用者評価，機能分析を柱とするソフトウェアの評価法が提案された。

この報告書には各ソフトウェアの評価結果が掲載されているわけではなかったが，提案されている評価方法が「公正でも厳密でもない」として報告書が公開された翌々月に，ロスモが19ページにわたる批判論文を発表した（Rossmo, 2005）。内容のほとんどは，リゲルをはじめとする地理的プロファイリングソフトウェアの理論的前提や犯罪捜査への適用事例の紹介，そして提案されている評価方法の不適切性への批判に費やされており，具体的でより適切な評価方法の提案はない。しかし参考文献のリストは，1990年代以降の地理的プロファイリングに関する研究を概括するための，包括的なガイドになり得るものである。

ロスモによる批判論文提出を受けて，さらに2ヵ月後にレヴァインが地理的プロファイリングソフトウェアを取り巻く問題をわかりやすくかつ包括的に述べたレポートを発表している（Levine, 2005）。大きく5点挙げられている問題は，地理的プロファイリングの適切な評価方法確立のための論点にとどまらず，地理的プロファイリングがそもそも検証された理論的前提に基づいているのかという問い直しにまでいたっており，地理的プロファイリングに関心をよせる人々には影響が大きい。レヴァインは現状の地理的プロファイリングソフトウェアが，犯罪の「記述」はしていても「説明」はしていないとして，一層

の研究の発展が必要であることを説いている。地理的プロファイリングの研究を発展させるにあたり，交通行動やベイズ統計学の適用などを指摘しており，きわめて示唆に富む内容となっている。

犯罪者プロファイリングの妥当性をめぐる議論はいまだに決着を見ているとはいえないが，ウィルソンとスートヒル（Wilson & Soothill, 1996）のように，温柔にFBIと捜査心理学，また実務家と研究者の連携を説くものもある。またウィルソンら（Wilson et al., 1997）は，犯罪者プロファイリングのアプローチを診断的評価（diagnostic evaluation：DE），犯罪現場分析，捜査心理学の3つに分類したうえで，32の事例における犯罪者プロファイリング結果の的確性と結果（解決／未解決）を示している。評価方法の詳細に関する記述はほとんどないが，おおむねいずれの手法も分析結果が適切であることが多いとした。そのうえで，犯罪者プロファイリングがいまや捜査手法の一角を占めていること，犯罪者プロファイリングの限界を明示することは分析者の責務であることを彼らは述べている。10年近く前になされた両者の指摘は，いまだに重要性を失っているとは思えない。

4 新しい方向性

さてまとめとして，近年犯罪者プロファイリングに関して見られる新しい動きや，残されている研究課題について触れておきたい。まず，コクシスは，前項で紹介した犯罪者プロファイリングの妥当性に関する一連の研究や，オーストラリアの事件データの分析の蓄積の上に新しい手法である犯罪行為プロファイリング（crime action profiling）を提唱している（Palmero & Kocsis, 2005）。しかし，バフィントン－ヴォラム（Buffington-Vollum, 2005）は，彼らの犯罪行為プロファイリングとカンターらの捜査心理学との重複を指摘している。犯罪者プロファイリングの妥当性をめぐる研究では積極的な情報発信を行なった彼らが，独自の手法を今後どのように拡大できるか，オーストラリアという地盤の独自性とともに興味を引くものがある。

地理的プロファイリングについて見ると，国内でも，ロスモの翻訳（Rossmo, 2000）の出版や実際の事件分析などにより，徐々に注目を集めている。前項で紹介した地理的プロファイリングをめぐる妥当性に関する討論につ

いては，今後進められる研究で解決できる課題とできない課題があるように思われるが，研究と分析事例の蓄積によって，国内でも相当な成果が得られるであろう。その後に犯罪者プロファイリングで見られたような，手法の優劣比較や新しい手法の開発などへの展開が期待される。

さて，ピニゾットとフィンケル（Pinizzotto & Finkel, 1990）が今後の研究の方向性として示唆した，「各種犯罪の包括的な情報蓄積」「犯罪者プロファイリングの結果に影響する特殊な犯罪現場情報と予測内容の検討」「犯罪の全体的傾向や個別事例に応用可能な動機の分析」「専門化と協同による犯罪者プロファイリングの精緻化」は，現在でも十分に果たされているとはいえず，犯罪者プロファイリング研究や業務を行なう者にとっての課題となっている。また彼らが整理した犯罪者プロファイリングの認識様式については，ほとんど実証的に検討されたことがない論点であることから興味深い[*10]。クックとヒンマン（Cook & Hinman, 1999）も，犯罪現場分析の実際的な有効性を主張しつつも，手法が依拠したデータセットが現在の犯罪情勢とは異なることを指摘し，最新の犯罪データの蓄積と分析的検討を行なうべきだとしている。

本節で述べてきた英国を中心としたカンターらの捜査心理学の進展，米国を中心としたFBI方式の運用や，これに対するオーストラリアのコクシスの批判的検証にとどまらず，多くの先進国で犯罪者プロファイリングに関する研究や実践の取り組みは広く見られる。たとえば，ウッドワースとポーター（Woodworth & Porter, 1999）はカナダにおける近年の犯罪者プロファイリングをめぐる研究と実践の進展として，ViCLAS（凶悪犯罪リンク分析システム）の本格運用，ロスモによる地理的プロファイリングの開発，英国コロンビア大学名誉教授のヘア（Robert D. Hare）らによるサイコパス尺度（PCL-R）の発展を指摘している。数量的な分析の基盤となる事件データベース，犯罪の地理的分布に着目した新しい手法，犯罪者の人格理解のための尺度，こうした犯罪者プロファイリングの発展を担う新しい動きが，1990年代のほぼ同時期にカナダで生まれたことは注目に値する。カナダは地勢的・文化的にはわが国と大きく異なるが，警察機構に関していえばアメリカよりもはるかにわが国の形態に近い。今後，警察機関における犯罪者プロファイリングの取り扱いなど，参考にすべき点が多いと思われる。

その一方で，犯罪情勢や刑事司法制度は国によって大きな違いがあるため，研究はそれぞれの国状や社会状況にそって進められるべきであるという考え方にも一理ある。たとえばコクシスらが一貫して示した，警察官の犯罪者プロファイリング課題でのパフォーマンスの悪さは（Kocsis et al., 2000；Kocsis, 2003b；Kocsis, 2004b），はたして日本でも同じような結果となるであろうか。欧米での研究は数こそ多いものの，それぞれの手続きや方法には議論の余地のあるものが相当数にのぼる。とくに，研究に使用した事例や実験参加者の数とその質については，十分な水準に達しているといえるものは限られている。国内で行なわれている研究の多くは，海外のものと比肩し得るレベルを達成している例が多いことからも，わが国における研究のいっそうの進展と積極的な情報発信を期待したい。

★注
* 1 ヒンマンはアメリカの有名ケーブルテレビ局であるCourt TVの"Body of Evidence"という番組の案内役として，元FBIプロファイラーの肩書きで出演している（http://www.courttv.com/onair/shows/body_of_evidence/index.html）。
* 2 さらにシリーズ続編の刊行が予定されている（Canter, D. & L. Alison, 2006 "Profiling Rape and Murder, Ashgate"）。また2004年からは，"Journal of Investigative Psychology and Offender Profiling"という雑誌も刊行されている。
* 3 ヘイゼルウッドとバージェス（Hazelwood & Burgess, 1995）では，犯罪者プロファイリングは犯罪捜査分析（Criminal Investigative Analysis）の一部として扱われている。FBIでもまたカンターらと同様に行動科学的な知見や手法を広く犯罪捜査に利用しようという志向が見られる。
* 4 ウィルソンら（Wilson et al., 1997）は，ブリトンを診断的評価（diagnostic evaluation）というブラッセルらの系譜に位置づけている。
* 5 ワイナーマン（Winerman, 2004）によると，ホマントは現状の犯罪者プロファイリングに外的妥当性が欠けている点を重大視している。
* 6 彼らによると，プロファイラーだけが殺人事件の資料に重要な情報がないことを即座に指摘したという。
* 7 コクシス自らによる論文の紹介が，別冊ではあるものの権威ある医学誌として知られるランセットに掲載されたこと（Kocsis, 2004a）は，少なからぬ意味をもつかもしれない。
* 8 たとえばヘイゼルウッドとバージェス（Hazelwood & Burgess, 1995）を参照。
* 9 誰にでもあてはまるような性格特性の記述を，特定人物の性格特性を表わす記述として的確なものであるとする傾向をバーナム効果という。ここでは，プロフィルの内容そのものに多義的に解釈できる曖昧な部分があるため，捜査官が「プロファイラーの作成したプロファイルは正確である」という擁護しやすい結論に達したのではないかとコクシスは解釈している。
* 10 現在FBIの上席研究官であるピニゾットはさまざまな研究にたずさわっているが，プロファイリングに関する認識パラダイムに関する研究は，残念ながら十分に発展されていない。カトリック教会の司祭でもあるピニゾットの研究経歴は，アメリカ心理学会の機関紙でも紹介されている（Pinizzotto, 2003）。

罪種別コラム 04

ストーカー

　リンデン・グロス（Gross, L.）著『ストーカー：ゆがんだ愛の形』（1995）の邦訳出版以降，「ストーカー」「ストーキング」ということばは，多くのマスメディアで取り上げられ，いまや特定の人間に執拗につきまとい，嫌がらせをする人物やその行為を示す用語として完全に定着した感がある。ストーキングをともなう犯罪は，米英でいち早く深刻な社会問題となっていた。米国では，1989年，女優レベッカ・シェファー（Schaeffer, R.）が熱狂的なファンに殺害された事件を契機に，1990年，カリフォルニア州において全米で初めてのストーキング防止法が制定され，それ以降，多くの州で法整備が進められた。英国でも皇室を対象としたストーキングが問題となっていたことから，1997年3月，ストーキング防止法にあたる嫌がらせ行為保護法が成立し，同事案への取り締まりが本格化した（中川，1997）。一方，国内でも芸能人へのストーキングや元交際相手による凶悪事件などがマスコミ報道を通して頻繁に伝えられるようになった。人気歌舞伎役者への執拗なつきまとい行為に関する民事裁判で，劇場への立ち入り禁止や周囲200メートル以内への接近を禁止する判決をいいわたされた女性ストーカー事案はよく知られている。また，埼玉県桶川市で発生した女子大生刺殺事件は，殺害以前に被害者が元交際相手から執拗なストーキングを受けていたとされており，きわめて社会的反響の大きい事件であった。こうした事件の相次ぐ発生を受けて2000年5月の国会で「ストーカー行為等の規制等に関する法律」が成立した。この法律では，特定の者への恋愛感情やそれが満たされなかったことに対する怨恨の感情などに起因するつきまといやストーカー行為が規制の対象となっている。警察庁のまとめによると，平成16年のストーカー事案の認知件数は13,403件に上り，平成15年の11,923件と比較し，12.4%増加している。被害者は女性が86.2%，被害者年齢は20代までが46.9%，30代が30.2%，行為者は男性が90.3%，行為者年齢は20代までが27%，30代が30.4%である。行為形態別では，つきまとい，待ち伏せなどが52.5%，面会・交際などの要求が52.4%，無言・連続電話などが28.6%の順となっている。ストーカーと被害者との関係は，交際相手（元を含む）が56.2%，配偶者（内縁・元を含む）が13.8%と恋愛関係にあったものだけで全体の70%を占める。一方，面識のなかったものは全体の7%のみであるなど恋愛

関係にあった若い男女のトラブルに起因する事案の実態が明らかとなっている（詳細は，警察庁のホームページ http://www.npa.go.jp を参照）。

ストーカーの心理や行動については，国内外でこれまでいくつか研究が行なわれている。ライトら（Wright, et al., 1995）は，ストーカーをおもに被害者との関係から，見知らぬ者を対象に匿名的な接触を図るストーカー（Non-domestic stalker），元交際相手・配偶者など既知の者を対象とするストーカー（Domestic stalker），おもにマスメディアに登場する人物に妄想的に恋愛感情を抱くエロトマニアストーカー（Erotomania stalker）に分類している。これらのうちエロトマニアストーカーは，異性の相手から自分のみが愛されているとする妄想を抱くもので，恋愛妄想，被愛妄想とも呼ばれ，ストーカーの精神病理の中核をなすものとされている。影山（2001）は，このエロトマニアストーカーを自らのストーキングの類型の中で古典的なタイプと位置づける一方，新たに「現代型ストーカー」の概念を提示している。このタイプは，多くが人格障害をともなう未婚の孤独な青年で，知能レベルでは優秀であるが，恋愛や対人関係の経験に乏しく，相手に執拗につきまとうことで自己の空虚感を埋めようとするのが特徴である。このタイプは，現代の若者の行動様式を反映したものとして今後も増加が予想されるとしている。筆者は，捜査支援の観点からほかの科学捜査研究所の心理担当者と共同で国内のストーキング事例を収集し，ストーカーの類型化と類型別犯行特徴の分析を行なっている（長澤，1998）。ここでは，事例を追加して同内容の再分析を行なった結果を紹介する。分析には，1989年から1997年までの間に国内で発生したストーキング事案のうち犯人が検挙され，犯人属性，事件内容の詳細について調査可能であった19道府県の35事例を使用した。また，ここでは，ストーキング事案を特定の者やその周辺の者への2回以上の違法な嫌がらせ行為のあったものとした。ストーカーの類型化のために各事例中の犯人属性変数を用いて林の数量化理論Ⅲ類により分析した結果，「孤立型」「社交型」「社会的地位安定型」「社会的地位不安定型」の4タイプが抽出された（右図参照）。各タイプと犯行特徴との関連を検討したところ，「孤立型」においてストーキングのターゲットが1人から複数に拡大し，その行為が長期間にわたる事例が多く，拉致監禁や殺害にいたる悪質な事例も見られ

た。このタイプは，知的なレベルでは他者に劣らないものの，社会的に未熟，自己中心的であるため，特定人物への恋愛感情，関心を抱けば，自分の欲求を実現させるために時としてその行為をエスカレートさせていくと解釈され，前記の現代型ストーカーと共通する危険なタイプと考えられた。ストーカー犯罪は，犯人の人格や対人関係の歪み，社会病理などの諸要因が複雑に絡んだ事象である。犯人像や行為の危険性を効果的に予測するためには，多面的アプローチと実証的研究が今後，ますます求められよう。

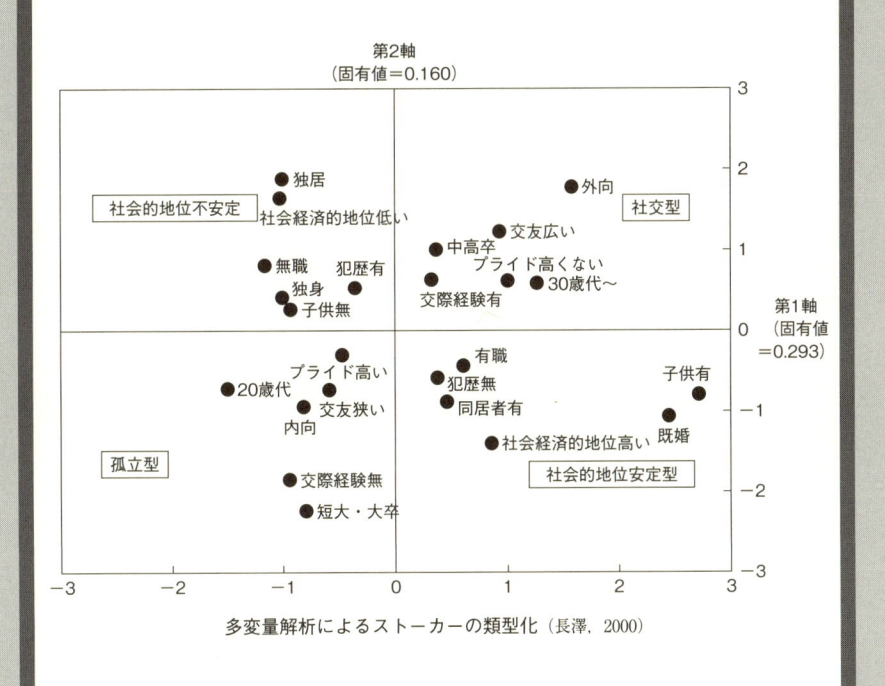

多変量解析によるストーカーの類型化（長澤，2000）

2節 犯罪者プロファイリングの日本の実際

1 はじめに

　FBIの捜査官と精神科医が作り上げた初期の犯罪者プロファイリングは，対象となる事件の特異性や希少性と，プロファイラーの個人的経験や技量の偏重により，しだいに批判を受けることとなる。しかしながら，カナダや英国，オランダなどにこの方法が紹介されると，その科学性は高められ，新たな犯罪者プロファイリングが生まれ進展し始める。確かに，検証困難なFBIの手法をそのまま踏襲することは，行動科学としての犯罪者プロファイリングを発展させるとは考えにくい。FBIの手法の正確性，信頼性は高いとの報告があるものの，それがすなわち犯罪捜査に効果的であったかどうかは依然不明なのである。

　だが，FBIの方法がすべて否定されるわけでもない。たとえば，FBIにてトレーニングを受けたプロファイラーは，捜査官とは異なる方略を用いて犯罪への接近を試みている（Jackson & Bekrian, 1997）。当然のことながら，変化しつつある犯罪形態を無視し，画一的な方略でのみ犯罪へ接近することは得策ではない。「犯罪捜査」という難問の答えは「事件解決」という1つの答えだが，その解き方はいく通りも存在するであろう。捜査官とは異なる通り道を知らしめた点が，FBI方式に対する評価すべき第1点と考えられるのである。

　次に，犯罪者プロファイリングのトレーニング効果である。犯罪者プロファイリングは，あくまでも科学的手法に則り進展すべき道具なのだが，この道具を使いこなす者の資質には，トレーニングという経験が不可欠であろう。プロファイラーには，豊富な「データ」と，検証可能な「方法」と，個々の事件の個性を見抜く「眼」が要求される。これら要素は，体系だった組織的な教育なしでは体得できない。いくぶん，経験重視主義ではあったものの，FBIの教育システムが，唯一，プロファイラーを育成してきたことは，評価すべき第2点だと考えられる。

　さて，日本の犯罪者プロファイリング業務は開始されたばかりであるが，幸運なことに，日本の実務家はFBI方式とカンターらの方式をほぼ同時期に偏り

なく入手することができた。先駆的な犯罪者プロファイリング研究の良識を，われわれは偏見なく取り入れ，研究と業務をスタートさせたといえよう。実のところ，全国の科学捜査研究所に少なくとも1名の心理担当者が配置されている日本の警察組織は，犯罪者プロファイリングの研究と業務に最適な下地を有していると考えられる。また，心理担当者は，主たる業務であるポリグラフ検査の質問作成にあたり，犯罪現場の詳細な観察や関連する捜査記録の熟読を行なっており，犯罪者に出会う機会も多い。現場の捜査員との連携も密である。このような日本の環境の中で，研究と業務を両輪にしながら，犯罪者プロファイリングが積極的に運用され始めている。FBIの再評価をも含め，カンターらの方式に準ずる日本型ともいうべき犯罪者プロファイリングが，まさに形作られようとしているのである。

そこで本節では，このような状況をふまえながら，犯罪捜査現場における日本の犯罪者プロファイリングの実際を論じていきたい。

2　刑事警察における犯罪者プロファイリング

日本における犯罪者プロファイリングの業務では，FBIとカンターらの両方式の相違点を押さえながら，統計的に裏づけられた大量データを基礎とし，個々の事件にその地域性と評定者の経験を加味される手法と，異なる専門領域をもつ分析チームが必要である，といった方向性で進められつつある。この方向性による分析成果については第2章で大まかに紹介されているので，ここでは公表されている報告をもとに，刑事部門警察における業務について紹介する。科学警察研究所の犯罪者プロファイリングによる捜査支援に加え，日本の捜査第一線にて本格的に犯罪者プロファイリングを運用しているのは，北海道警察科学捜査研究所の特異犯罪情報分析係など数組織がある。

まず，この北海道警察本部特異犯罪情報分析係では，犯罪現場の調査と評価，類似犯罪の比較分析，よう撃捜査支援，犯人像の推定，取調べ支援，犯罪情報の蓄積，といった広範囲な業務を行なっており，行動科学的知見を捜査支援のために用いて，実践的なアドバイスを行なっている。捜査経験の豊富な捜査員と犯罪心理学者が協同して取り組む点では，FBIの観点とカンターらの観点とを融合した日本独自のアプローチであるといえる。脅迫文をともなう連続空き

巣ねらい事件についての捜査支援（岩見, 1999）では，多変量解析などのカンターらの手法，FBIの知見，三本と深田（1999）のPower Plot Professional，捜査的経験に基づく知識を使って，総合的な分析を行なっている。報告書提出後まもなく犯人が検挙されたことから，提出されたプロファイルに対する評価を捜査員に対して行なっているが，その評価はきわめて高かった。

次に，科学警察研究所犯罪行動科学部における業務である。渡辺（2005）によれば，科学警察研究所では1999年から実際の事件に対する分析の試験的運用を開始しており，2001年より正式な依頼を受理している。依頼者は，各都道府県の刑事部あるいは科学捜査研究所からであり，その依頼罪種は殺人，連続強姦，連続放火，爆破事件などであった。依頼内容は，犯人像推定，居住地推定，容疑者の犯人的確性の判断，事件リンク分析，脅迫文書の内容分析である。これらの成果は，『捜査心理学』（渡辺, 2004）などの著書で詳しくしるされている。また，科学警察研究所における業務の流れは，岩見（2005）によれば次のとおりとなる。第一線にて「事件認知」した後，捜査側が「分析依頼の決定」をし，科学警察研究所に「依頼書送付」をする。依頼を受けた時点から「現場観察および分析資料収集」を行ない「プロファイリング分析」を経た後，分析結果をしるした「捜査意見書」を依頼した捜査側に送付する。この「捜査意見書」を参考にしながら「捜査方針の決定」「地道な捜査展開」が行なわれ，「被疑者検挙」にいたることとなる。依頼書や捜査意見書の様式も定まっている（岩見, 2005）。また2004年度からは，各都道府県科捜研の分析担当者に対する研修を開始しており，日本の犯罪者プロファイリングを指導する立場としての役割を果たしている。

北海道警察本部に次ぐ地方の組織としては，愛知県警察本部科学捜査研究所の分析チームが実績を上げつつある。また，群馬県警，千葉県警，山形県警なども体制をとり分析にあたっている。たとえば，山形県警における「同一場所に対する連続放火に対する犯罪情報分析」では，犯人検挙に大きく寄与している（桐生・佐藤, 2004）。まず，分析チームは過去の同種事件データを多変量解析により分析し，全体的な傾向をまとめ捜査側に報告している。この報告書では，先行研究によって示されている連続放火犯の特徴「前歴をもつ無職の男が，不満の発散のために火をつける」に対し，同一場所への連続放火を含む今

回のような事件の犯人像は「女性」や「恨みによる犯行」も想定すべきことを捜査側に提案している。そして，分析チームが各放火現場を観察し分析した結果と，電子地図による地理的プロファイリングの結果を基に，犯人が居住する可能性の高いエリアを推定した報告を次に行なったところ，検挙された人物は「女性」であり，推定エリア内のほぼ中心に居住することが明らかとなった。総合的な犯罪情報分析による犯罪者プロファイリングの効果的な活用事例といえる。

なお，上記以外の科学捜査研究所においても，ポリグラフ検査を担当する心理担当者を中心に，犯罪者プロファイリングなどの業務が進められている。たとえば徳島県警では早期から業務の試験運用を開始し，効果的な活用事例も多数あり，徳島県内はもとより，四国管区内などで教養や報告を行なっている。また，福島県警，熊本県警，宮崎県警などでも業務に取り入れ，捜査部門への情報提供やアドバイスが行なわれている。警察内部での全国規模の研究会である「犯罪者プロファイリング研究会」では，毎年，各県にて行なわれた分析事例が報告されている（コラム４参照）。

3　多様な事件への活用①──多発事件

さて，一般的に犯罪者プロファイリングで分析が求められる犯罪は，被害者と面識のない犯人による強姦や放火などの連続的な凶悪犯罪と考えられている。しかしながら，そのような凶悪犯に限らずとも「犯人の活動拠点はどこだろうか？」「次の犯行地はどの辺りだろうか？」と現場の捜査サイドから問われることを著者はいく度も経験している。たとえば，従来の警察資料からデータベースが作成しにくい器物損壊事件などの事案に対する分析の要望である。犯罪者プロファイリングは，このような頻繁に起こりうる犯罪に対して何ができるであろうか。著者らの分析チームが検討した連続自動車タイヤパンク事件２事例を念頭に，この問いについて少し考えてみたい。

これら２事例は，事件発生中に分析が依頼され，随時，経過などを捜査側に提供しながら分析が進められたものである。それぞれの事件は，多いときに１日に十数台のタイヤが傷つけられるといった被害状況であり，犯人が検挙され事件が解決した事例である。まずわれわれは，現場を十分に観察し，その時点

での事件特徴を把握した後，捜査側に，今，最も必要とする捜査事項が何かを尋ねた。そして，それぞれの現場に空間的な特徴があり，また犯行が「いつ」「どこで」行なわれるのかを合理的に推定することが，捜査の最重点課題であると了解した。とくに，休日を返上しながら警戒や張り込みを続ける捜査員の疲労の蓄積が，切実な問題となっていたことも判明した。次の犯行を，時間的・空間的に絞り込むことは犯人検挙に近づくと同時に，捜査員の能力とモチベーションを回復させることにもつながる。そこでわれわれは，事件リンクを行なう過程にて生じる検討資料，たとえば心理学的に見た犯行形態や特質を記載した電子地図の図面を，随時，捜査側に提供し，絞り込みの参考資料としてもらった。このとき，これら資料は，直接，現場の捜査員に手渡しその内容と資料の意味を説明することを心がけた。われわれが分析を行ない，報告書を作成するまでには，ある程度の時間がかかる。その間にも事件や捜査は動いており，新しい情報が加味されない報告書ではあまり役に立たないこととなる。分析過程において，捜査側に参考と思える資料が少しでも出てくれば，そのたびに現場に赴きそれを提供すること，その際に最新の捜査情報を入手すること，といった地味なくり返し作業が連続自動車タイヤパンク事件には有効であると考えられた。

4　多様な事件への活用②——交通事件と犯罪予防

　犯罪者プロファイリング業務の対象が，刑事事件だけであるとは限らない。たとえば，交通ひき逃げ事件や犯罪予防の観点からの活用も可能であろう。桐生（1994）は，交通ひき逃げ事件にて，現場に事故の衝撃による被疑車両の破損物や遺留物が多い場合，逃走したひき逃げのドライバーは車両への偽装工作や欺瞞行為を行なう傾向が高いことを報告している。現場の遺留品などの物的証拠から，事故直後のドライバーの行動が予測できる可能性が示唆された。また，桐生（2005）は，交通ひき逃げ事例を分析し，ひき逃げ発生に関わる要因として，「ドライバー」に関わる要因，事故の発生場面，すなわち「環境」に関わる要因，「ドライバー」と「歩行者」の相互関係による要因を見いだした（図3-1参照）。

　そして，交通ひき逃げ捜査においては，衝突前の各要因とのかかわりを視野

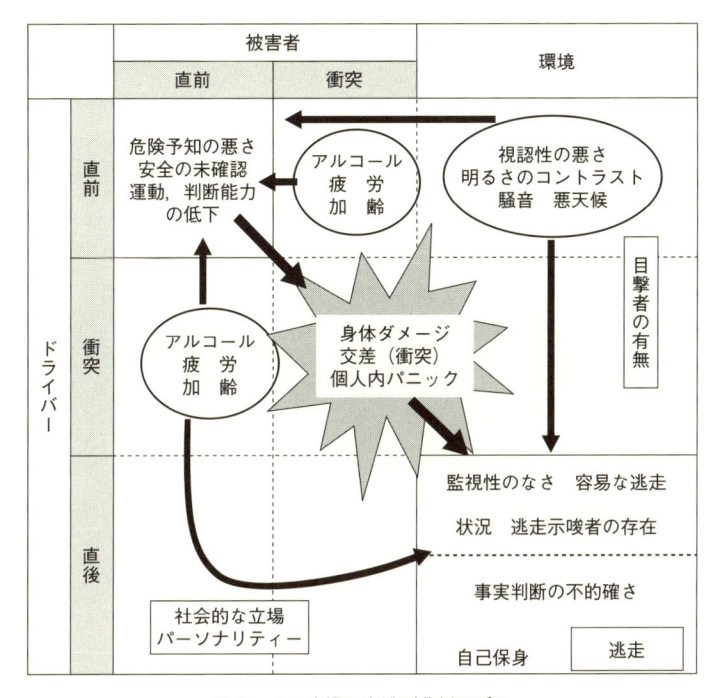

図3-1 交通ひき逃げ分析モデル

注）ひき逃げ事件における歩行者，ドライバー，環境の各要因による，「交差（衝突）直前」「交差（衝突）」「交差（衝突）直後」の各段階から見た分析モデルである。各要因間の相互関係を，左上から右下に時系列的に示している。
　左上の交差（衝突）直前の段階：歩行者とドライバーの双方においては，事故に巻き込まれやすい（起こしやすい）特性的傾向および状態的傾向が，また環境においては，悪天候による知覚情報への悪影響，発生時間帯による暗さ，明るさのコントラストの強さ，騒音といった悪影響が考えられる。
　中央部分の交差（衝突）の段階：歩行者に身体的ダメージが与えられ，ドライバーには強い感情の喚起がもたらされる。ドライバーは，一種の個人内パニックに陥るものと予測される。
　右下に示した交差（衝突）直後の段階：ドライバーと環境の関係性が強調される段階と考えられ，被害にあった歩行者を救護すべき事態において，逃走をうながすようなさまざまな悪影響が指摘される。ドライバーの「救護か─逃走か」の判断過程に，焦点があてられる。

に入れた衝突後のドライバーの行動特徴の分析が必要となり，捜査用データベースの構築が望まれることを提言している。交通ひき逃げのドライバーに対する犯罪者プロファイリングも，意図性の高い刑法犯と同様に，犯人属性，行動，現場の状況など変数としたデータ蓄積もまた困難ではないだろう。交通ひき逃

げ事件捜査において，その検挙件数の割合が決して高くはない現状（内閣府，2001）を顧みれば，データベース構築の必要性とその効果はおおいに期待されるものと考えられる。

次に，犯罪者プロファイリング業務の資産を生活安全部門に活用した事例である。著者らが，次のような調査を行なってみたところ（桐生，2006），興味深い結果が得られたので紹介する。約6万人が住むT市の全中学校のPTAに対して，犯罪に遭うかもしれない不安感に関するアンケート調査を行なった。アンケート用紙の最後にT市の地図を添付し，犯罪不安を感じる場所に印を付けてもらい，その選択理由とどのような犯罪が起きやすいかを記載してもらった。回収後，地図上の各箇所の選択数をカウントし，電子地図上にランクごとに色分けして犯罪不安の高低を示したマップを作成した。そして，この調査を行なった年の一年間の認知刑法犯の全データ（凶悪犯罪，窃盗，自転車盗など警察に届け出のあった刑法犯）を元に，それぞれの事件が発生した箇所をこの犯罪不安マップに重ね書きしてみたのである。その結果，PTAの人たちが感じる犯罪不安の高低と，事件発生の多少は必ずしも一致しているわけではないことが明らかとなった。犯罪不安が高い箇所であっても事件の発生が少ない，もしくは犯罪不安が低い箇所であっても事件の発生が多い，といった箇所があったのである。この結果に基づき，それぞれの箇所に見合った警ら活動（パトロール）を，地元の警察署が行なうことが可能となった。すなわち，一律的な防犯や警ら活動ではなく，警察官の投入の量や住民への防犯活動の促進を，それぞれの箇所ごとに適正に行なえるようになったのである。

加えて，犯罪不安といった住民の意識と物理的・空間的な環境要因を変数として，さまざまな犯罪の特質を説明しうる可能性も示唆した。このことは，犯罪者プロファイリングの信頼性と妥当性を高める一助となりうる。ある犯罪の次の犯行地を予測する際に，発生可能エリアの住民意識と環境要因も考慮することは，予測の精度を向上させるものと考えられるからである。

5　捜査支援という現場の視点

以上のように，犯罪情報分析を行なう現場の業務は犯罪者プロファイリングだけではない。現在の日本における業務内容は，捜査側から見れば捜査活動の

一つであるということもできよう。先の北海道警の紹介でも示したように，犯罪現場の調査と評価，よう撃捜査支援，取調べ支援といった捜査コストを軽減させるための合理的な情報整理が，実際の業務では，かなり効果的に活用されている。そもそも犯罪捜査においては，捜査人員や金銭コストを最小限に抑え，早急に犯人を逮捕し起訴へ確実に持ち込むことが重要である。犯罪者プロファイリングは鑑定業務ではなく犯罪捜査の一環として使用されている現在，最終的な分析結果を提出する過程にて捜査活動に有効な情報があれば，積極的に現場に提供していくことは重要であろう。事件リンクや地理的分析の過程にて生まれる事件一覧表や現場環境の写真などが加えられた電子地図は，個々の捜査員にとって有用な資料である。北海道警察本部の特異犯罪情報分析係の業務の多くがこのような捜査支援活動であり，それがあるからこそ犯罪者プロファイリングが現場の捜査から支持されていると考えられる。

　このような状況は，ほかにおいても同様に見られ，たとえば，山形県警察本部科学捜査研究所にて分析業務が立ち上がったその年度の活動件数は38件であり（山形新聞の記事，2005），うち捜査支援としての件数は過半数以上であった。また，オランダにおける調査（Jackson & Bekrian 1997）でも，プロファイリング課が行なった業務20例のうち，犯罪者プロファイリングとして報告書が作成されたのは6例であり，それ以外の業務14例は，捜査提案，脅迫分析，人格査定，事情聴取技法といった捜査支援であったという。犯罪者プロファイリングの現場は，捜査現場のニーズを積極的に取り入れながら，捜査支援といった大きな枠組みの中で進展し続けていると考えられる。

6　現場における課題

　最後に，日本の犯罪者プロファイリング現場における，今現在の課題をあげてみたい。

　第1点は，現場における各犯罪用データベースの充実である。今ここで発生している事件解決のためには，何よりも過去の事件に関する基本データベースを充実させていかなければならない。求められるデータベースは，現場の捜査側のニーズを反映したものでなければならず，さまざまな犯罪に柔軟に対応しうるものであることも必要であろう。また，基本データベースの充実と同時に，

現場からの事件データの収集ももれなく行なわなくてはならない。その際，いかなる項目を収集するかを十分検討する必要がある。効果的な犯罪者プロファイリングのデータ収集とデータベース構築には，捜査員との綿密な論議が不可欠であることはいうまでもない。

　第2点として，現場における犯罪者プロファイリングの結果の検証である。対象事件の固有の情報から，なぜその結果が導きだされたのかを明確にしるしておく必要がある。また，事件解決後には追跡調査を行ない，犯罪者プロファイリングの報告書の妥当性を検証しなければならない。そのためには，犯罪者プロファイリングの報告書様式は，基礎データと個別データ，推論過程とその根拠を明記するものでなければならず，事後に的確性を評価する一定の評定尺度を定めておく必要がある。

　第3点として，推定根拠の心理学的な背景理論の充実である。心理学は，さまざまな方法によって多くの人間行動特質を，科学的に明らかにしてきた。犯罪もまた人間行動の1つである以上，心理学のもつパラダイムによって明らかにされるべき側面を多くもつ。犯罪者プロファイリングの研究は，精神医学による説明を元に高度な統計処理によって説明されるだけでは不十分である。心理学のパラダイムとその研究は，犯罪者プロファイリングの背景理論構築に大きく寄与するだろう。犯罪現場の詳細な観察から得られた情報を整理し，そこから導きだされる説明理論を仮定し，各要因を操作しながら実験で検証することは，きわめて重要なのである。

　以上の3つの課題に対応していくことによって，日本の犯罪者プロファイリングが，捜査支援活動から法科学的な鑑定業務としての評価を得ることになるものと著者は考える。犯罪者プロファイリングの現場と研究は，初期の段階から中盤にさしかかってきている。この時期に，我慢強く実践と研究を行なうことで，日本の犯罪者プロファイリングが，FBIでもカンターでもない「日本方式」として世界をリードすることになると考えるのである。

罪種別コラム 05

強盗

　さまざまな犯罪の中でも，より身近で起こりうる財産犯は，市民にとって実際に被害に遭う可能性の高い犯罪であり，特に強盗は被害者の財産のみならず身体生命にとって直接的な脅威となる。その早期検挙に向けた捜査支援も犯罪者プロファイリングの重要な使命であろう。

　犯罪者プロファイリングに関する研究知見は，これまでに主として殺人，強姦，放火などを対象に蓄積されてきている。財産犯は犯行目的が単純であるとともに手口がある程度定型化してくるため，犯人像推定にはなじまないとも考えられる。しかしながら，高村（1998）は窃盗事件データを分析し，色情窃盗犯と現金窃盗犯で平均的な犯人像に違いが見られること，さらに現金窃盗犯でもいくつかの属性によって分けられたサブグループの間では犯人像に有意差が認められることを示している。また，横井（2000）は銀行や郵便局を対象とする金融機関強盗と店舗や民家を対象とする強盗を比較し，前者の方がやや高齢で定まった場所に居住している者が多く，外国人である可能性は低いという結果を得ている。これらの結果が示すのは，金銭が目的である財産犯でも犯罪者プロファイリングは可能だということである。したがって，ほかの凶悪事件と同様に強盗事件についても，個々の事件を理解し動機や犯人属性を推測するための一般化された理論的枠組みを構築することができるだろう。

　アリソンら（Alison et al., 2000）は「計画性」と「衝動性」という2つの軸上に強盗事件を位置づけ，「Robins'man」「Bandits」「Cowboys」という3タイプを同定した。彼らによれば，Robin's manの犯行は衝動性が低く計画的であり，複数で役割分担し状況に柔軟に対処するなど犯罪に手馴れた者たちである。これに対し，Banditsは事前に計画を立てているものの状況をコントロールしきれずに不必要な暴力を用いるという。また，Cowboysは場当たり的な犯行でやたらと凶器を振り回すとされている。同様に，マシューズ（Matthews, 2002）も，持凶器強盗による受刑者340名に面接し，「Amateurs」（犯罪経験の少ない人間が生活費や薬物の購入費欲しさに，切羽つまって小金を奪うもので，計画性に乏しく結果の重大性を認識していない），「Professionals」（強盗を生業とする経験豊富な犯罪者であり，計画を練り対象を入念に選択して大金の取得をねらい，暴力を効率的に使って被害

者をコントロールする），両者の中間である「Intermediates」（さまざまな犯罪を行なっている犯罪者が機会を得て強盗を行なうケースと窃盗などからより凶悪な犯罪へとシフトする途上にあるケースに分けられる）という3タイプを同定している。これらの分類は興味深いが，わが国で発生している強盗の現状とは完全にはマッチしないように思われる。たとえば，近年頻発している路上強盗やコンビニ強盗はアリソンらのいうBanditsとCowboysのそれぞれの特徴を含んでいるし，Robin's manやProfessionalsに相当するような強盗専門の犯罪者というのは，日本ではまだ少ないと思われる。

　これに対し，高村ら（2002）は日本の持凶器侵入強盗263例を分析してアリソンらの結果と比較し，計画性が高く現場支配が巧妙な群，計画性は高いが現場支配は巧みでない群，計画性も低く現場支配も巧みでない群を，それぞれ「日本型Robin's man」「日本型Bandits」「日本型Cowboys」と命名した。日本型Robin's manは周到な準備のうえで民家に押し入るタイプ，日本型Banditsは金融機関強盗に多く用意は周到だが多くは現場コントロールに失敗し，日本型Cowboysはあまり準備をせず変装もしないままでコンビニなどに押し入る犯人であるという。このほかにも，わが国の強盗事件について類型化を試みた例はいくつかあるが（たとえば高村ら（2003），福本ら（2004），吉本ら（2004）），分析対象とすべき変数を確定し一般性の高い因子を見つけ出すことが今後の鍵であろう。

　また，横井ら（2002）は，侵入強盗事件300例を集計し，犯行現場と犯人の拠点との直線距離を比較した。その結果，共犯者があり，移動手段を準備し，モデルガンを含む銃器を凶器に用いているケースは，そうでないケースに比べ拠点から現場までの距離が長いという傾向が認められた。また現場に土地鑑を有するケースや犯人に何らかの精神衛生上の問題があるケースでは距離が短く，住所不定，無職，強盗犯歴を有する場合には長くなるという傾向が認められた。犯行特徴や犯人の属性により現場－拠点間距離が相違するなら，こうした知見は強盗事件の地理的プロファイリングに応用可能であろう。

　以上，いくつかの研究例を紹介したが，強盗事件の犯罪者プロファイリングに関する知見は質量ともにまだまだ不足している。注意しなければならな

いのは，強盗という罪種に含まれる行動の多様さである。完全武装で銀行に押し入り人質をとって大金を奪うのも，少年グループが退屈しのぎに通行人を襲って小銭を奪うのも，法的定義からすればともに強盗なのである。実際，横井（2000）は金融機関強盗と店舗対象強盗とで平均的犯人像が相違する可能性を示唆している。また，高村と横井（2004）は強盗事件の犯行達成要因を検討し，金融機関，コンビニ，民家など発生場所によって犯行達成につながる要因が異なることを示している。強盗事件を研究する際には，個別に取り扱うべきまったく異なるカテゴリーの犯行を同じグループに入れてしまう危険が大きい。しかしながら，あまりに細分化しすぎると，とくに統計的分析にはなじまなくなるだろう。これは強盗という罪種だけに限ったことではないだろうが，どの程度までの行動を同一カテゴリーとみなすかを慎重に見極め，強盗の下位分類を適切に定めることが，今後は必要とされよう。

3節 犯罪者プロファイリングと精神医学——妄想とその周辺

1 はじめに

　犯罪者プロファイリングは，多方面の専門的な知識や技術を総合して行われる。それを構成する分野の1つである精神医学もまた，広範な領域を総合する応用的学問である。したがって，精神医学の何が犯罪者プロファイリングに応用されているのかというと，はっきりこれとさし示すことはむずかしい。しかし，近接する心理学や社会学などと対比するならば，精神医学が犯罪者プロファイリングにおいて特異的に力を発揮するのは，診断や個人精神病理の検討作業にあるといえる。

　本節では，このような視点から犯罪や犯罪者プロファイリングと関係が深い精神病理の基本的なことがらについて述べる。当然ながら，本節の内容のみで犯人像を推定することは不可能である。これはプロファイラーがその職務を遂行するうえで身につけるべき基礎知識のほんの一部分にすぎない。

2 妄想と犯罪

　妄想（delusion）という症状はおそらく一般にも最もよく知られた，そして精神医学の臨床において最もよく遭遇する，しかし精神病理学的には最も深遠な課題を与えるものである[*1]。このような意味で，妄想はこの領域の多くのキーワードの中から，はじめに取り上げる題材に適しているといえるであろう。妄想とは，一般的には「訂正不能の誤った考え」などと定義されている。ひとまず，この「訂正不能」と「誤った考え」という2文節に分けて解説することにする。

(1) 訂正不能

　通常，人は明らかに反証となることがらを提示されれば，自分の考えが誤りであったことに気づき訂正をすることができる。これに対し，妄想の場合には，どのような手段によっても修正できない。これが「訂正不能」である。

　このようにいうと，頑固な人ならば自分の意見を訂正しないから，それも妄

想といえるのではないかと考えるかもしれない。しかし，ここでいう訂正不能とは，強い意思で訂正を受け入れないというような能動的なものをさしているわけではない。訂正のしようがない，ということなのである。たとえば，自分が「A中学校を卒業した」という事実を思い浮かべてみてほしい。その経歴や思い出について，「それは違う」と親に否定されたとしよう。このようなときわれわれは自分の記憶を修正しようとは思わないし，できない。そこで信じていることは，まちがいなく自分自身の経験であり，記憶ちがいなどしようもない。B中学校の卒業アルバムの写真に自分が写っているのを見せられても，それは合成写真だと主張するだろう。そのようなことをいう親のほうがおかしい，なぜそんな手の込んだ嘘を作ろうとするのだろう，と思うに違いない。このように，われわれが自分がA中学校を卒業した（自分の出身中学はA中学だ）と確信していることを訂正不能という。

　このように現実のことであると信じて疑わないならば，当然，なんらかの行動に結実する確率は高くなる。偽の証拠まで作ってA中学校卒であることを隠そうとしている理由を探ろうと，外出する親を尾行したり，なんらかの方法で白状させようとしたりするかもしれない。自分を抹殺しようとしているのではないかと恐怖に怯えて家出をするかもしれないし，親に先制攻撃するかもしれない。妄想に支配されるというのは，そういうことである。

(2) 誤った考え—奇異な妄想と奇異ではない妄想

　妄想と強く抱かれた信念はともに訂正不能であるが，両者は誤っているかどうかという相違がある。ここでいう「誤り」は，むろん，道義的とか倫理的な意味での誤りではない。より客観的な観点からの間違いであり，比較的白黒をつけやすいものをさす。

　ただ，客観的基準を定めることも実際には容易ではない。たとえ科学的に正しいことが立証されていても，それが，ある文化のなかでは受け入れられていないこともある。ガリレオの地動説が妄想といえるのかどうか微妙であるように，あるいはそれ以上に，「誤り」の境界線は単純ではないところにある。

　この「誤り」の定義は精神医学的にも重要である。診断のうえでは，妄想の内容が誤っている質ないし程度に注目することがある。たとえば現在の精神医学領域で最もよく用いられている診断基準の1つであるDSM-IV-TR

表3-1 妄想の周辺と犯罪者プロファイリング

妄想内容による分類	発生過程による分類	該当する可能性が高い診断名	妄想以外の症状の存在	犯罪者プロファイリングの対象になる可能性など
奇異な妄想 bizarre delusion：BD	背景から了解不能なことが多い（妄想観念，一次妄想，真性妄想）	統合失調症など	・幻聴，活動性の低下などが見られることも多い ・生活能力が低いことが多い（だまされて被害者になるような人物かもしれない）	・犯行手口が緻密ではないことが多い →現行犯逮捕されやすい ・唐突な犯行であることも多い
奇異ではない妄想 non-bizarre delusion：non-BD	背景から了解可能なことが多い（妄想様観念，二次妄想，続発妄想，妄想様反応）	妄想性障害，妄想性人格障害など	妄想のみが目だつ執念深い，神経質，口が立つという印象	計画性が高いことが多い →犯罪者プロファイリングの対象になりやすい

注1）表の縦方向の区別（例：奇異な妄想 vs. 奇異ではない妄想，統合失調症 vs. 妄想性障害など）は明確につけがたいことも多い。
注2）表の横方向には，おおよその対応があるが，絶対的なものではない。たとえば，統合失調症の妄想でも，奇異とはいえないものであることもある。

(American Psychiatric Association, 2002) などでは，どのように誤っているのかによって妄想を「奇異な妄想」と「奇異ではない妄想」の2つに分けた説明をしている[*1]。妄想は誤った考えなので多少とも奇異ではあるが，ここでいう「奇異」は，「当該の文化ではありえないととらえられている」というような意味である（表3-1）。

(3) 奇異な妄想をもつ人たちと犯罪

①奇異な妄想

「奇異な妄想」（Bizarre Delusion；以下BD）とは，身体妄想（somatic delusion）を例にするならば，「毎夜寝ている間に身体に一切の傷もつけられないまま内臓を取り去られている」などという場合である。こういったものは訴えを少し聞いただけで，客観的な事実の確認なども必要とせずに，「誤り」ということができる。BDは，このように内容が突飛であることに加え，それが生じた過程も，本人が置かれている状況からは理解しがたいことが多い。

BDをもつ人の場合，症状は妄想だけに留まることは少なく，たいていは幻

聴などをともなう。現実検討の能力の障害，思考の道筋（思路）の混乱なども見られやすく，その結果会話も支離滅裂であったりする。日常の生活にもほころびが見えることになる。たとえば，妄想からきたす対人関係上の障害に自発性や生活機能全般の低下も加わり，閉じこもったり，清潔を保てずに屋内に大量のゴミをため込んだりする。このようにいろいろな場面で問題に気づかれやすいため，本人はともかく，周囲は"病気"を疑いやすいので，精神科受診歴がある可能性も比較的高い。

②奇異な妄想と犯罪者プロファイリング

　BDをもっているならば，病的だから異常な犯罪をしやすいだろうというのは，必ずしも正しくない。たしかに上述のように並存する現実検討能力の障害のために深い思慮や抑制が十分にはたらかず，犯行に着手する閾値が低くなっているケースはある。また犯行の態様にその妄想内容の奇異さが反映されていたり，幻聴などの妄想以外の症状が影響していたりすることもある。

　しかし一方で，このような現実検討の低さは，完遂や成功の可能性も低くさせることになる。計画は稚拙で，手口にも緻密さを欠き，むしろ"犯行"とは呼べないような行動であることも多い。隠蔽や逃走などの能力も低いため即座に逮捕されたり，そもそも逮捕に頓着していなかったり，ということもある。

　このようなことから，BDをもつ人たちによる事件がプロファイリングの対象となることは非常にまれであると考えてよい。仮に現行犯逮捕を免れても，当該の事件以前から同様の"大胆"な行動がくり返し観察されていて，すぐに捜査線上に浮かぶ可能性も高い。

　なお，BDを抱いている人では，本人はその奇異な内容を確信していながらも，「ほかの人に言ったら"妄想"だと言われる」といった感覚をもっている場合がある。これを「二重見当識」（double orientation）という。二重見当識は，治療によって芽ばえる場合も，また現実とのすり合わせのなかで独自に保たれていることもある。こうして，頭の中では根深いBDを抱きながらも社会の中では適応している人は意外といるものである。このような場合には，本人も相対的な自分の思考（妄想）の位置づけられ方をおおよそ理解できているので，犯罪をはじめ他者にかかわりのあるようななんらかの行為を妄想に基づいて行なう可能性は低い。

（4）奇異ではない妄想をもつ人たちと犯罪

①奇異ではない妄想

　BDの例としてあげた身体妄想（内臓をとられた）が，実際に手術を受けた後に生じたのだとしたらどうであろうか。手術の間に切除する必要もない臓器を取られたとか金属を埋め込まれたなどという場合，それを聞いた者は，ある程度は証拠を調べる必要があると感じるかもしれない。医療ミスかもしれないと疑うこともあるだろう。人に跡をつけられること，盗聴されるといったできごとも，まれではあるかもしれないが，ありえないわけではない。このように，絶対にないとはいい切れないこと，事実関係を捜査してみなければ誤っているとは断定できないような内容の妄想を，「奇異ではない妄想」（non-bizarre delusion；以下 non-BD）という。追跡されている（追跡妄想；delusion of pursuit），盗聴されている，噂が広まっている（むろんこれらもBDの水準に達することもある）といったものはその典型であるが，その軽いものでは，勘ぐりや疑心暗鬼というものと連続している。

　non-BDはBDと違って，その人が置かれた状況や現実のできごとから，妄想発生の発端や経緯をある程度理解できることが多い。完全に突飛な考えをするというのではないため，「執念深い」というような印象を周囲に与えているかもしれない。発生過程が了解可能な妄想は「妄想様観念」「二次妄想」「続発妄想」「妄想様反応」などと呼ばれ，精神病理学的にも真の妄想と区別することが重要であると考えられてきた。それは臨床診断とも関係が深い。発生的に了解可能なnon-BDを抱いている場合には，統合失調症（schizophrenia）よりも，妄想性障害（paranoid disorder）とかパラノイア（paranoia）という診断が当てはまる可能性が高い（本書は精神障害の分類や診断を目的としたものではないので，これらの障害の詳細については他書を参照願いたい）。

②奇異ではない妄想と犯罪者プロファイリング

　non-BDをもつ人たちはたいてい，妄想以外の顕著な精神症状はもたない。話が通じないといっても，支離滅裂ということはなく，むしろ，口が立つとか「法律に詳しい人」とか「理屈好きで人を煙にまく」という印象を受けることのほうが多い。妄想にも気づかれず，彼の話がわからないのはこちらの知識が足りないせいではないかとさえ思うこともある。また，饒舌でありながら，都

合の悪いときには完全に沈黙するというようすも見られやすい。

　幻聴(様)の訴えは認められるとしても，たとえば「2階の物音が気になる」とか，「誰かが雨戸をカタカタさせる」などの物音(このような声ではなく単純な物音などの幻聴を要素性幻聴という)である。ほかに幻臭や身体幻覚なども見られることがあるが，悪臭が隣家から流れてくるとか，自分の体に違和感を感じて疾患があると思い込むというようなものである。したがって，周囲の人たちからは，病気としてとらえられるよりも「気にしすぎ」「神経質」「いいがかりをつける」といった印象をもたれやすく，「病気とはいわないまでも，かなり変わった人」という描かれ方をされていることが多い。そのため未治療の状態で長期を経ているものも多い。にもかかわらず，生活機能が比較的保たれていることも特徴である。職業に就いている可能性はBDの場合よりもはるかに高い。

　社会生活の能力が保持されていることが多いのだから"病理が浅い"と思われるかもしれない。しかし多くの臨床家は彼らについて，BDをもつ人々よりも薬物療法による改善を認めにくいと考えている。また，治療への導入に際しても，BDの場合よりも強く抵抗しやすい。その抵抗の際に述べられる理屈も，たいてい，かなり筋が通った"正論"である。彼らに治療を継続することを求めるのは困難を極める。二重見当識などをもって安定していることはほとんどない。おそらくは妄想の世界と現実の世界との違いが，BDよりもあいまいであるからであろう。

　non-BDをもつ人々でも生活のようすが明らかに奇異である場合もある。しかしそれは妄想の偏奇した世界観によるものである。BDであげた例のように，屋内に大量のゴミをため込んでいる場合を考えてみよう。non-BDをもつ人たちは，集められているものはゴミではなく社会的な資源であるとか，以前は家の前に置いておけば収集していったのに自治会長がわざと自分の家から遠いところに集積所を設定してゴミを集めないようにしたとか，正しいとはいいがたいけれどもどこか筋が通っている理由を述べる。そして，他人がそのゴミに触れることをかたくなに拒むこともある。

　結果として，隣人とのトラブルなども，精神医療の介入によって解決されるよりも，司法的な枠組みのなかへと入っていきやすい。彼ら自身も自分の問題

が病院ではなく法廷で扱われることを望む（そして訴訟で勝つと信じているが，まず勝つことはない）。彼らは，病院を受診する人たちではなく，警察官や裁判所に苦情や告訴を申し立てられる人か，申し立てる人である。

したがって，犯罪者プロファイリング上は，事件以前に，その事件の被害者からの"被害者"としての立場で，警察，裁判所，役所などを訪れている人物を調べることが有用だということになる。犯罪予防の観点から付言すると，被害者相談の場面では，真の被害者を助けることはもちろん，現実的解決の手段を持ち得ない妄想的被害者は厄介な相談者かもしれないが，やがて加害者に転ずる可能性にも配慮して介入をすることが，きわめて重要であるということになる。

non-BDでは，妄想の対象となるのは実在の人物である。彼らが何らかの犯行にいたる場合には，標的も目的も明確である。犯行は計画性も高く，したがって完遂度も高い。また，逮捕についてBDをもつ人たちよりも"現実的な水準"で気にかけている。逮捕を避ける現実的な対策を講ずるので，犯罪者プロファイリングの対象になる可能性はより高くなる。

(5) 妄想者の周囲の人たち

BDとnon-BDを問わず，妄想者の周囲には元来健常者でありながらその妄想を共有している人がいることもあり（共有精神病性障害：shared psychotic disorder，二人組精神病：folie à deuxなどと呼ばれる），結果として"風変わりな家族"として地域から孤立していることがある。このような場合には周囲との関係を断った生活を営むことになるため，事件の発覚が遅れたり，捜査が難航することがある。

隣近所が汚染物質を流しているという妄想を共有していたある家族は，外出時に"汚染物質を避けるため"にビニール袋を身にまとっていて，地域では"Space Family Robinson"（宇宙家族ロビンソン；米国アニメーションの主人公一家）と呼ばれていた。あるとき彼らの屋敷が解体されることになり，白骨化した母親の死体が発見された。死亡時期と推定される数年前の夏には周囲が異臭に気づいていたが，家族は関係機関の捜査をいっさい拒んでいた。

(6) 妄想の内容と犯罪

妄想の内容の主たるものとして，「被害妄想」（persecutory delusion），「嫉

妬妄想」(jealous delusion),「恋愛妄想」(erotomanic delusion), 誇大妄想(grandiose delusion),「身体妄想」(somatic delusion) などがある。こういった内容による分類は, 犯罪者プロファイリングにも参考になる。

① 被害妄想

被害妄想は最も頻度が高く, また妄想の中でもとくに行動に結びつきやすく, 犯罪と関係の深い病理の1つとされている (Wessely et al., 1993 ; Buchanan et al., 1993 ; Cheung et al., 1997)。被害妄想に起因する攻撃行動では, 妄想上の迫害者を標的とする。その典型は, 自分や自分の家族に対する迫害の主への逆襲, 復讐である。これ以上の被害に遭わないようにくい止めるための防衛手段であることや, 予想される被害を防止する先制攻撃であるときもある。特定のものへの怒りや攻撃性がその基本にあるから, 当然, 被害者は限定されやすい。通常, それは本人にとって心的, あるいは物理的に近い人物である。つまり被害者の人間関係からの単純な捜査でも比較的容易に犯人にたどり着くことになる。

しかし妄想が発展すると, その世界は体系化し, 迫害者は"組織"にまで拡大する。すると攻撃すべき標的はその組織に属するとみなされる, より不特定多数の人々になっていく——ある男性は, 自分のアイデアを脳波から解析して放送しているテレビ局に苦情のFAXを送り続けていたが, ある日の午後, 黒ずくめのテロリストのような姿で両手にサバイバル・ナイフをもって本社ビルの受付に立ち, 社長への面会を求め, 警察に通報された。

しかし, このように"強大な敵"に立ち向かうことは (たとえ妄想を抱いている人にとっても) 簡単なことではない。この男性のように現実検討が失われているようでなければ, 攻撃行動をとるよりも現実的な解決法として, 自らの命を絶とうとする可能性も高くなってくる。

ところが自殺をしようというところまでいたると, それまで我慢してきた迫害者への攻撃がやぶれかぶれに, あるいは最後の清算という形で敢行される可能性や, その攻撃がより凄惨なものになる可能性, さらにやつあたり的な無差別な犯行に及ぶ可能性が高くなる。

実際, 自殺をはかった者の周辺を捜査する中で, 本人の自宅などで殺害された被害者が発見されることもある。また, 事件直後に自殺を企てながら未遂に

終わった犯人に面接をすると，自分の犯した罪に対する罪悪感から命を絶とうとしたのではなく，死ぬしかないというところまで追いつめられて自殺を前提にして，あるいはどうせ殺されるならばその前に，という形で一矢報いるために，攻撃をしたと述べることが多い。精神医学的にも，自殺念慮を抱くことが他害行為の非常に高いリスクとなることはよく知られている。追いつめられ，切羽つまったようすは，捜査や犯罪防止のうえで注目すべきである。子どもを殺害してしまったある男性は，日本中が自分を迫害していると交番に助けを求めたが，なだめられて帰宅した後に「この子もそうか」と直感して事件を起こした。

②嫉妬妄想

　自分の配偶者やパートナーが，不貞をしていると信じ込むものを嫉妬妄想という。浮気というものは奇異な現象ではないので，嫉妬妄想は基本的にnon-BDであることが多い。妄想というよりは単なる誤解というべきものであることもある。個々の事例では，彼（彼女）がつきつける不貞の"事実"や"証拠"も妄想であるのか真実であるのかがはっきりとしない場合や，妄想であることは間違いないのだが不貞もまた事実である場合などがある。たとえば，パートナーを殺害してしまって，本当に浮気の事実があったのか，あるいは妄想であったのかを確かめられないこともある。事件後に犯人が「妻に問いただしたら，認めるようなことをいったから本当だ」と述べているようなケースでも，認めたと妄想的に思い込んでいる場合や，本人がパートナーを執拗に問いつめたのでしかたなくパートナーが認めたという場合もある。

　それでもBDというべき水準に嫉妬妄想が達することも少なからずあって，そうなると"事実"や"証拠"も現実的ではなくなってくる。トイレの水の流し方でマンションの隣室の男に合図を送っているなどという者もいる。パートナーの一挙手一投足に異性への誘惑を読みとり，浮気の相手も際限なく，非現実的な人物（たとえば芸能人）にまで拡大するようになる。

　嫉妬妄想を抱いている人はふつう，自分はパートナーに裏切られた被害者であると考えている。この点に注目すれば嫉妬妄想も広くは被害妄想に含まれる。そして，事件が起こるとすれば，ふつうはパートナーやその（妄想上の）浮気相手が被害者となる。けれども，ときにはパートナーもまた自分と同じように

被害者であるととらえていることがある。自分のパートナーが騙されたり，脅されたり，強姦されたりするなどして，しかたなくその相手とつきあっているといったものである。この場合でも，パートナーまでも殺害してしまうこともある。自分の苦悩を解決し，かつ，哀れなパートナーも救おうとして，心中をはかったり，パートナーの殺害後に失踪したりするのである。

いずれにせよ，嫉妬妄想から犯罪に及ぶ場合には，もともとの人間関係が被害者（パートナー）との間に認められるので，犯罪者プロファイリングの対象となる前に解決されることが多いであろう。

ちなみに嫉妬妄想の中には，常習的な大量飲酒，性的不能，自信のなさなどと関係が深いものがあることが古くから知られていて「酒客嫉妬妄想」と呼ばれている。実際，逮捕後に，飲酒にともなう問題行動があったことが明らかになるケースもある。

③恋愛妄想

恋愛妄想は，自分と相手との間には特別な関係があると信じ込むものである。典型的には，対象は，まったく面識のない有名人や地位の高い人物であるが，比較的身近な人物であることもある。相手が自分に無関心であったり，むしろ嫌っていたりするにもかかわらず，それを意に解さない。嫉妬妄想以上に，ふつうの感情，つまり片想いというものとの境界線をひくことがむずかしい面がある。異常な偏愛も，ことによると相手に受け入れられれば，もはや"誤った"考えとはいえなくなってしまうからである。しかし，その場合でも，いずれは前述の嫉妬妄想の形をとって再び発露してくる可能性は高い。また，別離の後にかつてのパートナーに対してストーキングをする背景に恋愛妄想が隠れていることもある。このようなことからわかるように，恋愛妄想と嫉妬妄想とはほとんど表裏一体である。どちらを有する者であっても，相手への独占欲や憤怒など，抱く感情そのものはよく似ていて，結果として及ぶ犯行の形態も類似している。

最も典型的なのは，つきまといや住居侵入などのストーカー行為である。ストーカーに関する研究によれば，ストーカーの約3割が恋愛妄想者であり（Mullenら，1999），恋愛妄想による暴力は男性で多いこと，暴力行為に出るのは恋愛妄想の5％以下であること，攻撃は恋愛の妨害者よりも恋愛対象に向か

いやすいこと，対象を変えることも多いことなどが示されている（Meloy, 1992）。

ちなみに，ジョン・ヒンクリー（John Hinckley）によるロナルド・レーガン（Ronald W. Reagan）大統領暗殺未遂事件（1981年）は，恋愛妄想が複雑な構図の中で第三者に加害行為が及んだ例として知られている。彼は女優ジョディ・フォスター（Jodie Foster）への執着から，彼女が出演した映画を真似て，ジョディの関心をひくために大統領を襲撃したといわれている。

④誇大妄想

誇大妄想とは，現実にそぐわない高い自己評価や万能感を抱いていて，実際にはない能力や財産をもっていると思い込むものである。慢性的に抱いている妄想が体系化している場合と，躁病などの極期に高まった気分と同調してより一過性に誇大妄想が出現する場合とに分けて整理することができる。

慢性的に体系化した誇大妄想をもっている場合には，その妄想（彼らにとっては主張）を表明し，世間に受け入れさせることが人生の目標であり，犯罪もまたその手段であることがある。宗教の教義や宗教妄想と結びつけば，みずからを教祖とするような集団を形成することもある。資金集めなどにより詐欺となることはあるけれども，実際にはそのうたい文句が妄想なのか虚偽なのか判然としないこともある。彼（彼女）と妄想を共有していない人たちからは"自己中心的""おおぼら吹き""ペテン"という印象をもたれている。ある男性は，自分が解明した世界の真理を記した500ページ以上にわたる原稿を投稿しても出版しない出版社に放火を試みて逮捕された。ユナボマーの名で知られるセオドア・カジンスキー（Theodore John Kaczynski）もこれとよく似た動機をもっていたことが知られている。

誇大的な考え方をもつため，彼らの犯行手口は大胆である。しかし，一方で彼らの誇大感や自尊心が，捜査の目を欺いてやろうという気持ちに向くと，"たくみに"逮捕を逃れることが自分の能力を見せつけることにつながると考え始める。逆に，逮捕され，裁判で証言し，刑罰を受け，報道されることなどに重要な意味を感じていることもある。彼らは，自らの考えは妄想ではないと信じているので「心神喪失」などといわれることには強く反発する。自分が行なった犯罪は正当な行為であるという考えを強固にいだいていることも多い。

この意味で彼らは「確信犯」である。一方で，自分は"正しい"ことをしたのであるから，"公正なる"裁判が行なわれれば，"正しい"ということも証明されると信じている。つまり，正義であるから有罪となることはないはずだと考えていたり，あるいは，正義ではあるが筋は通さねばならないという理由で罰を受けようとしたりする。

一方，躁病による気分の高揚などにともなって思考内容も現実離れをしてしまい，その結果として生ずる誇大妄想は，上述の時間をかけて組み上げられるものとは異なっている。自我がバブルのように膨張した，根拠のない自信や万能感，現実への無頓着が本体である。

このような場合の犯罪は，みずからの主張を強引に通そうとするあまりに起こる，衝動的な色彩を強く帯びたものになる。典型的には，踏み倒しや喧嘩などである。彼らの犯罪はいわば現実検討の能力が低下することに由来するので計画性はなく，通常，現行犯逮捕になる。彼らは，周囲からは，気分が変わりやすく，人のことばに耳を貸さない人物としてとらえられている。

⑤**身体妄想**

身体妄想とは，すでに例示しているように，自分の身体に異常が生じていると思い込むものである。身体的な違和感，身体幻覚，幻聴などと並存し，それらを説明するような形で発展していることも多い。訴える内容は，BDからnon-BDにわたりさまざまで，寝ている間に宇宙人によって首筋に金属片を入れられた，虫歯の治療の際に盗聴器を埋め込まれた，手術の際にメスを忘れられた，電波でしびれさせられている，自分の肛門からガスがもれ出て周囲に迷惑をかけている（自己臭症や幻臭），明らかに病気があるのに（と本人は思い込んでいる）気のせいだなどととりあわずに治してくれないといったものがある。

これらが直接の犯行動機になることはない。犯罪にいたる場合の多くでは，身体妄想から結果的に形成される被害妄想が動機となって，妄想上の加害者に攻撃が向けられる。典型的なものとしては，身体やその健康にかかわりをもつ機会が多いという点で，医療者が被害者になる事件があげられる。そういった人物は，過去に多くの医療機関をわたり歩いて，医師に不定愁訴を執拗に述べ，ほとんど必要のない手術をくり返し受けている（頻回手術症：polysurgery）ことも多い。そのため，受診記録から有力な捜査情報が得られることになる。

周囲からは，抑うつ的で，いつも自分の体のことを気にかけている神経質な人物としてとらえられているであろう。

⑥TCO症状など

　感じている被害が圧倒的でより侵襲的であるならば，それだけ過激な攻撃行動が出現しやすくなる。このようなことから妄想と暴力の文脈で注目されているのが「脅威／操作・蹂躙症状」（Threat/Control-Override（TCO）symptom）である。

　前者のT（脅威：Threat）は，他者におびやかされていると感じるような症状をいう。たとえば，誰かが自分を傷つけようとしているとか，追跡されているといった感覚である。後者のC–O（操作・蹂躙：Control-Override）は，自律性を奪われてしまう感覚をいう。たとえば，電波にのせて脳波を同調させることで他人の考えを突然に頭の中に入れられてしまい，自分の考えをわからなくさせられ，思考をコントロールされるというようなもの（精神医学的には「思考吹入」などと呼ばれる症状）が，操作の感覚である。そして，自分の体であるにもかかわらず，テレパシーか何かで乗っ取られてしまい，その外的な力によって支配されてセルフコントロールが奪われているような感覚（精神医学的には「被影響体験」などと呼ばれる症状）が，蹂躙の感覚である。

　この感覚の両者が存在するとき，怒りによる暴力が生ずるという仮説がたてられた（Link et al., 1992）。相対的なリスクを検討した研究では，この仮説を支持するもの（Link et al., 1995; Swanson et al., 1996など）も支持しないもの（Appelbaum et al., 2000）もある。つまりTCO症状が事件を起こすリスクを高めるといえるかどうかは確実な答えがないのだが，少なくとも著者の経験からすれば，TCO症状が動機となって事件を起こしているケースがあることは確かである。

　なお，妄想関連の症状ではTCO症状のほかにも，「被毒妄想」（delusion of poisoning；食事などに毒を盛られていると思い込む妄想）や「カプグラ症状」（Capgras' syndrome；親しいと人たちがいつのまにか瓜二つの替え玉に入れ替えられていると感じる妄想）も犯罪と関係が深いとされている（Mawson, 1985; Silva et al., 1992; Nestor et al., 1995）。結局，これらの症状もTCO症状と同様に，彼（彼女）にとって絶望的な状況へ追い込まれる体験であるというこ

とが，犯罪を引き起こしやすくしている。ちなみに，彼（彼女）が妄想的な理由で絶望的な状況に置かれているということは，自殺企図や言動のほかに，突然の剃髪，いわゆるストリーキング，出奔といった形で現われることもある。

3 空想と犯罪

空想（fantasy）も犯罪病理を理解するうえで重要である。これまでの研究で，空想と犯罪の間に関係があることはくり返し確かめられている。たとえば性犯罪者にとって空想が重要なリハーサルであることもよく知られている（Dietz et al., 1990）。過去の犯罪に性的／暴力的な空想が関係していた場合，その空想をもち続け，耽溺する時間が長い場合には再犯の危険性が高いという報告（Quinsey, 1984）や，性的殺人者のうち単回犯では23％，連続犯では86％が暴力の空想をもっていたという報告もある（Prentky et al., 1989）。このようなことから性犯罪者処遇においては，対象者が性的な空想をもっているかどうかが処遇決定要因として重要視されている。

空想は妄想とは異なり，その発生やストーリー展開に空想者の意思がはたらく。そして妄想と違って直接的に欲求充足の目的をもっている。確かに妄想も"精神分析的"には深層心理にある欲求が反映されているという解釈ができる場合もあるかもしれないが，多くの場合，本人にとって苦痛なものである。誇大妄想や恋愛妄想でさえ，その妄想に満足しきっていることよりも，周囲から迫害されているという感覚をともなっていることが多い。これに対して，空想はそれを抱く者自身も明らかに欲求充足的なものであることを理解し，快感を感じている。つまり，空想は妄想とは違って，本人の「志向」（intention）と「嗜好」（addiction）にそったものであるということができよう。

それが現実社会の中で具体的な行動に表出されるときには，犯罪という形をとったり，趣味という形をとったりする。犯行現場に残された証拠から行為への耽溺のようすが読み取られるならば，彼（彼女）は"頭の中"にその原型をもっているはずであり，それは犯罪以外の生活場面での能動的な行動にも色濃く現われていると推測される。結局，犯行現場に彼（彼女）が空想をもっているという証拠を読み取ることができるかどうかが重要なポイントということになる。

ただ著者の経験からすると，性犯罪者（正確にはかつて性犯罪をして服役し，社会に戻った人）の中で，みずからが性的な空想をしてしまうことから再び性犯罪をしてしまうのではないかという恐怖を覚え，精神科外来を受診する人がいる。このようなようすを見ると，彼らのもつ空想は元来，能動的で志向と嗜好にそったものではあるけれども，自分で完全に制御できるわけではないこともわかる。性犯罪者がもつこういった構造は，アルコールや薬物の依存症者が，自らの行動上の問題に気づいておりながら，みずからの意思でその行動をコントロールできない状況に陥るのとよく似ていることは以前から指摘されている（Helfer et al., 1997）。このような性質があるからこそ，それを治療や処遇の糸口としたり，あるいは彼（彼女）らの日常生活場面の中に隠しきれずもれ出てくる行動に犯罪者プロファイリング捜査の手がかりを見いだすことができたりするともいえるのである。

4　おわりに

　妄想や空想のほかにも，幻聴などの精神病症状，躁や鬱（うつ）といった気分の異常，あるいは薬物やアルコールといった精神活性物質と犯罪の関係などもプロファイラーは知っておくべきである。ここで取り上げた内容は広範な精神病理学の領域のなかのごく一部でしかない。にもかかわらず，本論の読後には，あたかも犯罪というものはなにかしらの精神症状から引き起こされるような——重大事件が起こったときにテレビに医者や心理学者が登場して犯人像を解説したときと同様の——錯覚に陥るかもしれない。

　犯罪というものは意思をもった人間の行動である以上，精神医学的，心理学的に説明をつけることができるのは当然である。しかし，そのことはすべての犯罪が精神症状によって引き起こされるということを意味してはいない。犯罪の大半は精神症状とか精神障害などとはまったく関係のないところで起こっている。ここに例示した精神症状（たとえば，自己臭症）や精神障害があるからといって犯罪をするということはない。本書などを通じて精神医学と犯罪の関連領域について正しい知識をもつことが，そういった誤解の解消につながり，また司法と精神医療の双方の充実のために，その結果として偏見を助長するような事件の発生を防ぎ，そして解決するために役立てられることを願うもので

ある。

★注

＊1　精神医学と精神病理学；
　　精神疾患や精神的な現象というものは，脳神経細胞の構造や機能といった生物的な要因，個人が抱える葛藤やコンプレックスといった心理的要因，個人がおかれた環境やそこで受けるストレスなどの社会的要因といった多次元的な要素によって規定されていると考えられている。そこでこれらを扱う精神医学の研究や治療も，そうした多次元的な方面から行なわれている。なかでも，精神症状の記述，分類を行なったり，症状内容や患者の内的世界に焦点をあてるような方法論を精神病理学psychopathologyと呼ぶ。

Topics ▶▶▶ 4
犯罪手口と被疑者検索

　欧米における犯罪者プロファイリング関連の文献では、「犯罪手口」という概念は否定的なニュアンスで記述されることが多い。たとえば、FBIによる犯罪者プロファイリングのマニュアルである'Crime Classification Manual'（Douglas et al., 1992）では、多くの捜査員が個々の犯罪手口に依拠して事件リンクを行なう傾向がある一方で、犯罪者の多くが、犯行を重ねるにつれて犯罪手口を変えることを指摘している。ヘイゼルウッドら（Hazelwood et al., 2001）は、性的犯罪の場合には、3，4ヶ月で犯罪手口は変容もしくは進化すると経験的に述べている。

　とはいえ、同一個人内の犯罪手口の一貫性についても、いくつかの研究で明らかにされている。たとえば、横田ら（1998）は、侵入窃盗犯の行動に関し、犯行回数の多い被疑者に関しては選択される犯罪手口が数種類に特定される傾向があることを示している。また、侵入前に意思決定される手口項目（車両利用、犯行地、犯行対象の建物種別など）は全体的に反復性が高いが、状況依存性がより高い、物色中の行動などは反復性が低いことを指摘している。

　犯罪手口が変容する要因としては、被害者の反応をはじめとする環境要因と、犯人の学習や犯行のエスカレーションなどの個人要因に大別可能である。基本的には、犯行初期の者では、みずからの犯行スタイルが確定しないために犯罪手口は変容しやすく、また、長期にわたり犯行を行なっている者であれば、さまざまな要因により、犯人の行動に変化が現われやすいと考えられる。

　このような犯罪手口の変容に対処するための概念として、犯罪者プロファイリングで犯罪手口と対比してよくあげられるのが、「署名的行動」（behavioral signature）である（横田，2004）。犯行の完遂には必ずしも必要ではないが署名的行動とは、犯人の強い心理的欲求により生じる行動をさす。犯罪手口は、犯人が、みずからの犯行の成功確率を高めるために行なう行動であるが、署名的行動は、犯人の犯罪動機および個性を強く反映するものであると仮定される。たとえば、「緊縛」という行為において、犯人が、被害者が犯行の妨害になることを恐れて緊縛する行為は犯罪手口の1つであるが、犯人が、性的興奮を得るために被害者を緊縛する行為は、署名的行動である。FBIをはじめとする北米の研究者は、性的犯罪

においては，犯人の性的ファンタジーから生じる行動が，署名的行動であると考えている。

行動科学的な事件リンク手法において，ほかに言及される概念として，「テーマ分析」がある（横田，2004）。テーマとは，犯人の一連の行動を検討したときに，まとまりとして見えてくる犯人の犯行スタイルである。一行動をとってみれば，犯行ごとに変動が認められる場合においても，犯行テーマは持続する傾向があることが指摘されている。

科学警察研究所において開発された「被疑者検索システム」（足立・鈴木，1993；足立・鈴木，1994；足立，1996）は，新たに事件が発生した際に，発生事件の犯人の犯罪手口データと，前歴者データベースの各前歴者の犯罪手口記録をつき合わせ，各前歴者が発生事件の一連の犯罪手口で犯行を行なう確率をそれぞれ算出し，確率の大きさに従い，データベースの中で犯人の可能性の最も高いものから最も低いものまで各前歴者に順位をつけるものである。このシステムの1つの主眼は，単独の行動ではつかみきれない個人内の一貫性を，一連の「行動群」として包括的にとらえようとすることである。この点において，同システムは，「テーマ分析」の考え方にきわめて近い。

システムの有効性については，とくに侵入盗に関して詳細に検討されている。たとえば，12,468名の侵入盗の前歴者の犯罪手口より構成されるデータベースによるシミュレーションにおいては，7,558件中1,524件で実際の犯人が1位に検索され，中央値が29位という，きわめて高い検索精度が得られている（Yokota & Watanabe, 2002）。この結果は，同一個人における行動群の一貫性が高いことを強く示唆する。侵入盗以外の罪種に関しては，渡邉ら（2005）が，年少者対象の性犯罪の累犯者について同システムを用いて複数事件間の類似性に関して検討しており，同一人物における犯行間の類似度が高いことを示している。

事件リンクの前提として，同一人物が異なる事件において，類似の行動もしくは行動群を表出するとの仮定がある。他方，犯人像推定とは，同一人物における犯行中の行動と生活歴における行動の類似性を仮定するものである（Canter, 2004）。たとえば，事件中に高い暴力性を表出する犯人であれば，日常生活においても近親者に対して高い暴力性を示しているのではないかという仮定である。この考えに基づけば，類似の犯行行動を選択している者同士は，類似の犯人像を有するのではないかと仮定できる。

岩見ら（2005）や横田ら（2005）は，この仮定に基づき，前述の被疑者検索システムの検索上位者の犯人属性を犯人像として活用することの妥当性を検討し，性的犯罪において，犯罪経歴や職業の推定に関し，要約統計による推定を上回る結果を得ている。

どのような個人であれ，異なる場所，異なる時間に過去と100％一致した行動をとることはない。環境の違いや個人内における変容などさまざまな要因に影響される。事件リンクや犯人像推定のための絶対的な指標は存在し得ないことを承知したうえで，どの行動指標がより有効なのか，どのような手法がより犯人の行動を包括的にとらえることができるのかについて，今後も検討していく必要があるだろう。

4節 犯罪者プロファイリングと統計的学習（1）

1 はじめに

　本節および次節では，犯罪者プロファイリングにおいて有用であると思われる「統計的学習」（statistical learning）について概説する。統計的学習とは，大学で学生が統計を学ぶことではない。統計モデルが学習者であり，モデルが正確な予測をあたえるような現象の「よい」模型に成長するために，データを学習することである。

　統計的学習は，工学，ファイナンス，マーケティングなどのさまざまな応用場面で用いられる膨大な手法群の総称である。そこでは，日々の著しい情報の変化に対応すべく，モデルがデータを学習している。ここでは，それらのうち，犯罪者プロファイリングに寄与するであろう手法群を取り上げる（表3-2）。本稿では，手法のイメージを豊かにしてもらいたいという目的で図的な説明を心がけた。数理的な詳細に興味のある読者はヘイスティーら（Hastie et al., 2001）が非常に参考になるだろう。また，各種データマイニング手法を取り扱っている教科書も有用である。

　統計的学習は，大きく2つの手法群に分けることができる。それは，「教師

表3-2　4節・5節で取り上げる手法

4節	教師つき学習
(1)	線形判別分析
(2)	非線形判別分析
(3)	線形ロジスティック回帰分析
(4)	非線形ロジスティック回帰分析
(5)	決定木，連関観測
(6)	ニューラルネットワーク
5節	教師なし学習
(1)	主成分分析，因子分析，対応分析
(2)	階層的クラスタリング
(3)	潜在クラス分析
(4)	自己組織化マップ

つき学習」と「教師なし学習」である。「教師」とは「教師信号」「出力」「反応」ともいい，古典的な統計学においては「目的変数」「従属変数」「基準変数」などと呼ばれるものである。まず，4節で教師つき学習の主たるものを概観し，続いて5節で教師なし学習の手法群をいくつか見ていく。

2 教師つき学習（supervised learning）

さて，今，ある通り魔事件が起きたとする。そのとき，現場のようすから，場所＝路上，制圧＝暴力，被害者の性別＝女性，…などという情報が得られる。そのとき，どういった犯人像（被疑者情報）を推定するかということに興味があり，とりわけ犯人が学生か会社員か無職かなどといった社会的地位（social status；以下SS）に興味があるとする。ベテラン刑事は，これまでに蓄積した経験と知識を頼りに，得られた情報からめぼしい見当をつけることができる。統計的学習では，これを機械に行なわせる。すなわち，過去の通り魔事件に関する知識や経験をデータベース（database；以下DB）として蓄積しておき，データからモデルを構築することによって犯人像を推定するのである。

今，仮に，そのDBには，表3-3のような変数が格納されているとする。データベースをコンパクトに例示しているため変数（フィールドともいう）の数が少ないが，ほかにも被疑者情報であれば「経済的地位」「国籍」，犯行場面であれば「犯行時間」「犯罪行為」など，できる限り多くの変数を考慮する必要がある。

統計的学習では，上記のデータベースから犯人像のモデルを構築する。そのとき，犯行場面や被害者情報などのデータを入力情報，犯人のSSを教師信号

表3-3　通り魔事件データベース（仮想データ）

case	被疑者情報			犯行場面			被害者情報			…
	性別	年齢	SS*	場所	制圧	天候	性別	年齢	SS	
1	男性	43	無職	路上	暴力	晴れ	女性	21	学生	…
2	男性	16	学生	屋内	凶器	晴れ	女性	32	OL	…
3	女性	43	OL	路上	暴力	曇り	男性	68	無職	…
4	男性	23	無職	公園	恫喝	雨	女性	42	主婦	…
…	…	…	…	…	…	…	…	…	…	

＊社会的地位（social status）

図3-2 データ例

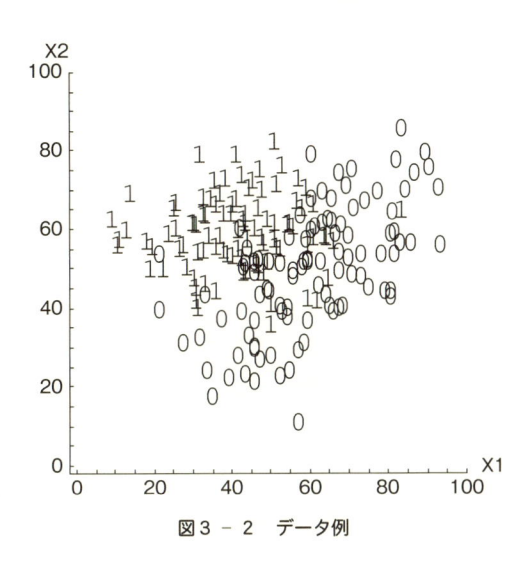

として,モデルを学習させる。つまり,過去のデータを用いて,

犯行場面・被害者情報 ——— (予測) ——▶ 犯人のSS

に関するモデルを構築しておく。そして,目の前の事件において,新たに得られた犯行場面・被害者情報をモデルに入力することによって,犯人のSSを推測するのである。しかし,統計的学習によって得られたモデルが,ベテラン刑事と同様な予測を行なうことは簡単なことではない。なぜなら,DBは,人間の外部に置かれた過去の知識・経験の総体であるから,DBが貧弱であれば,以降で紹介するいかなる手法も実際上の役に立たないからである。そういう意味で,すべての統計的学習法の成否は,DBの優れた構築を前提としている。ただし,本稿では,いくつかの手法を効率よく概観していくために,図3-2のような小さいデータを扱うことにする。

図3-2は,DBにおける過去のデータで,X_1およびX_2は連続変数であり,犯行現場の変数や被害者情報に関する変数だとする。また,1と0は,それぞれ,被疑者情報が「学生」と「無職」であるとする。この名義変数の出力を「CLASS」と呼ぶことにする。

(1) 線形判別分析 (linear discriminant analysis)

線形判別分析は,複数の独立変数から,名義変数である従属変数を推測す

図3-3 線形判別分析結果

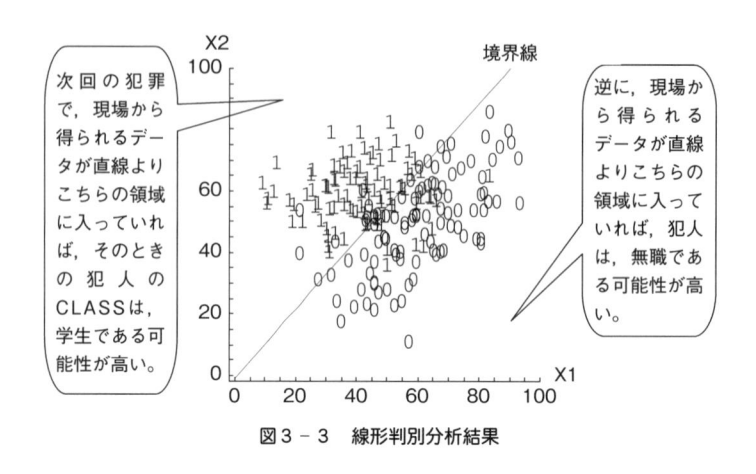

手法である。図3-3は、線形判別分析の結果、得られる境界線である。モデルによる名義変数の予測の仕方が線形なので線形判別分析という。DBにおける過去のデータから、統計的学習によって判別モデルを構築することによって、次の犯罪が起きたとき（現場から新しいX_1とX_2が得られたとき）、その（X_1, X_2）の値が、図の直線より上にあれば、そのときの犯人のCLASSは学生である可能性が高く、図の直線より下であれば、犯人は無職である可能性が高いなどという予測が可能になる。ただし、完全に分類することはできておらず、誤分類が生じている。境界線の近傍のデータが得られたときは、学生か無職かの推測は慎重に行なう必要がある。

この例では、独立変数をX_1とX_2の2つしか考えていないので、判別分析を用いずとも図示によってある程度の知見を得ることが可能である。しかし、独立変数が2つのとき境界線は直線であるが、独立変数がp個あるとき、境界線は$p-1$次元の超平面となり、図示することができなくなる。また、ここでは独立変数が連続変数の場合を考えたが、名義変数でも順序変数でもかまわない。独立変数がカテゴリ変数のとき、わが国では判別分析を特別に数量化II類と呼ぶことが多いが、数理的に本質的な違いはない。

(2) 非線形判別分析（nonlinear discriminant analysis）

線形判別分析は、線形モデルによって、カテゴリ変数である従属変数を予測するものだった。しかし、線形モデルでは、予測されるデータが本質的に線形

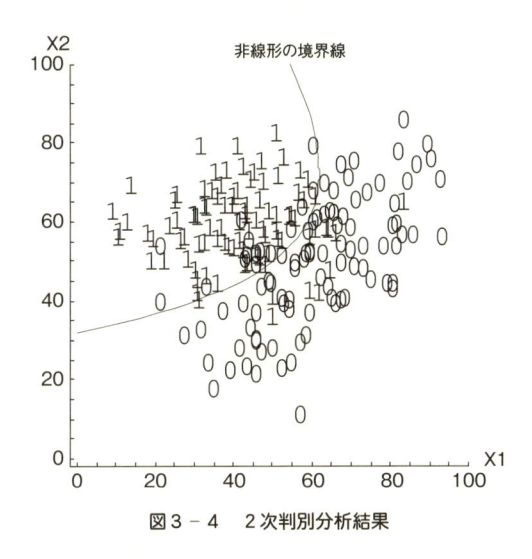

4節　犯罪者プロファイリングと統計的学習（1）

図3-4　2次判別分析結果

構造である限りにおいては，予測を非常によく行なうことができるが，データそのものが非線形のときには，精度の高い予測ができない。そのとき，非線形の判別モデルを構築したほうが有効である。非線形判別分析（ここでは2次判別分析）では，線形判別分析の仮定を少し解放させたものである。具体的には，図3-4のような結果が得られる。

　線形判別分析よりも非線形判別分析のほうが，必ず誤分類の確率が減少する。ただし，モデルの安定性の点では，線形判別分析のほうがよい。どちらを用いるかは，その場その場の分析者の手に委ねられる。線形判別分析も2次判別分析も汎用統計パッケージであるSPSS 12.0J（SPSS Inc., 2003）で実行可能である。ただし，図は筆者による。

　なお，その他の非線形判別分析として，ベイズ分類器（Bayes classifier）やサポート・ベクトル・マシン（support vector machine）なども非常に有効な手法であるが，汎用統計パッケージの実装状況はよくない。

(3) 線形ロジスティック回帰分析（linear logistic regression analysis）

　出力が0～1の間の数値をとるとき，あるいは，0か1のバイナリ変数のとき，線形ロジスティック回帰分析は有用である。ただし，出力が0，1，2などの多値であってもダミー変数を用いることにより対応することができる。こ

こでは，出力であるCLASS変数において1であることが，「学生である確率」とみなすと結果を解釈しやすくなる．結果を図3-5に示す．

　明暗が明るい領域ほど，学生である確率が高いことを示している．判別分析では，学生か無職か2択の予測しか与えないが，ロジスティック回帰分析では，学生である確率（ここでは無職でない確率でもある）を予測する点で大きく異なる．図は，比較的X_1が小さく，かつ，X_2が大きいとき，CLASS＝学生となる確率が高いことを示している．この明暗は，図3-6の線形ロジスティック回帰曲面をもとにしている．この曲面は，データから推定されたモデルを図示し

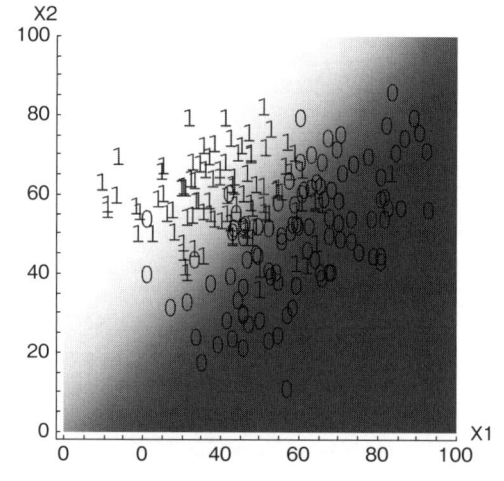

図3-5　線形ロジスティック回帰分析結果

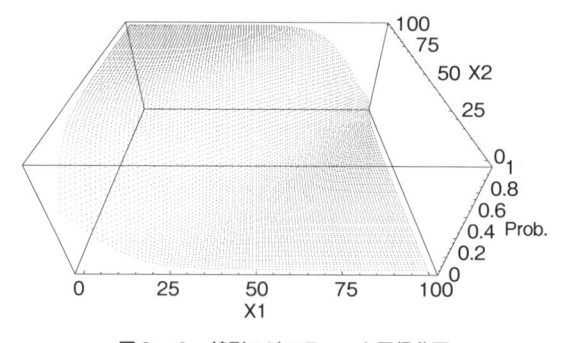

図3-6　線形ロジスティック回帰曲面

たものである．曲面が非線形を表現しているように見えるが，ロジスティック回帰式におけるロジットと呼ばれる部分が，独立変数の線形結合によって表現されているため線形モデルと呼ばれる．簡単にいえば，図3-6の水平方向での断面図が直線となるからである．独立変数の数がp個のときも，従属変数に関する断面図が$p-1$次元の超平面となり，やはり線形となる．なお，直線は1次元の平面である．

(4) 非線形ロジスティック回帰分析 (nonlinear logistic regression analysis)

　線形ロジスティック回帰分析では，回帰曲面の断面図が線形であったが，非線形ロジスティック回帰分析では，断面図が線形とはならない．ここでは，2次の非線形ロジスティック回帰分析を用いた．2次とは，入力変数として，X_1とX_2の他に，それらの2乗X_1^2，X_2^2，およびそれらの積$X_1 X_2$も用いたということである．結果を図3-7に示す．また，図3-7の地の明暗は，データから推定された図3-8のようなモデルをもとに描いたものである．

　図3-8より，$(X_1, X_2)=(100,100)$の付近でテールが上がっており，これはモデルのデータに対する不適合であると考えることもできるが，図3-7を見てわかるとおり，実際にはデータがないところでの不適合なので大きな問題ではない．ただし，仮に次の通り魔事件で$(X_1, X_2)=(100,100)$付近のデータが

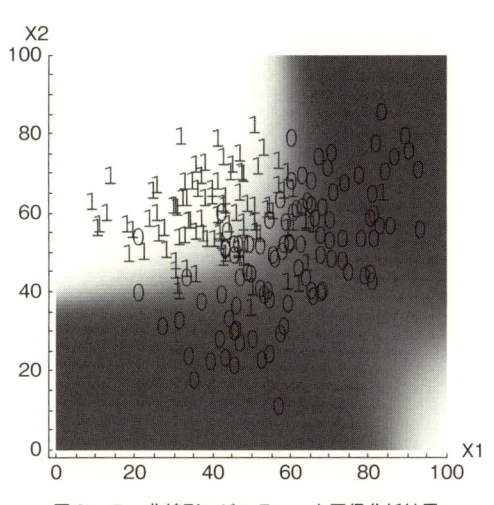

図3-7　非線形ロジスティック回帰分析結果

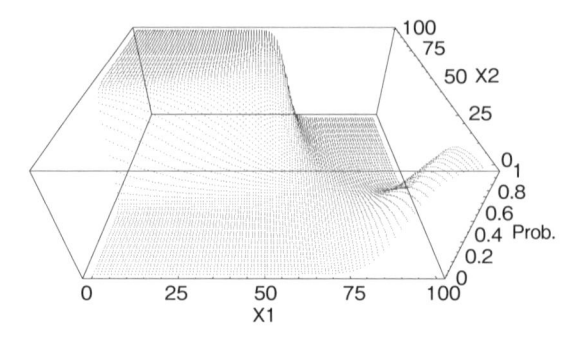

図3-8　2次の非線形ロジスティック回帰曲面

得られたら，このモデルは，犯人のCLASSを学生と予測する結果を返してしまうので，注意が必要である。線形ロジスティック回帰分析よりも，非線形ロジスティック回帰分析のほうが，データに対する適合はよいが，推定しなくてはならないパラメータが多いため，線形ロジスティックモデルよりモデルの安定性は低い。この関係は，線形判別分析と非線形判別分析の関係と同じである。一般に，非線形モデルのほうが，データに対して過剰に適合してしまうことが起こりやすい。つまり，柔軟なモデルのほうがデータの誤差に追従する傾向が強いので，使用する際には，その点を踏まえておく必要がある。なお，線形ロジスティック回帰分析も非線形ロジスティック回帰分析もSPSS 12.0Jで実行することが可能であり（ただし，図は筆者による），独立変数がカテゴリ変数でも強制投入することができる。

(5) 決定木（decision tree），連関規則（association rule）

決定木は，結果の要約を樹状構造で表現することから，その名の由来がある。独立変数がすべて質的変数のとき連関規則とほぼ同一である。図3-9は，決定木を用いて分析した結果である。ソフトウェアはAnswer Tree 3.1（SPSS Inc., 2002）を用いた。

結果より，01データのCLASS変数は，まず，X_1が41.6以下であると，85％の確率でCLASS=1（学生）であり，X_1が41.6より大きいと犯人は無職である確率が65％である。ただし，X_1が41.6より大きくて，かつX_2が55.8以上である時は，有職と無職の比率は五分五分になる，などということが，樹状構造のもとで理解することができる。

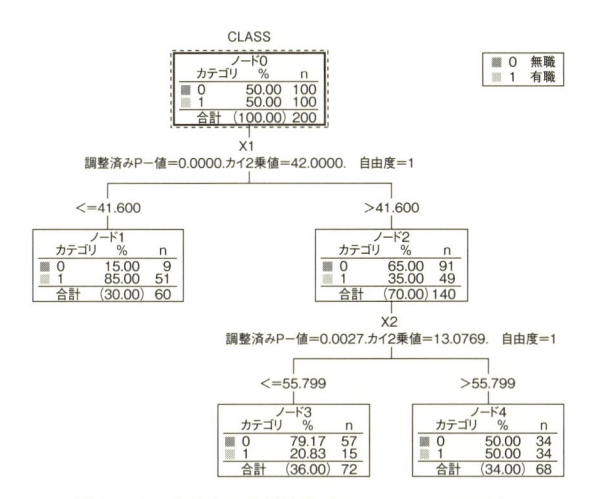

4節 犯罪者プロファイリングと統計的学習（1）

図3-9 決定木の分析結果（図はAnswer Treeより）

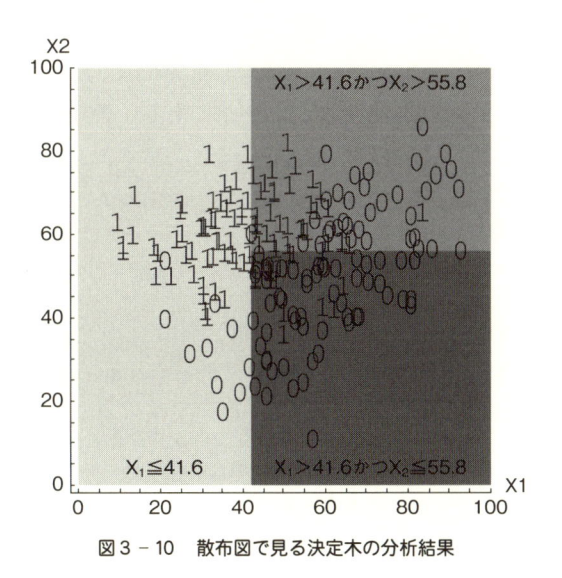

図3-10 散布図で見る決定木の分析結果

　以上の結果を，先ほどからの散布図の上で表現すると図3-10のようになる。直線による分割が決定木によって得られたものである。また，塗りつぶしが明るい領域ほどCLASS＝1である確率が高いことを意味している。また，この明暗は，図3-11を根拠としている。この分析例では，分類がうまくいってい

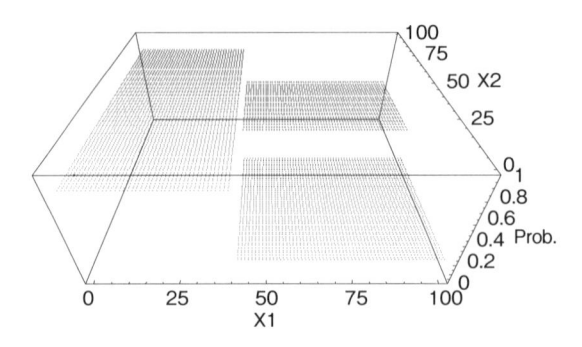

図3-11　確率から見る決定木の分析結果

るとはいえないが，決定木（や連関規則）は非常に有効な知見を与えてくれる。とくに，「X_1が〜のときは，CLASSが〜になる確率が〜である」などといった，言語化しやすい知見を得ることができるのは優れた性質である。

　決定木は，独立変数がすべて連続変数のとき，特別に回帰木と呼ばれる。また，データからのルール抽出という意味で，連関規則（association rule）という手法は，決定木と非常に類似している手法である。連関規則もまた，膨大なデータから言語化しやすい有効な知見を得ることができる。ただし，独立変数がすべてカテゴリ変数である必要があるため，決定木よりも使える場面が限定される。

(6) ニューラルネットワーク（neural network）

　ニューラルネットワークモデルは，人間の神経細胞間の情報伝達構造を模したモデル（図3-12）であり，本章で取り上げる手法群の中で最も柔軟性が高

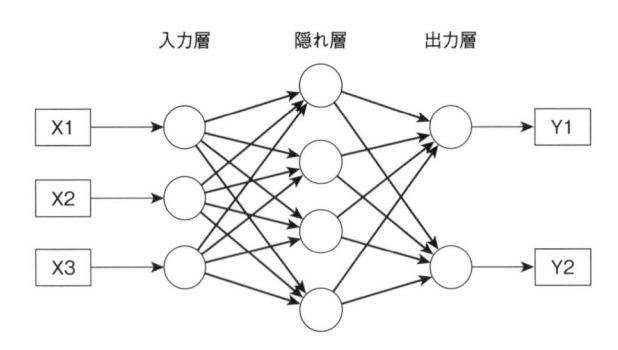

図3-12　ニューラルネットワークの模式図

い。また，入力変数が，名義・順序・連続を問わないのも使い勝手がよい。

図3-12は，出力変数が2つ，入力変数が3つの場合の模式図である。先ほどから扱っているデータの例では，入力変数が2つ，出力変数が1つである。「○」は1つの神経細胞（ニューロン）を表わし，入力情報の非線形変換（多くの場合，ロジスティック変換）が行なわれる。また，「→」はニューロン間の重みを表わしている。隠れ層は，入力情報と出力情報を結ぶユニットの集合であり，図では1層を仮定しているが，2層以上を仮定することもできる。また，隠れ層におけるニューロン数はいくらあってもよい。隠れ層の数，そして

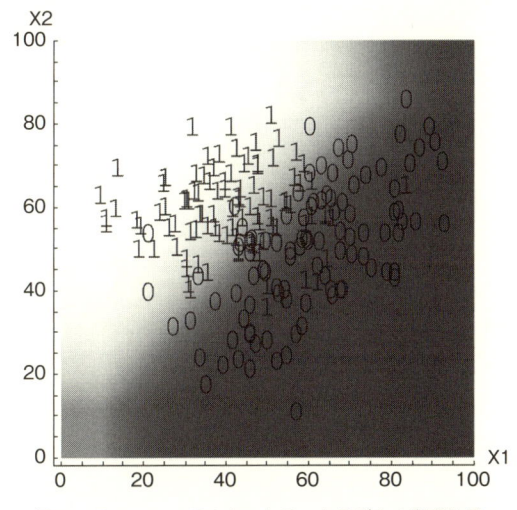

図3-13　ニューラルネットワークモデルの学習結果

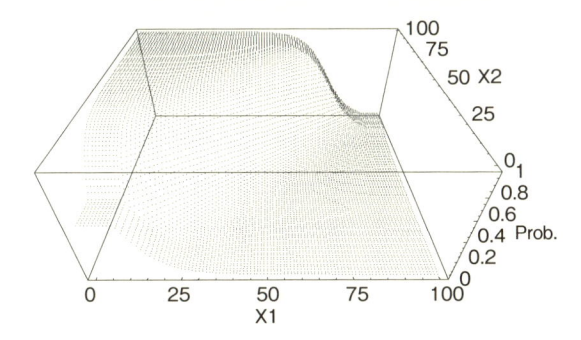

図3-14　確率から見るニューラルネットワークの分析結果

隠れ層におけるニューロン数を増やせば増やすほど，学習が柔軟に進みデータに適合しやすくなるが，過剰適合になる可能性も高まる。なお，ニューラルネットワークモデルは，学習結果を関数として得ることがむずかしいので（とくに，出力変数と隠れ層が多いとき），しばしば出力から入力までのプロセスがブラックボックスなどといわれる。

　図3-13は，隠れ層が1層，隠れ層におけるニューロン数を4として，図3-2のデータを学習させた結果である。ソフトウェアは，Visual Mining Studio 5.1（株式会社数理システム，2005）を用いた。また，密度の明暗は，図3-14に基づいている。

Topics ▶▶▶ 5
犯罪者プロファイリング研究会

　日本の犯罪者プロファイリングは，警察庁の科学警察研究所犯罪行動科学部（研究会発足時は防犯少年部という名称であったが組織改革により現在の名称に変更）を中心に，都道府県警察科学捜査研究所の心理担当者の有志が参加する「プロファイリング研究会」（平成16年に警察庁により犯罪者プロファイリングと呼称が統一された）によって着実に研究が進められてきた。この研究会が発足した契機となったのが，平成7年に徳島文理大学で開催された日本犯罪心理学会第33回大会である。

　著者はこの学会大会会長であった林勝造教授より，警察関係者の学会委員を頼まれており，その関係上，科警研および科捜研の学会員のための懇談会を設定した。結果的に，この懇談会こそが組織的なプロファイリング研究会の第一歩となる。

　その後，この研究会は，まず世界の犯罪者プロファイリングの2大潮流といえる外国文献を翻訳することから開始された。米国FBIの機関誌"Law Enforcement Bulletin"などに連載された"CRIMINAL INVESTIGATIVE ANALYSIS：SEXUAL HOMICIDE"（FBI, 1990）と，英国の犯罪者プロファイリング文献であるサリー大学報告書"A FACET APPROACH TO THE OFFENDER PROFILING"（Canter et al., 1991）である。それぞれは，「犯罪捜査分析と性的殺人」，「犯罪者へのプロファイリングのファセットアプローチ」として翻訳され，われわれの参考資料として活用された。

　これらの翻訳作業と併行して，平成8年9月に専修大学で開催された日本犯罪心理学会第34回大会でも，会場の空き教室を借りてささやかな研究会が行なわれた。さらにその年の11月には，山形県警の桐生正幸，群馬県警の猶原宗雄両氏が事務局となり，記念すべき全国規模の研究会が，当時は千代田区三番町にあった科学警察研究所で開催された。以後，平成17年の現在まで，年1回の定期的な研究会が続いている。

　また，平成12年の研究会では，リバプール大学のデヴィッド・カンター教授による特別講演会が開催された。その研究会では，最初に日本の犯罪者プロファイリングの研究発表をカンター教授に披露して，最後に同教授の講演で終わるプログラムで行なわれた。その時のこぼれ話として，カンター教授自身は，まだ日本の犯罪者プロファイリング研究の現状を把握

してなかったらしく，特別講演では犯罪者プロファイリングの入門レベルの講演を予定していたようすであった．しかし，日本の発表を聞いて，予想以上のレベルの高さに驚き，前もって講演用のパソコンにインストールしていたプレゼンテーション用のパワーポイントを，急遽レベルの高い内容に変更するという喜ばしいハプニングに遭遇した．

　その後も研究会は，平成11年に千葉県柏市に移転された科学警察研究所において，各心理担当者による基礎的研究の発表と，方法論の勉強を中心に行なわれた．しかし，平成15年からは都道府県警察の捜査員も積極的に参加するようになり，捜査実務における犯罪者プロファイリングの効果事例や分析事例の発表数が増加しはじめた．そして，研究会が発足して10年目の節目となる平成17年には，実務の分析事例を中心とする研究会が開催された．この研究会の参加者総勢127名のうち，約半数の60名は，全国から参加した捜査員で構成され，日本の捜査に犯罪者プロファイリングが確実に浸透しつつあることが示された．

5節 犯罪者プロファイリングと統計的学習（2）

1 はじめに

「教師なし学習」とは，前節とは異なり，教師信号（出力，従属変数）がないときの統計的学習である。教師つき学習は，「予測」をすることが第1の目的であり，予測に供する変数を探しだすことが大事な作業の1つであるが，教師なし学習では，「分類」することが主たる目的であるといってよい。予測されるべき基準変数がないからである。犯罪者プロファイリングでいえば，どのようなケースが，お互いに近い関係にあるのか，遠い関係にあるのかという分類に興味があると思われる。

教師なし学習の手法も多岐にわたるが，多くは多変量の情報を縮約し，小さい次元でデータを可視化（visualization）する技法が多い。本節では，犯罪者プロファイリングに有効であろういくつかの手法群を概覧していくが，本節で用いるデータについてまず説明する。

本節では，河内ら（2000）による人体寸法データを用いた。このデータベースには57変数が格納されているが，以下の表3-3のような20の変数群を用いた。読者には，各自，関心のある犯罪データに読み替えてイメージしていただけるとありがたい。用いた変数のほとんどは，比率尺度であるが，以下で取り

表3-3　分析で用いた変数（河内ら，2000）

1	体重	11	前腕長
2	身長	12	手幅
3	頭長	13	手長*
4	頭幅	14	手厚
5	乳頭位胸囲	15	踵幅
6	ウェスト囲	16	殿囲
7	足幅	17	大腿囲
8	足囲	18	上腕囲
9	足長	19	上腕長
10	前腕最大囲	20	上肢長

*河内ら（2000）には「手長」の変数が2つあるが，本分析では，「手長（手首の皺から）」を用いた。

上げる手法群のほとんどは尺度の型（名義・順序・間隔・比率）を問わない。標本サイズは欠損処理を行なったのち301であった。このようなデータに対して，紹介する手法群は，それぞれ異なるやり方で変数や実験参加者を整理したり分類する。

2　教師なし学習（unsupervised learning）

(1) 主成分分析，因子分析，対応分析

　本小節では，変数間の関連から変数を分類する方法を紹介する。その代表的なものは，「主成分分析」（principal component analysis），「因子分析」（factor analysis），「対応分析」（correspondence analysis）などである。その他にも正準相関分析（canonical correlation analysis），双対尺度法（dual scaling），数量化理論Ⅲ類（quantification method of the third type）なども変数の縮約という意味では有効であろう。

　ここでは，因子分析をおもに紹介する。因子分析を行なうに当たり，推定法は最尤推定法，回転法はプロマックス回転を用いた。分析はSPSS 12.0Jを用いたが，ほとんどの統計パッケージに因子分析や主成分分析，対応分析は実装されている。また，それらに関する書物は処々で見られるので，ここでは詳細は省いて分類された図的結果を中心に報告する。

　固有値プロットより因子数は2とした。因子1と因子2の散布図が図3-15である。なお，因子間相関は0.328であり中程度の相関があるが，図示の制約上，因子1と因子2は直交して描いている。

　図3-15では，因子分析によって分類された変数と，それぞれの実験参加者の2因子の平面上での位置を図示してある。図によると，「体重」と「ウェスト囲」の変数が近い関係にあることや，「上腕囲」と「上肢長」の変数が近い関係にあるということなどがわかる。犯罪者プロファイリングにおいては，たとえば，「凶器の種類」と「犯行場面」などの変数が近いのか遠いのかということがわかるだろう。ただし，この例では，2つの変数は名義変数であろうから，（多重）対応分析や林の数量化理論Ⅲ類，非線形一般化正準相関分析，双対尺度法などの出力を読む必要がある。

　また，図中，0と1は，平面上にプロットされたそれぞれの実験参加者の因

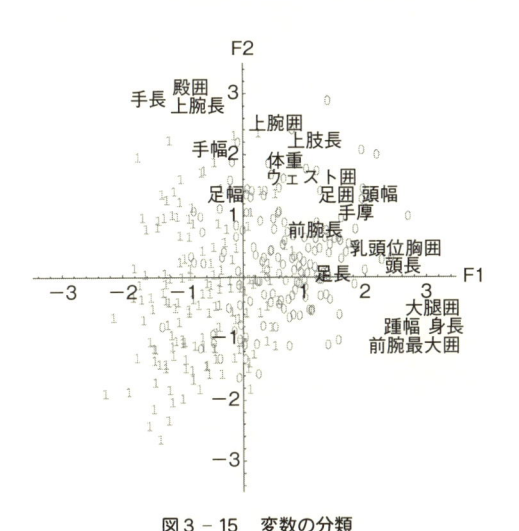

5節　犯罪者プロファイリングと統計的学習（2）

図3-15　変数の分類

注）文字を見やすくするため、変数は因子パタン行列を3倍にしてプロットした。

子得点であり、0と1はそれぞれ男性と女性を表わしている。一般に右上に男性が集まり、左下に女性が集まっている傾向がある。それは、一般的に男性のほうが身体が大きく身長が高いからである。性別変数は、因子分析に用いていない（性別情報が未知のもとで分析した）が、ほかの変数で分類されたプロットに対して、名義変数を割りあてると分析結果が興味深くなる。犯罪者プロファイリングでいえば、「性的殺人」「金品目的の殺人」「親密性を求める強姦犯」「暴力性の高い強姦犯」などの区別がほかの変数によってどのように分類されるかなどに興味があるだろう。

(2) 階層的クラスタリング (hierarchical clustering)

階層的クラスタリングとは、データ同士の距離の近いものから、漸次、まとめていく（クラスタリング）ボトムアップ的な手法である。距離の考え方にはいくつもあり、ユークリッド距離やx^2値、2つのデータがなす角度の余弦（cosine）などさまざまである。最終的には、すべてのデータをまとめるが、そのまとめあげていく過程で、距離の近いもの同士を近くに位置づけ、遠いものほど遠く位置づけていくことによって、データを図示していく。単にクラスタ分析（cluster analysis）と呼ぶことも多い。

クラスタリングのやり方は2通りあり，変数をクラスタリングしてもよいし，標本をクラスタリングしてもよい。変数をクラスタリングするとき，次元（変数の数）を圧縮するという因子分析の目的と非常に近くなる。ここでは，被験者同士をクラスタリングする手法を紹介しておく。犯罪者プロファイリングでは，個々の事件（あるいは犯人）がどのようにまとめられるかが，犯人像を描き出すことにつながるからである。

図3-16に，階層的クラスタリングの結果を示す。表3-3の20変数を使用し，性別は未知のもとで分析した。ソフトウェアは，Visual Mining Studio 5.1を用いた。距離はユークリッド距離を用い，分析方法はWard法を用いた。距離の定義の仕方も分析方法も多様であり，選び方によっては大きく結果が変わってくるので，分析者は個別に習熟する必要がある。また，どのような尺度（名義・順序・連続）でもクラスタ分析を行なうことができるが，尺度の種類によって定義できる距離が異なる。

図3-16より，一般にクラスタ分析では，結果を樹形図（デンドログラム）で示すことが多いが，ここでは円形に図示した。また，データの標本サイズは301であるが，コンパクトに図示するために男性と女性から25件ずつの計50件をランダムサンプリングしたデータについて分析を行なっている。図では，50人の男女がどのように分類されたかを示している。1〜25は男性，26〜50は女

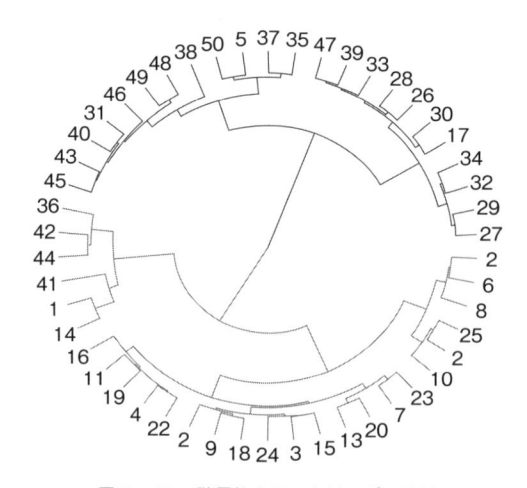

図3-16　階層的クラスタリングの結果

性を示しているので，おおよそ男女でグループが分かれたことを示している。また，小さいクラスタを見ていけば，小分類では4クラスタに分けてもよいかもしれない。どのような結果が説明しやすいかによって採用する結果も異なり，分析者は，経験や現象との対話において決めていくことになる。

(3) 潜在クラス分析 (latent class analysis)

　クラスタ分析では，データ間の距離にしたがって「数学的」にデータをまとめていったが，潜在クラス分析は，「統計学的」にデータを分類していく。具体的には，ある統計分布のもとで距離が近いデータほど同じクラスに分類されていく。統計分布は，理論的にはどのような分布でもかまわないが，ソフトウェアで実装されているのは，ほとんどが多変量正規分布である。したがって，現行では，連続データにのみ対応しているといってよく，まだ使い勝手がよい手法ではない。しかしながら，手元にあるデータがすべて連続データであり，その条件下で標本をグルーピングしていくことが目的ならば，非常に強力な手法といってよい。

　変数の数に制限はないが，ここでは，図示の都合上，変数として「身長」と「体重」を取り上げて分析した。また，潜在クラスの数を2とした。用いたソフ

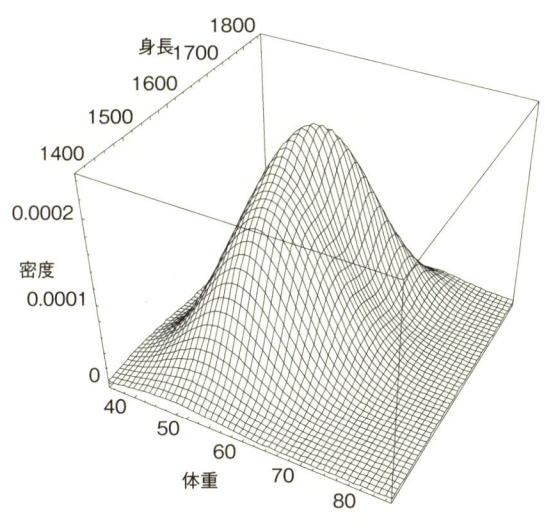

図3-17　潜在クラス分析の結果

図3-18　潜在クラス分析の結果（等高線プロット）

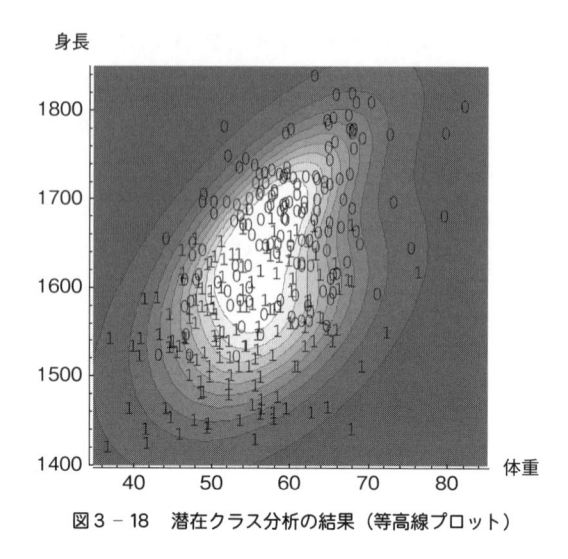

トウェアはMplus 3.0（Muthén & Muthén, 2005）であった。結果を図3-17に示す。また，図3-18は，図3-17の等高線プロットおよび性別に関して打点したものである。なお，性別に関しては未知のもとで分析を行なっている。

　図3-17より，あまり鮮明ではないが，2つの2変量正規分布が重なっていることがわかる。一方は身長と体重の平均が大きい分布，もう一方は身長と体重の平均が小さい分布である。2つの分布の混合比率は0.465と0.535であった。なお，実際の男女比は0.512および0.488だった。性別が未知のもとで，身長と体重の値のみから分類をしているが，実際には，身体が小さい男性や身体の大きい女性もいるので，結果的に誤分類が生じている。したがって，これは手法の精密の悪さではない。なお，図3-19は，潜在クラスの数を4としたもとで分析結果であるが，過剰適合の感がある。状況に応じてクラス数には適切な数があるので，決定の際には，AIC, CAIC, BIC（SBC）などの情報量基準を参考にするとよい。

　潜在クラス分析は，分布が混合しているという意味で，潜在混合分布モデルということもある。ただし，変数が4つ以上になると図示することができないために，視覚化することが目的のときは不向きであるし，そもそも情報を視覚化するという観点が乏しい。また，変数の数が増えるほど分析が難しくなり，

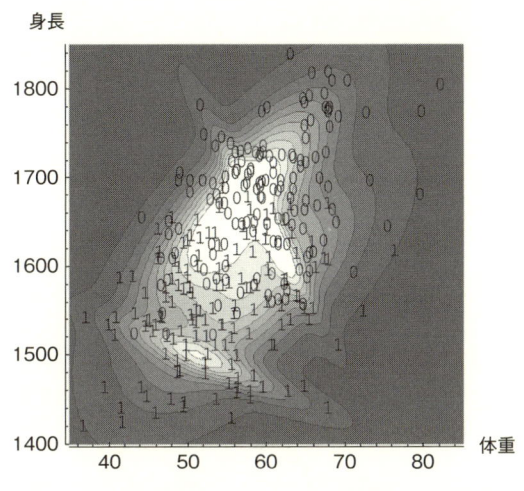

図3-19　クラス数を4としたもとでの潜在クラス分析の結果

計算のための初期値依存性も高くなってくるので，注意が必要である．しかしながら，連続変数に限るものの隠された層を探索するうえでは非常に強力である．

(4) 自己組織化マップ (self-organizing maps)

　自己組織化マップ（SOM）は，入力信号を2次元の格子上に位置づけていく手法である．大脳皮質を模式化したものであり，教師信号のないニューラルネットワークという言い方もできる．入力信号の次元（入力変数の数）を同等かそれ以下の次元（多くは2次元マップ上）に圧縮するという意味では，次元を縮約して可視化するほかの手法と同様の目的を持っている．コホーネン（Kohonen）の貢献が大きかったことから，コホーネンマップと呼ぶこともしばしばである．

　ここでは，表3-3の20変数および「性別」「年齢」の変数を加えて，SOMによる分析を行なった．ソフトウェアはVisual Mining Studio 5.1を用いた．結果を図3-20～22に示す．

　まず，全体の図の読み方であるが，基本的に図上で近いデータ同士ほど，SOMのもとで「似ている」関係にあるといえる．表示ラベルは，そこにいる

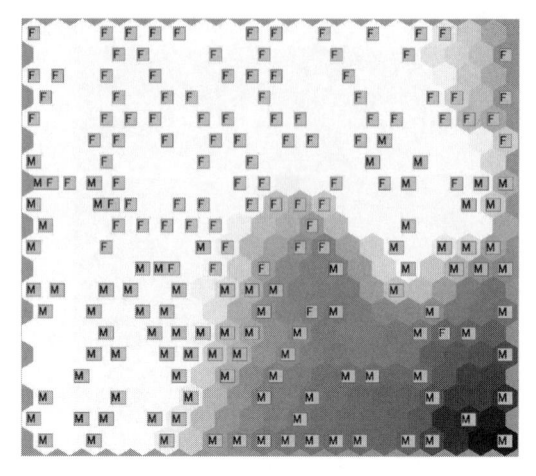

第3章　犯罪者プロファイリングの研究と実際

図3-20　SOM結果（表示ラベル「性別」，参照軸を「体重」）

図3-21　SOM結果（表示ラベル「性別」，参照軸を「身長」）

個人の興味ある属性を表示している。図3-20, 21は表示ラベルを「性別」にしており，図3-22は「年齢」を表示している。犯罪者プロファイリングでは，「被疑者の属性」や「事件名」「被害者の属性」「事件が起きた場所」などを表示することになるだろうか。そうすることによって，感覚的に近いと思っていた「被害者」同士の延長線上に一人の被疑者が浮かび上がることもあろう。ま

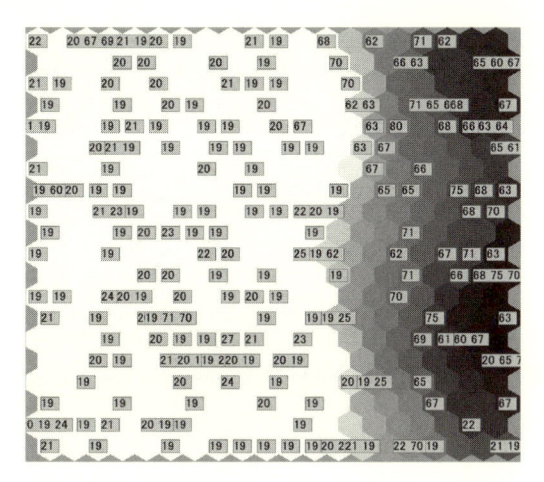

5節　犯罪者プロファイリングと統計的学習（2）

図3-22　SOM結果（表示ラベル「年齢」，参照軸を「ウェスト囲」）

た，似ていないケース同士が意外にも近い関係にあったり，似ていると思っていたケース同士が意外と遠くにあったりするなどの新たな発見があるかもしれない。

　背景のグラデーションは，参照する変数との距離の近さを表現している。つまり，参照軸によって表示ラベルを分別できていたとしたら，参照軸に選んだ変数によって表示ラベルに選んだ変数をよく予測できている可能性が高い。図3-20では身長が，図3-21では体重が，それぞれ性別を識別するのに有効であることがわかる。犯罪者プロファイリングでいえば，たとえば，「被害者年齢」を参照軸にしたとき，表示ラベルに指定した「事件が起きた場所」をよく識別していたら，特定の年齢層が被害に遭いやすい場所があるという手がかりが得られる。なお，参照軸として指定する変数には1つだけでなく，「変数全体」を指定することもできる。

　具体的な図3-20〜22の解釈としては，マップの右下には大きく重く若い男性が集まっている。マップの真ん中から左にかけては大きく重い女性，中程度の体格の持ち主の男性で，かつ，男女ともに若い人たちが集まっていることがわかる。また，マップの右上には，身体の比較的小さいおばあさんが集まっていると推察される。参照軸や表示ラベルをさまざまに変えていくことで多くの

発見があるだろう。

　SOMは，次元を縮約して可視化するという目的では，非常に柔軟で強力な手法である。また，経験的にも知識としても納得のいく結果が得られやすい。とくに，表示ラベルを個人名や地名などの固有名詞にしたとき，それらデータの距離の遠近から得られる情報は非常に大きい。たとえば，犯罪者プロファイリングにおいては，「被害者の属性」や「事件名」「被疑者の属性」を表示ラベルにしたときのデータ同士の距離の遠近は，具体的な事件解決や今後の予防について有益な知見をもたらす可能性がある。むろん，ほかの手法と同様に分析オプションが多岐にわたるので，分析者は，ソフトウェアマニュアルや専門書にあたってSOMに習熟する必要がある。

2　まとめ

　4節および5節では，犯罪者プロファイリングに資するであろう統計的学習の各手法について概観した。まず，4節で教師つき学習を，続いて，5節において教師なし学習を概覧してきた。

　4節（1）（2）の判別分析は，教師つき学習として，最もオーソドックスな方法として，導入的な意味合いをこめて紹介した。（3）以降の4節の手法は，手元のデータがどのクラスに属するのかについて，確率的な情報を付加的に得ることができるので便利である。（3）（4）のロジスティック回帰分析は，非常に使い勝手がよい。ただし，線形モデルではデータが非線形であるときの近似が悪い。また，非線形モデルのときはデータのテールでの近似が悪くなることがある。（5）の決定木は，非常に言語化しやすいルール抽出，知識の抽出が行なえるところが大きな利点であるが，階段関数的な確率近似が時に粗くなることがある。また，（6）のニューラルネットワークは，非常に強力な非線形近似が行なえるが，学習したモデルが分析者にとってブラックボックスになってしまう。

　5節では，教師なし学習として4つの方法を取り上げた。（1）の主成分分析・因子分析・対応分析，および（2）の階層的クラスタリング（クラスタ分析）は，変数の次元を縮約するという意味で代表的な，そして，ある意味では古典的な手法として紹介した。（3）の潜在クラス分析は，現状では変数がすべ

て連続データである必要があるが，データからボトムアップにクラス分けしていくという意味では，クラスタ分析におけるケースクラスタリングのオルタナティブといえる。構造方程式モデリング（共分散構造分析）と組み合わせて用いられることにより，マーケティングにおけるマーケット・セグメンテーションなどに積極的に応用が行われている。ただし，非常に計算するのが難しいので，ソフトウェアを用いる際は初期値を変えながらくり返し忍耐強く分析する必要がある。(4)の自己組織化マップは，可視化を達成しつつ，データをグループ分けしていくという意味で非常に有望な手法であり，工学分野，社会科学分野など，多方面での応用が積極的に行なわれている。ただし，ニューラルネットワークのように，学習されたモデルについて説明を与えることが難しい。

　以上見てきたように，すべてのモデルには長短がある。また，本章での各手法の説明は尽くしておらず，あくまでもガイダンスである。実際には，いずれの手法も分析するうえでさまざまなオプションがあり，オプションを変更すると得られる結果が大きく異なる場合が多い。また，冒頭のくり返しになるが，優れたモデル構築は，優れたデータベースの構築を前提にしていることを忘れないでほしい。個々の手法を使いこなし，データから有益な情報や知識を抽出するには，試行錯誤をともなう経験の蓄積と，何よりもモデリングしようとしている現象についての専門家としての深い省察が必要であろう。

第4章 犯罪者プロファイリングの展望

1節 関連学会の動向

1 はじめに

　日本の犯罪者プロファイリングは，警察庁の科学警察研究所（以下，科警研）と都道府県警察の科学捜査研究所（以下，科捜研）に所属する心理担当者の有志を中心に発展してきた（渡辺，2005）。科警研の犯罪行動科学部は，日本の犯罪者プロファイリングの生みの親である故田村雅幸（当時の防犯少年部長）あるいは日本の捜査心理学の第一人者である渡辺昭一らの志を受けた若いスタッフが多い。日本の警察社会は，警察庁を中心としたピラミッド型の縦社会で構成されている。しかし，科学者である科警研と科捜研の心理担当者は，研究面では基本的に平等の立場であり，自由に意見を交わし，共同研究などで協力しあってきた。両者が，それぞれの研究成果を学会などで公表し，知恵を出しあって事件の犯罪者プロファイリングに取り組むことによって研究と捜査実務上の信頼を築いてきたといえよう。

2 科学捜査研究所の心理担当者

　さて，テレビドラマの『科捜研の女』といったマスコミの影響もあるのか，山元（2002）の調査では，最近は一般的な臨床心理学の応用分野に負けないくらい，犯罪・捜査心理学の分野に大学生の興味が集中していることが示されて

いる。この科捜研の業務は，法医係，物理（工学）係，化学係，文書係，心理係で構成されている。都道府県警察の規模に応じて科捜研の構成人数は異なるが，おおむね心理係の担当者は，基本的に1名体制の場合が多い。現状として政令指定都市が含まれるような都道府県の場合，2名以上の複数体制となることが多く，時に2人の係員が筆跡などの鑑定を行なう文書係と心理係をともに兼務する形での2名体制の場合もある。そして，その中心業務として通称「ウソ発見」と呼ばれるポリグラフ検査による鑑定に従事している。

　全国的なポリグラフ検査の実施件数は，年間の犯罪発生件数とあまり関係なく毎年おおむね5,000件前後で推移しており（中山，2003），基本的に都道府県で発生した事件は，その都道府県の担当者により処理される。ポリグラフ検査は，各警察本部などに設けられた専用検査室ないしは警察署の取調べ室や相談室などで行なわれる。そのため，心理担当者の日常は，犯罪現場を観察してポリグラフ検査で使用する質問表を作成し，さらに，携帯型のポリグラフ装置をもって鑑定を要請した警察署へと，西に東へと奔走する日々を送ることが多い。その結果，殺人，強盗，放火，強姦などの凶悪犯罪から侵入盗や自動車盗など日本の犯罪の大部分を占める窃盗犯罪，さらにはひき逃げなどの交通犯罪，覚せい剤などの各種薬物犯罪，暴力団や外国人による組織犯罪まで，ありとあらゆる事件捜査を体験することになる。必然的に，さまざまな犯罪の被検査者と向きあうわけで，科捜研の職員としては唯一，生きた人間を対象として鑑定を行なう職種である。また，科捜研の職員は，公務員上の立場としては研究職に該当し，日々の鑑定業務だけでなく，各種研究にも取り組んでいる。心理係の研究に関しては，当然ながら，中心業務としてのポリグラフ検査に関する研究が第一にあげられよう。しかし，ここ10年くらいの間に犯罪者プロファイリングを中心として捜査全般あるいは犯罪を防止する研究など幅広い視点からのアプローチが増加している。

　ところで，さまざまなメディアで耳にされた方もいると思うが，警察職員の不祥事や業務上のミス，市民に対する不適切な対応などが大きくクローズアップされて久しい。そのため，国民の警察に対する信頼は大きく傷つき，警察庁は「警察改革」と呼ばれる警察のあり方の抜本改革に乗り出した（吉村，2002）。この警察改革に取り組むべき警察関係者は，直接市民と接する機会の

多い．たとえば交番勤務，あるいは交通取り締まりをする制服の警察官，また，刑事と呼ばれる私服の警察官という一部の人間だけではない．警察内部では一般職と呼ばれる警察官以外の職員が含まれており，科捜研職員もその例外ではないだろう．先に述べたように心理係の業務は，ポリグラフ検査による鑑定業務で事件解決に貢献し，その後の公判を維持することが中心である．しかし，ここ数年，各都道府県警察の事情に応じて，一様ではないものの心理係の業務に，犯罪者プロファイリングが含まれつつある．犯罪者プロファイリングは，鑑定というより一種の捜査支援，犯罪情報分析という側面を有し，これは被疑者の検挙が中心的目標となる．これらの捜査実務で責任を果たし，最近，危惧される検挙率の低下に歯止めをかけ，治安の回復に貢献することが研究職として国民の期待に応えることになろう．同時に，科学者としての視点から研究を続け，質の高い研究活動を維持することも必要である．警察の研究者が，大学などの専門研究機関と共同研究を実施してその成果を公表し，さらに，ワークショップなどの学会企画において建設的な論議を展開することは，警察改革という視点から見ても，学術領域における警察の信頼を高めるという点で，研究職に課せられた重要な使命ではないかと個人的に思うものである．

3　共同研究者

　おおよそ10年以前の都道府県警察の職種において，専門的な心理学的知識を要求される分野は，科捜研心理係が中心であったと考えられる．しかし，時代の流れとともに社会が警察に求めるニーズも変化して，最近の警察においては，さまざまな心理学的知識が要求されつつある．たとえば，犯罪被害者対策に関する臨床心理学的な領域，複雑化する少年問題に関する領域，少年サポートセンターなどに代表される各種相談業務に関する領域などがあげられよう．通常，警察の仕事は，刑事部，生活安全部，交通部，警備部と事件の内容に応じて，担当部署に割り当てられるシステムが取られている．科捜研は，刑事部に属するが，ほかの部で取り扱う事件も鑑定の対象となる．そのため，科捜研心理担当者は，警察内部のさまざまな心理学的要請に参加することが求められることもある．今後は，捜査実務に関する領域だけでなく，その他の領域にも積極的に参加し，警察活動にさらに心理学を浸透させることが必要となるかもしれな

第4章　犯罪者プロファイリングの展望

い。その意味でも，警察に協力的な他機関の研究者とのネットワーク作りは重要である。ただ，警察とほかの研究機関が共同で研究する場合，警察サイドからは，個人情報保護に最重点が置かれるので，提供される情報は非常に制約されるなど警察のもつ特殊性を理解したうえで，協力を依頼できる研究者が必要となる。

表4-1は，2000年の時点での犯罪者プロファイリングを中心とした警察研究に協力的な研究者の一覧表である。

表4-2はそれから5年が経過した時点での研究者一覧表である。

5年間の経緯を見ると，研究者の退官などによって積極的な協力が得られなくなった残念なケースも存在するが，ネットワークは，大幅に増加していることが示されている。以下，これらの研究者との具体的な研究活動について述べていきたい。

表4-1　科捜研と大学とのネットワーク（桐生，2000）

大学など	研究者など	おもな内容
北星学園大学	大坊郁夫	プロファイリングなどに関する講演 岩見（北海道警）
県立岩手大学	細江達郎	生態学的心理学による共同研究 長澤（岩手県警）
尚絅女学院短期大学	水田恵三	電子会議室での討論 研究会メンバー
「法と心理学研究会」 　菅原郁夫（千葉大学） 　佐藤達哉（福島大学）		地理的プロファイリングなどの発表 三本（福島県警） ストーカー研究などの発表 桐生（山形県警）
「環境犯罪学研究会」 　西村春夫（帝京大学） 　守山　正（拓殖大学）		連続放火研究の発表 鈴木（科警研）
名古屋文理短期大学	小俣謙二	ストーカーなどに関する情報交換 横井（愛知県警）
徳島文理大学	林勝造 徳山孝之	窃盗に関する共同研究 高村（徳島県警）
鳴門教育大学	山崎勝之	攻撃性に関する研究 高村（徳島県警）

1節　関連学会の動向

表4-2　研究のネットワーク

研究機関など	研究者	おもな内容
足立区教育相談センター	坪内裕美	ストーカーに関する研究協力
池田クリニック	池田　稔	学会企画話題提供
岩手県立大学	細江達郎	地域の犯罪抑止に関する研究指導
office Perky pat	加藤智宏	学会企画話題提供
大阪拘置所	川邉　譲	学会企画指定討論
大阪大学	大坊郁夫	捜査心理学に関する共同執筆の編集
大妻女子大学	泊真児	学会企画指定討論
おおわだ保育園	馬場耕一郎	学会企画話題提供
関西大学	小城英子	学会企画話題提供
関西大学	曹　陽	学会企画話題提供
京都大学	楠見孝	学会企画指定討論
さいたま少年鑑別所	小野広明	学会企画話題提供
滋賀県立大学	松嶋秀明	学会企画話題提供
社会安全研究財団	渡辺昭一	捜査心理学に関する共同執筆の編集
湘北短期大学	岡本依子	学会企画話題提供
尚絅学院大学	水田恵三	犯罪心理学に関する共同編集
昭和女子大学	田中奈緒子	学会企画話題提供
白梅学園大学	無藤　隆	学会企画指定討論
駿河台大学	小俣謙二	共同学会企画
大学入試センター	荘島宏二郎	学会企画指定討論
高崎健康福祉大学	岡本拡子	防犯に関する共同編集
高松刑務所	東　康生	財産犯に関する共同研究
高松刑務所	福本浩行	財産犯に関する共同研究
筑波大学	雨宮　護	学会企画話題提供
筑波大学	湯川進太郎	学会企画指定討論
東京大学	樋村恭一	犯罪に関する共同執筆の編集
東京大学	飯村治子	防犯に関する共同執筆
東京大学	坂口菊恵	学会企画指定討論
東京医科歯科大学	山上　皓	司法精神医学に関する研究指導
徳島文理大学	笠井達夫	犯罪心理学に関する共同編集
鳴門教育大学	山崎勝之	攻撃性に関する研究指導
日本学術振興会・名古屋大学	小野寺理江	論文共同執筆
日本大学	羽生和紀	犯罪心理学の翻訳本監訳
八戸大学	畑山俊輝	学会企画指定討論
福山大学	平　伸二	共同学会企画
福山大学	玉木健弘	攻撃性に関する研究協力
法政大学	越智啓太	犯罪心理学に関する共同執筆の編集
山梨大学	尾見康博	学会企画指定討論
リバプール大学	デヴィド・カンター	捜査心理学に関する研究指導

注　・研究機関などに関しては50音順に表記し，大学関係者に関しては，大学院所属（大学院生も含む）の場合も大学名で統一した。
　　・研究機関などに関しては，執筆段階で出版時の所属が判明している場合はその機関名，法務省関係者のように人事異動がある機関に関しては，執筆時の機関名で統一した。
　　・研究者のおもな内容に関しては，複数の領域において協力関係にある研究者も多数存在し，おおむね，特定専門領域の研究指導者，単行本・論文などの編集者・共同執筆者，学会企画における共同企画者・指定討論者・話題提供者，学会発表などの共同研究者・協力者に分類した。

4 関連学会での学会企画

(1) 関連学会

犯罪者プロファイリングなどの警察心理と関連が深い学会は，日本心理学会，日本犯罪心理学会，日本法科学技術学会（平成16年までは日本鑑識科学技術学会という名称であった），日本応用心理学会，日本生理心理学会（この学会ではポリグラフ研究が中心である）などがあげられよう。具体的な犯罪に関する研究は，第2章1節などで述べられているので，ここでは，ワークショップやラウンドテーブル・ディスカッションなど学会企画を中心に紹介する[*1]。

学会企画に関する大きな流れとして，犯罪者プロファイリングなど犯罪心理学全般をテーマとする企画，環境犯罪（心理）学的見地から防犯や犯罪不安をテーマとする企画，犯罪被害者対策的視点も含めた性犯罪をテーマとする企画に分類されよう。

(2) 犯罪心理をテーマとする学会企画

まず，犯罪心理をテーマとした学会企画を，表4-3に示した。なお，各所属は当時のままで表記している。

まず，記念すべき犯罪者プロファイリングに関する最初の学会企画は，1999年に東北大学で行なわれた日本犯罪心理学会第37回大会にて開催された。企画では，話題提供者からさまざまなプロファイリング手法の紹介がされた後に，実際に発生，解決した放火事例を手法別の観点から分析し，分析結果が会場で公表されるという手続きがとられた。この事例分析では，複数の分析手法を併用することで，正確な結果が導き出されることが示された（桐生，2000）。テーマの性質上，この学会企画では，警察関係者中心で構成されている。また，2年後の2001年の日本応用心理学会第68回大会では「捜査現場での心理学の応用」では，法務省からの参加者を招き，捜査だけでなく矯正領域を交えた論議が展開した。続いて日本心理学会で2002年から継続開催されている「犯罪心理学の最前線」では，積極的に犯罪者プロファイリングやポリグラフ検査などに関する話題提供者を警察関係者が受けもち，関連領域の指定討論者と意見交換を試みている。このような展開は「内輪だけの企画」的批判も浴びることがあり，2004年の日本心理学会第68回大会では，話題提供者がすべて大学関係者に

1節　関連学会の動向

表4-3　犯罪心理をテーマとする学会企画

- 日本犯罪心理学会第37回大会（東北大学，1999年）ラウンドテーブル・ディスカッション
  「プロファイリングって何？」
  　　企　　画：渡邉和美（科警研）・桐生正幸（山形県警）
  　　司　　会：横井幸久（愛知県警）
  　　話題提供：岩見広一（北海道警）・高村　茂（徳島県警）
  　　　　　　　長澤秀利（岩手県警）・三本照美（福島県警）
  　　指定討論：田村雅幸（科警研）・佐藤達哉（福島大学）
- 日本応用心理学会第68回大会（岩手県立大学，2001年）シンポジウム
  「捜査現場での心理学の応用」
  　　企　　画：桐生正幸（山形県警）・長澤秀利（岩手県警）
  　　司　　会：桐生正幸（山形県警）
  　　話題提供：長澤秀利（岩手県警）・三本照美（福島県警）
  　　　　　　　小野広明（秋田少年鑑別所）
  　　指定討論：川邊　譲（東京少年鑑別所）
- 日本心理学会第66回大会（広島大学，2002年）ワークショップ
  「犯罪心理学の最前線」
  　　企　　画：　水田恵三（尚絅女学院短期大学）・桐生正幸（山形県警）
  　　司　　会：　桐生正幸（山形県警）
  　　話題提供：　山元修一（宮崎県警）・石川正彰（石川県警）
  　　　　　　　　田口真二（熊本県警）
  　　指定討論：　桐生正幸（山形県警）・サトウタツヤ（立命館大学）
- 日本犯罪心理学会第41回大会（西九州大学，2003年）ラウンドテーブル・ディスカッション
  「人との出会い―警察領域の活動と研究における人的ネットワーク―」
  　　企画・司会：高村　茂（徳島県警）
  　　話題提供：　桐生正幸（山形県警）・福本浩行（松山少年鑑別所）
  　　　　　　　　三原由紀子（徳島県警）・田中奈緒子（昭和女子大）
  　　指定討論：　羽生和紀（日本大学）・渡辺昭一（科警研）
- 日本心理学会第67回大会（東京大学，2003年）ワークショップ
  「犯罪心理学の最前線（2）」
  　　企　　画：　水田恵三（尚絅学院大学）・桐生正幸（山形県警）
  　　司　　会：　桐生正幸（山形県警）
  　　話題提供：　長澤秀利（岩手県警）・小野寺理江（名古屋大学）
  　　　　　　　　中山　誠（静岡県警）
  　　指定討論：　水田恵三（尚絅学院大学）・平　伸二（東亜大学）
- 日本心理学会第68回大会（関西大学，2004年）ワークショップ
  「犯罪心理学の最前線（3）」
  　　企　　画：　水田恵三（尚絅学院大学）・桐生正幸（山形県警）
  　　司　　会：　桐生正幸（山形県警）
  　　話題提供：　松嶋秀明（滋賀県立大学）・小城英子（関西大学）
  　　　　　　　　羽生和紀（日本大学）
  　　指定討論：　尾見康博（山梨大学）・水田恵三（尚絅学院大学）
  　　　　　　　　高村　茂（徳島県警）

より構成された。また，2003年の日本犯罪心理学会第41回大会の「人との出会い―警察領域の活動と研究における人的ネットワーク―」では，警察と他機関の望ましいあり方を模索するために，さまざまな警察関係者，法務省，大学との今後のネットワークのあり方に関する論議が行なわれた。

(3) 環境と犯罪不安をテーマとする学会企画

次に，環境と犯罪不安をテーマとした学会企画を，表4-4に示した。

治安の悪化にともない，犯罪から身を守る環境づくりや，犯罪不安を対象とした学会企画も多く行なわれている。犯罪者プロファイリングの研究は，単なる犯人像推定を目的にするだけでなく，収集されたさまざまな犯罪に関する情報をいかに捜査など警察活動に有効に活用するかという犯罪情報分析（渡辺，2005）に進展しつつある。そのためには，犯罪の多発地域の環境犯罪学的分析や住民の視点から見た不安要因を分析することも重要である。1999年の日本心理学会第63回大会の「犯罪問題への環境心理学的アプローチの可能性」は，そのような意味でも画期的な企画であり，環境犯罪学の専門家の企画に警察の立場から何ができるかという視点からの話題提供が行なわれた。その流れは，2002年の日本心理学会第66回大会の「都市空間における犯罪不安（1）」へと発展して，都市防犯や環境心理学などさまざまな領域の専門家を次々に話題提供者・指定討論者に招き，総合的な見地からの論議が継続して続いている。なお，犯罪被害から守られるべきである子どもに対する学会企画として2005年の日本心理学会第69回大会の「幼い子どもを犯罪から守るための多角的な検討」は，今までの試みから得られた知見をもとに，子供が被害者となる痛ましい犯罪にいかにして対処するかが総合的に論議された。

(4) 性犯罪をテーマとする学会企画

最後に，性犯罪をテーマとした学会企画を，表4-5に示した。

強姦や強制わいせつなど性的動機の犯罪は，一般に犯罪者プロファイリングに適しているとされ（Wilson & Soothill, 1996），日本でも性犯罪に関する犯人像推定研究が多い。また，通常の性犯罪は，女性が被害者となり，時に幼い子どもも事件に巻き込まれることもある。そのため，必然的に被害者は大きなトラウマを受けるために，警察としては犯罪被害者対策という観点からもとくに考慮すべき犯罪である。2001年の日本心理学会第65回大会の「性的暴力に関す

1節 関連学会の動向

表4-4 環境と犯罪不安をテーマとする学会企画

- 日本心理学会第63回大会(中京大学,1999年)ワークショップ
「犯罪問題への環境心理学的アプローチの可能性」
　　企　　画： 小俣謙一(名古屋文理短期大学)
　　　　　　　 小西啓史(武蔵野女子大学)
　　司　　会： 小西啓史(武蔵野女子大学)
　　話題提供： 小俣謙一(名古屋文理短期大学)・桐生正幸(山形県警)，
　　　　　　　 島田貴仁(科警研)
　　指定討論： 佐古順彦(早稲田大学)
- 日本心理学会第66回大会(広島大学,2002年)ワークショップ
「都市空間における犯罪不安(1)」
　　企　　画： 桐生正幸(山形県警)・小俣謙二(駿河台大学)
　　司　　会： 桐生正幸(山形県警)
　　話題提供： 渡邉和美(科警研)・小野寺理江(中京大学)
　　　　　　　 樋村恭一(東京大学)
　　指定討論： 畑山俊輝(東北大学)・小俣謙二(駿河台大学)
- 日本心理学会第67回大会(東京大学,2003年)ワークショップ
「都市空間における犯罪不安(2)」
　　企　　画： 渡邉和美(科警研)・桐生正幸(山形県警)
　　　　　　　 小俣謙二(駿河台大学)・小野寺理江(名古屋大学)
　　司　　会： 渡邉和美(科警研)
　　話題提供： 飯村治子(東京大学)・桐生正幸(山形県警)
　　　　　　　 小俣謙二(駿河台大学)
　　指定討論： 樋村恭一(東京大学)・羽生和紀(日本大学)
　　　　　　　 鈴木　護(科警研)
- 日本心理学会第68回大会(関西大学,2004年)ワークショップ
「都市空間における犯罪不安(3)」
　　企　　画： 小野寺理江(名古屋大学)・渡邉和美(科警研)
　　司　　会： 小野寺理江(名古屋大学)・渡邉和美(科警研)
　　話題提供： 小野寺理江(名古屋大学)・雨宮　護(筑波大学)
　　　　　　　 熊谷朋美(神奈川県警)
　　指定討論： 岡本拡子(高崎健康福祉大学)・湯川進太郎(筑波大学)
　　　　　　　 サトウタツヤ(立命館大学)
- 日本心理学会第69回大会(慶應義塾大学,2005年)ワークショップ
「幼い子どもを犯罪から守るための多角的な検討」
　　企　　画： 岡本拡子(高崎健康福祉大学)・桐生正幸(山形県警)
　　　　　　　 渡邉和美(科警研)
　　司　　会： 桐生正幸(山形県警)
　　話題提供： 渡邉和美(科警研)・岡本依子(湘北短期大学)
　　　　　　　 馬場耕一郎(おおわだ保育園)
　　指定討論： 無藤　隆(白梅学院大学)・樋村恭一(東京大学)
- 日本心理学会第69回大会(慶應義塾大学,2005年)ワークショップ
「犯罪心理の最前線＆都市空間における犯罪不安(4)」
　　企　　画： 水田恵三(尚絅学院大学)・渡邉和美(科警研)
　　　　　　　 小野寺理江(日本学術振興会・名古屋大学)
　　　　　　　 桐生正幸(山形県警)
　　司　　会： 桐生正幸(山形県警)
　　話題提供： 加藤智宏(office Perky pat)・金子みずき(島根県警)
　　指定討論： 楠見　孝(京都大学)・長澤秀利(岩手県警)

表4-5　性犯罪をテーマとする学会企画

・日本心理学会第65回大会（筑波大学，2001年）ワークショップ
　　「性的暴力に関する心理学的研究の現状と今後の方向性」
　　企　　画：　小俣謙二（名古屋文理短期大学）・泊　真児（筑波大学）
　　司　　会：　小俣謙二（名古屋文理短期大学）
　　話題提供：　長澤秀利（岩手県警）・田中堅一郎（広島県立大学）
　　　　　　　　泊　真児（筑波大学）
　　指定討論：　内山絢子（科警研）・小西聖子（武蔵野女子大学）
・日本心理学会第68回大会（関西大学，2004年）ワークショップ
　　「性犯罪に心理学はどう取り組むか（1）」
　　企　　画：　田口真二（熊本県警）・平　伸二（福山大学）
　　司　　会：　桐生正幸（山形県警）
　　話題提供：　田口真二（熊本県警）・薄井朋子（埼玉県警）
　　　　　　　　泊　真児（大妻女子大学）　曹　陽（関西大学）
　　指定討論：　荘島宏二郎（大学入試センター）・渡邉和美（科警研）
・日本心理学会第69回大会（慶應義塾大学，2005年）ワークショップ
　　「性犯罪に心理学はどう取り組むか（2）」
　　企　　画：　平　伸二（福山大学）・田口真二（熊本県警）
　　司　　会：　平　伸二（福山大学）
　　話題提供：　池田　稔（池田クリニック）・田口真二（熊本県警）
　　指定討論：　坂口菊恵（東京大学）・泊　真児（大妻女子大学）

る心理学的研究の現状と今後の方向性」では，さまざまな視点からの性犯罪に関する話題提供が行なわれる中，犯罪者プロファイリング的視点で研究された性犯罪に関する話題提供が行なわれている。また，日本の連続強姦の犯罪者プロファイリング研究をもとに，2004年の日本心理学会第68回大会の「性犯罪に心理学はどう取り組むか（1）」が開催され，翌2005年も継続して続けられている。この企画は，性犯罪に関わる要因として今まであまり研究されてこなかった性欲にまず焦点をあて，独自に作成した性的欲求尺度による性欲の測定や，性ホルモンなど医学，あるいは生物心理学的知見も取り入れつつ，性犯罪にいたるメカニズムの解明に取り組もうとしている。これらの研究領域は，犯罪者プロファイリングにおける性犯罪者の行動理解に示唆を与えるだけでなく，最近注目されている性犯罪者の再犯防止や治療プログラムという観点からも，非常に重要になってくるだろう。

5　おわりに

　これらの学会企画は非常に好評であり，犯罪領域における心理学の役割とい

うものに対する期待が大きいことがうかがわれよう。また，学会企画の出発点は，犯罪者プロファイリング研究にあるが，企画の主旨は犯罪者プロファイリングに限定することなく，心理学領域のさらに大きなテーマへと発展している。ポリグラフ検査と犯罪者プロファイリングに代表される日本の捜査心理学領域の研究は，各種関連学会に容認されているだけでなく，率先して最新の知見を捜査実務に応用する試みを展開している[*2]。科捜研のような鑑定実務主体の研究者においては，警察業務という内容の特殊性，あるいは学術的理論と実際の犯罪現場の相違などから，大学などの研究者と一線を画する風潮が，昔から存在しなかったとはいえない部分もあった。たとえば，実際のポリグラフ検査における被検査者の高い緊張感などは，実験室状況での再現は難しいであろう。また，現実の捜査実務で犯罪者プロファイリングに取り組んでいると，犯罪者の行動というのは，過去の犯罪理論で十分な説明ができないようなケースも多く認められる。しかし，学問的な基盤理論と犯罪現場から得られた応用理論を融和させていくのは，やはり，現場を知る科学者からのはたらきかけが重要である。そして，このような研究努力は，2009年5月までに導入が予定されている裁判員制度に代表される司法制度改革を視野に入れても，非常に有効なことであると考えられよう。

★注

[*1] このような学会企画に関して中心的役割を果たしたのが，今回の編者の1人である関西国際大学教授（元山形県警察科学捜査研究所）の桐生正幸である。桐生は企画力の新鮮さだけでなく豊富な人脈を駆使して，さまざまな学会企画を開催した。とくに科捜研心理関係に関しては，学会企画における話題提供者や指定討論者を経験の深いベテランに限定せず，研究テーマや問題意識を有する若手を次々に参加させた。このように，早い段階で学会企画に参加するということは，研究に対する参加意識を芽生えさせ，学会ということばに対する敷居の高さを和らげるという意味で次世代の研究者を育成したといえよう。桐生は，みずからの博士号の学位取得の経過を述べた警察部内資料において，若手に対するメッセージとして「まず，学会大会に参加すること，次に，学会で何かを発表すること，最後に研究発表ができたら，論文を書くことを奨励し，学会費とは自分の論文を印刷するためのもの」という主旨を述べている。科捜研心理担当者にとっては，必然的に自分の所属する科捜研内部では鑑定や研究に関する専門的な話をする機会が非常に限られてくる。そういう意味でも，桐生が全国の科捜研心理係の多くを研究活動に向けた貢献度は非常に高いものである。

[*2] 今回，詳細は割愛したが，ポリグラフ検査に関する学会企画は，1999年に東北大学で初めて犯罪者プロファイリングの学会企画が開催される3年前の1996年に関西学院大学で開催された第14回日本生理心理学会シンポジウムを皮切りとしてその後も毎年，開催されている（詳しくは平ら(2000)，中山(2003)，松田(2004)など参照）。ポリグラフ検査に関する学会企画の主旨も，大

第4章 犯罪者プロファイリングの展望

学などの専門家と建設的な論議を交わし,明日の心理学の発展に貢献することにある。このようなポリグラフ検査に関する学会企画で中心的な役割を果たした中心人物の1人は,静岡県警察科捜研の中山誠である。彼は,警察庁の海外研修制度でカナダのトロント大学に留学し,1998年にサンフランシスコで開催された国際応用心理学会議シンポジウムで話題提供者を務め,さらに2005年にローマで開催されたテロリスト対策のポリグラフ検査に関する国際ワークショップに日本人として唯一参加するなど,ポリグラフの国際事情に詳しい。彼によると,ポリグラフの先進国である米国では,検査の中心となる質問方法に関する理論的構築がなされないままに,実務応用が先行したために実務家と学会の研究者との間に深刻な対立状態が存在することが紹介されている(中山, 2003)。

Topics ▶▶▶ 6
報道における犯罪者プロファイリング

　猟奇殺人など，異常性の強い凶悪犯罪が発生すると，新聞や雑誌で識者による犯罪者プロファイリングが行なわれるのが常である。報道における犯罪者プロファイリングはどこまで信頼できるのだろうか。

　小城（2004）では，当時中学生の少年が小学生数名を殺傷した神戸連続児童殺傷事件（1997年）の新聞報道を分析し，識者の行なった犯罪者プロファイリングの正確性を検証している。

　まず，識者の職業は，心理学や犯罪学などを専門とする大学教授や精神科医が中心であったものの，一部には推理作家や社会評論家なども含まれていた。果たして，推理作家に犯罪者プロファイラーとしての専門性を期待できるのだろうかという疑問が残る。

　次に，さまざまな識者によって新聞紙上で行なわれた犯罪者プロファイリング結果は，総括すると「孤独な幼少期を過ごし，攻撃的な性格で，多重人格ではないが人格の解離した状態にあって仮想の世界に生きており，殺人それ自体が目的の快楽殺人で，事件現場付近に居住しているか，居住経験があり，差別を受けた過去，非行・犯罪の前科をもち，現在は社会生活を営んでいる30歳前後の男性」といったものであった。真犯人の精神鑑定結果などと照合すると，性別，パーソナリティ，生育・居住地域などはおおよそ正確であったが，年齢や職業，一部の犯行動機や過去経験は誤っていた。中には，「週休2日で規則的な勤務についている」「アルコール依存人物」「子どもを性的対象にした性的倒錯者」など，根拠が不明ながら，具体的な情報もあった。

　ごく一部の識者は，犯行声明文のコピーを直接鑑定したり，犯行現場周辺に赴いて地理関係などを確認していたが，大半の犯罪者プロファイリングは，あくまでも「報道されている情報」に基づいたものである。事件に関する資料（現場写真，遺体解剖結果，目撃証言など）は，捜査関係者以外は接触できないのが通常で，マスメディアに公表，リークされる情報は一部にすぎない。さらに，この事件は，少年犯罪であったために，警察が一切の情報を公表しなかったという事情もあり，信頼できる情報はきわめて少なかった。たとえば，犯人が遺体を放置した時刻など，犯人の職業や行動パターンを割り出す拠所となっていた情報でも，後に誤報と判明したものもある。犯罪者プロファイリングの根拠自体が不安定では，犯罪者プ

169

ロファイリング結果も信頼性に乏しいことは否めない。

1988年〜89年，関東で女児4人が殺害された連続幼女誘拐殺人事件は，「劇場型犯罪」という点で神戸連続児童殺傷事件と共通点がある。都市のフォークロアの会（1989）によれば，当時の報道でも，犯行手口や，不妊女性を装って犯人から送りつけられた犯行声明文に基づいて，同様に新聞や週刊誌上で識者による犯罪者プロファイリングが行なわれている。識者の職業は，心理学や犯罪精神医学を専門とする大学教授，精神科医，推理作家，評論家などが主で，中には後の神戸連続児童殺傷事件の報道に再び登場している識者も多数いる。つまり，小城（1998）が指摘するように，専門性にかかわらず，マスメディアに協力的であったり，知名度やタレント性の高い識者に取材が偏り，猟奇的な事件が発生すると，ほぼ恒常的に同じ人物が起用されていることになる。

犯罪者プロファイリングの内容は，一部には真犯人（当時26歳の独身男性）に該当するものもあるが，「高学歴の女性」「30〜40歳代はじめの職業をもつ女」「出産経験だけはある30代の女性」「子供を欲しくても得られない女性と，小さな女の子に異常な性欲をもつ男性の2人が介在している」など，野放図に犯人像が描かれており，神戸連続児童殺傷事件における識者の犯罪者プロファイリングとほぼ同じ現象が起きている。

このような報道における犯罪者プロファイリングの実態を見ると，受け手のニーズに応え，事件の理解を促進するという報道本来の目的からはずれて，事件をドラマ仕立てにして好奇心を煽るセンセーショナリズムに堕しているように思われる。容疑者への取材などは慎重でも，犯罪者プロファイリング自体は，特定の人物の人権侵害や誤報を引き起こして批判を受ける可能性が低いため，無責任になりやすい。マスメディア側は，犯罪者プロファイリングの責任を識者に帰属させ，一方の識者側はジャーナリストとしての自覚はなく，犯罪者プロファイリング結果が誤っていたとしても何ら咎を受けない。

しかし，識者は，受け手に対して「専門勢力」（French & Raven, 1959）を有しており，その犯罪者プロファイリング結果は，社会に対して無形の影響力をもつ。とくに年齢や職業など，人々が人物像を形成するときの手がかりとなるような具体的な情報の誤りは，犯人像の歪みに直結し，住民が真犯人から身を守ることができなくなったり，その条件に該当する人々に疑いが向けられる可能性がある。実際，神戸連続児童殺傷事件では，報道された犯人像に合致する住民が周囲から疑われたという報告もある（小城，2000）。また，目撃証言などが一定方向へ誘導されることによって結果的に捜査の妨げとなる可能性もある。小城（2004）では，目撃証言の分析も行なっており，識者の犯罪者プロファイリングが誤った犯人像を形成したために，真犯人の目撃証言を排除した可能性を示唆してい

る。
　近年のマスメディアの発達により，社会の劇場化は加速している（藤竹，2000）。マスメディアで犯行をアピールすることが犯行動機の一部に含まれる「劇場型犯罪」では，マスメディア自身が犯罪の構成要素として犯人の広報役を担う構造となっており（小田，2002），識者による犯罪者プロファイリングもまた，犯罪の一部である。事件報道の固定パターンに乗っただけの安易な犯罪者プロファイリングは，むしろ罪であることを認識する必要があろう。

2節　今後の展望

1　はじめに

　本節では，犯罪者プロファイリングに関連する最近のおもな出来事，最近の犯罪情勢，犯罪者プロファイリングがわが国で成功するための条件，分析を行なううえで必要な技術と知識などの問題を解説しながら，犯罪者プロファイリングの課題と今後の展望をまとめてみたい。

2　動き始めたわが国の犯罪者プロファイリング

　犯罪者プロファイリングの歴史については，第2章で詳しく述べられているが，本節を理解するうえで，重要なできごとを今一度整理してみたい。

　犯罪者プロファイリングは，米国のFBIによって1970年代に研究が始まったというのが定説である。警察庁の付属機関である科学警察研究所が，犯罪者プロファイリングの研究に着手したのは1994年であり，北海道警察に，犯罪者プロファイリングを専門に行なう特異犯罪分析班（現在は特異犯罪情報分析係に改称）が設置されたのは2000年である。また，犯罪者プロファイリングの研究と実践に関するわが国で最初の解説書であり，本書の原版ともいえる『プロファイリングとは何か』が刊行されたのも2000年である。

　欧米の先例に学ぶことによって出発したわが国のプロファイリングは，2000年には，ほぼ原型ができあがっていたということになる。しかし，この時点におけるわが国の犯罪者プロファイリングは，まだ試験的な段階にあった。というのも，当時の科学警察研究所における研究は，防犯少年部環境研究室と法科学第一部心理研究室の共同研究という形で進められたのだが，環境研究室は，主として少年非行と社会や地域との関係についての研究を行なっていた研究室であり，心理研究室は，ポリグラフ検査の研究に代表されるように，主として生理心理学や実験心理学の研究を行なっていた研究室であった。一方，犯罪者プロファイリングを担当する北海道警察の特異犯罪分析班（現在は特異犯罪情報分析係に改称）は，当時，時限的なプロジェクトとして設置されていた。正

式な部署にするかどうかは，プロジェクトが出す成果を見極めてから決定するという方針であった．

このように，2000年当時は，試験段階にあった，わが国の犯罪者プロファイリングであるが，2005年の現在では，実用的な捜査支援の技術となりつつある．2000年より前には，科学警察研究所の研究報告や，学会の論文集などは別にして，「(犯罪者) プロファイリング」の文字が，公式文書に掲載されることはなかったが，最近では，警察庁が発行する白書などにおいて犯罪者プロファイリングの記述が多く見られるようになっている．たとえば，平成12年版の『警察白書』(警察庁，2000) には，次のように紹介されている．

> 犯罪者プロファイリングに関する研究と捜査への活用
>
> プロファイリングとは，犯罪現場から得られた資料及び被害者に関する情報等を分析し，犯人の性別，年齢層，生活スタイル，心理学的特徴，前歴の有無，居住地域等犯罪捜査に役立つ情報を推定することをいう．警察では犯罪捜査に活用が可能な情報提供を行うための手法の一つとして，連続して発生している性犯罪，放火，通り魔事件及び性的な犯行動機が強く推認される殺人事件に関するプロファイリングの研究を進めている．

この記述によると，プロファイリングは，連続して発生している性犯罪，放火，通り魔事件と，性的な殺人を対象とすることとなっている．ここでの記述は，現在の犯罪者プロファイリングに関する警察での共通認識となっている．また，犯罪者プロファイリングを実際の事件の捜査に使うことが，刑事警察の目標として記載され始めた．2003年に出された「緊急治安対策プログラム」では，犯罪者プロファイリングの導入が明記されている．

> プロファイリング (犯人像等の推定) の導入
>
> 犯罪の増加や凶悪化に適切に対応するため，新たな捜査手法として，犯罪の統計分析や地理分析に基づくプロファイリング (犯人像等の推定) の導入を促進する．

同じ年の2003年に，首相官邸に設置された犯罪対策閣僚会議がまとめた「犯罪に強い社会の実現のための行動計画」にも，犯罪者プロファイリングのデータベースの構築について言及されている．

> **犯罪の発生原因の総合的分析の推進**
>
> 　真に効果的な犯罪対策に係る政策形成を促進するための基礎情報を得るため，先進諸国で行われている犯罪問題研究の内容を参考にしつつ，犯罪被害調査の反復・継続的実施，関係研究機関による犯罪情勢に関する情報の共有化，犯罪対策の効果に関する評価研究，統計分析や地理分析に基づくプロファイリングシステムの構築等の取組を総合的に推進する。

　「緊急治安対策プログラム」や「犯罪に強い社会の実現のための行動計画」は，警察庁の，あるいは政府の方針として公式に打ち出されたものであり，これらの方針を受けて具体的な施策が決定されていく。研究に着手してから10年を経て，犯罪者プロファイリングの本格的な活用が図られる段階に達しつつあるというのが現在の状況である。

3　犯罪情勢の変化

　前項で紹介したように，現在，わが国の警察は，犯罪捜査に犯罪者プロファイリングを導入しようとしているのだが，このことには，最近，約10年間の犯罪情勢と捜査活動に関する状況の変化が関係している。

(1) 重要犯罪の検挙率の低下

　犯罪者プロファイリングが紹介された当初，このような技術は，そもそもわが国で不要であるという意見もあったようである。現代的な犯罪者プロファイリングを開始したFBIが当初，想定し，現在でもおもな対象としているのは，誘拐殺人，無差別殺人，動機なき殺人，性的殺人事件，連続殺人である。わが国でも，この種の殺人事件は，時どき発生するのであるが，たとえば，北海道から沖縄の全都道府県に，プロファイリングチームを常時活動させておくほどの発生は幸いにしてない。

　先に紹介した，平成12年版の『警察白書』の中での記述に見られるように，わが国において，犯罪者プロファイリングの対象となる事件は，連続して発生している性犯罪，放火，通り魔事件，および性的な殺人となっている。「緊急治安対策プログラム」（2003年）では，重要犯罪（殺人，強盗，放火，強姦，略取誘拐，強制わいせつ）の対応策として，犯罪者プロファイリングが位置づ

表4-4 1995年および2004年重要犯罪の検挙率および検挙人員

罪種	1995年	2004年
殺人	96.5(1,295)	94.5(1,391)
強盗	82.7(2,169)	50.3(4,154)
放火	96.2(685)	69.6(867)
強姦	94.0(1,160)	64.5(1,107)
略取誘拐	99.2(196)	72.5(187)
強制わいせつ	88.7(1,464)	39.8(2,225)
計	90.5(6,969)	52.3(9,931)

注）数字は警察庁統計による。
検挙率は％，検挙人員（括弧内の数字）は人。

けられている。わが国では，犯罪者プロファイリングの対象について，欧米よりも広い対象に想定している。このように考えられている背景には，重要犯罪の検挙率が，最近の10年間で顕著に低下したという事情がある。

表4-4に，1995および2004年の重要犯罪の検挙率および検挙人員を示した。1995年～2004年の10年間で，警察が検挙した重要犯罪の被疑者は6,969人から9,931人と約1.4倍に増えたが，検挙率のほうは90.5％から，52.3％へと低下している。罪種別の内訳を見ると，殺人は，高い検挙率を保っているが，その他の罪種では検挙率が低下している。重要犯罪の発生が増大する一方で，警察も多くの被疑者を検挙するようになったが，発生に検挙が追いつかないというのが現状である。

犯罪の増加に見合った割合で，捜査員を増やすことは現実的ではない。重要犯罪の検挙率を10年前の水準に戻すためには，たとえば，捜査員100人に匹敵するような新しい技術が必要である。犯罪者プロファイリングを，殺人事件だけではなく，連続して発生している放火や性犯罪などの事件の捜査にも利用して，捜査の合理化と効率化を図り，少ない捜査員で，多くの犯罪に対応できるようにしようと考えられているのである。

(2) 捜査活動を取り巻く社会の変化

従来の犯罪捜査の方法は，いわゆる聞き込みなどにより犯人の情報を得ようとする「人からの捜査」や，犯人の遺留品から犯人の情報を得ようとする「物からの捜査」が大きな役割を果たしてきた。しかしながら，近年では，生活の

表4-5　「聞き込み」が被疑者特定の端緒となった事件の割合および事件の数（1998年および2004年）

罪種	1998年	2004年
殺人	7.7 (94)	3.6 (44)
強盗	6.9 (180)	3.7 (133)
放火	8.9 (113)	4.5 (64)
強姦	6.1 (99)	2.2 (29)
略取誘拐	5.3 (181)	2.7 (94)
強制わいせつ	7.8 (16)	4.9 (11)
計	6.6 (683)	3.3 (375)

注）数字は警察庁統計による（1995年の統計は公表されていない）。発生率は％，事件数（括弧内の数字）は件。

多様化が進み，隣人の動向を気にしない人が増えるなどした結果，聞き込み捜査から重要な情報を得ることが難しくなっている。また，大量生産・大量販売の時代を迎え，さらに外国製品が増加した結果，遺留品があっても犯人の手がかりを得ることが以前より難しくなっているという。

　表4-5は，捜査員による「聞き込み」が，被疑者を特定する端緒となった事件の割合と事件の数を示している。1998年は，重要犯罪全体で，この数字は6.6％であったのが，2004年には3.3％となっている。聞き込みで被疑者が特定された事件の数も，683件から375件に低下している。犯罪捜査は，さまざまな方法を組み合わせて行なうので，聞き込みが捜査に役立ったすべての事件が統計に計上されているわけではなく，実際に聞き込みが役立った事件の数は，もっと多いと考えられる。しかし統計上の数字からは，聞き込み捜査が，以前ほど効果を上げていないことがうかがわれる。

　また，警察庁が全国の成人男女1,418人を対象に行なった調査によると，犯人や事件について何か知っているときに「自分から進んで連絡するほうだ」と回答した人は全体の49.9％で，昭和44年に実施された同種の調査（61.1％）と比べ低下しているという（警察庁，2000）。捜査活動を取り巻く状況は厳しくなっていると考えられ，従来の方法の効果を補う新しい技術が必要になっている。

(3) 大量退職時代への対応策

　プロファイラーの分析結果と，ベテラン刑事の直感と，どちらが有効であるかについては，よく質問されるところであるが，わが国の警察は，ごく近い将

来，ベテラン刑事による捜査のノウハウを失う危機に直面するかもしれない。いわゆる団塊の世代の大量退職による2007年問題が，刑事警察にも発生する可能性がある。今後，しばらくの間は，経験豊富な多くの捜査員が退職する一方で，若い捜査員が増加する見込みである。捜査の技術も後進に引き継がれていくと考えられるが，犯罪者プロファイリングなどの新しい技術に，捜査の総合力の一時的な低下を補う役割が期待される。

4 犯罪者プロファイリングが成功するための条件

わが国において，今後，犯罪者プロファイリングの実用化が成功するためには，「情報の収集」「分析技術の研究と普及」「分析結果の有効利用」の3つの問題を解決する必要があると考えられる。

(1) 必要な情報の収集

欧米で犯罪者プロファイリングが成功したのは，2つの理由があると考えられる。第1は，犯罪者プロファイリング用のデータベースが構築されたからであり，第2は，犯罪情報の分析に，それまで行なわれていなかった，行動科学的な視点からの分析を取り入れたことである。

海外のデータベースについては，本章でも紹介されているカナダのViCLAS，米国のViCAPといったデータベースが有名である。欧米では，過去の類似事件の分析と，現在発生している未解決事件の把握において，データベースは重要な役割を果たしている。わが国において，犯罪者プロファイリングを成功させようとするならば，分析のためのデータベースの整備が必要となる。類似事件の統計分析と行動科学的な事例分析の方法は，現在における犯罪者プロファイリングの根幹であるが，これらの分析は，信頼性の高い犯罪情報が利用可能であってこそ効果を発揮する。

データベースを構築するにあたって重要なことは，分析の対象とする罪種に対応したデータベースを収集することである。米国のViCAPのデータベースは，主として殺人事件や性的暴行（暴力的で殺人にいたった可能性があるもの）の捜査に利用することを主眼としているが，わが国においては，強制わいせつや放火などを含めた連続事件の分析にも使おうとするものであるから，米国のデータベースをそのまま真似ても機能しないはずである。現在，収集され

ている犯罪統計などの電子データを利用して分析する方法もあるが，現在，収集されている情報だけでは，犯罪者プロファイリングの分析を行なうには不足している情報が多い。いずれは，分析に必要な調査項目を使って情報を収集する体制を確保する必要がある。

わが国は，欧米に比較して正確で広範囲な統計データの収集を行なっている。情報の収集に関しては，担当する組織や体制が設置されれば，質の高い情報の収集が可能であると考えられる。また，収集された犯罪に関するより詳しいデータは，犯罪者プロファイリングだけでなく，犯罪の抑止や犯罪者の矯正を目的とした分析にも活用可能である。

(2) 行動科学による分析技術

犯罪者プロファイリングを始めたFBIの部署の名称が「行動科学課」となっていたことに象徴されているように，欧米の犯罪者プロファイリングが成功した理由は，行動科学的な視点からの分析を行なったことである。米国では，捜査官の身分のまま，大学や大学院に入学して，行動科学を学んだ後に分析を行なうことが多い。一方，英国では，大学や大学院で心理学を学んだ人間が，警察に就職して分析を担当することが多い。このような違いはあるものの，いずれも行動科学の知識と分析技術を身につけた担当者が分析を行なっている。

欧米では，これまでに，分析技術をコンピュータプログラムに組み込み，分析を自動化するという試みが行なわれたようであるが，これらの試みはあまり成功しなかったと報告されている。分析が効果を上げるためには，よいデータベースと腕のよい分析官の両方が必要である。分析に必要な知識や技術などについての詳しいことは，項目を改めて述べる。

(3) 分析結果の有効活用

犯罪者プロファイリングは，捜査に利用することが目的であるから，分析自体が目標ではない。捜査を行なう部署が，分析結果のユーザーとなる。分析担当者は捜査を行なう部署が，利用できるような分析を行なう必要があるし，捜査に犯罪者プロファイリングを利用しようという捜査員は，分析の原理と利用方法について知識をもつ必要がある。このため，分析担当者に対する研修とは別に，捜査員にも研修を行ない，分析の原理と利用法を理解するうえで必要となる知識を身につけてもらう必要がある。北海道や愛知県など，犯罪者プロフ

ァイリングがうまく行なわれている例では,いずれも捜査員と分析担当者の協力がうまくいっていて,分析結果が有効に利用されている。

5 犯罪者プロファイリングに必要な技術と知識

この項では,犯罪者プロファイリングの分析に必要な行動科学の技術と知識について述べる。

(1) 統計分析についての技術と知識

犯罪者プロファイリングでは,実際の事件の分析と研究の両方において統計分析が重要な役割を果たしている。心理学は,19世紀において,物理学などの自然科学の方法により,人間の心理と行動を解明しようと試みたことに始まる学問である。自然科学では,直接観察可能で,個体差や測定誤差が無視できる対象に研究を行なうが,心理学では,個人差と測定誤差が大きい,人間の心理と行動を対象に研究を行なう。誤差の大きい対象を扱うことで発生する問題を克服するために,心理学は,客観的で再現性のある測定方法と分析方法の確立に苦心してきた。人間を対象とする学問分野は多いが,心理と行動の測定方法と分析方法の技術と知識を最ももっているのは,心理学である。

犯罪情報の分析では,実験室で行なう実験心理学の実験や,質問紙調査の回答結果などと比較して,尺度の水準が低く,解析手法が限定されるという事情がある。犯罪情報の分析では,量的なデータが得られることは少なく,質的なデータに限定されることも多い。使用可能な分析の方法に制限があるなど,質的なデータの解析は,量的なデータの解析に比較して難しいのであるが心理学では,質的なデータから,より多くの結論を引き出せる技術が蓄積されている。実際に使われる分析の例は,本書でもいくつも紹介されている。心理学が培ってきた,人間の行動や心的過程に関する分析技術は,犯罪者プロファイリングの統計分析において不可欠である。

(2) 事例分析についての技術と知識

連続事件で,統計分析が可能なだけ事件数があったとしても,電子データの統計分析だけで,捜査に役立つ事件リンクや犯人像の推定が行なえるわけではない。また,事件が単発,あるいは連続であっても発生事件数が少ない場合は,残された手がかりや少ない情報から犯人の心理と行動を分析する必要がある。

このような場合，臨床心理学や精神医学において使われる事例分析（事例研究）の分析技術が必要となる。

　事例分析による犯罪者プロファイリングの分析方法は，FBIのプロファイラーたちが確立してきたものである。彼らは性的殺人犯の異常な心理や行動を，事例分析を中心とした方法で分析を行なってきた。一方，わが国では，精神鑑定を行なう精神科の医師たちにより，犯罪行動に関する事例分析の方法と知見が蓄積されてきた。精神鑑定は，犯行時の精神状態を推定するために行なわれるものであり，これまでわが国で発生した主要な殺人事件については，精神鑑定を通じて，精神疾患の影響，犯罪者の特殊な思考，生育歴と犯行との関係といった観点からの知見が蓄積されてきた。欧米とわが国では，国民性や文化に大きな違いがあり，犯人の思考過程や生育歴にも文化差が存在する。わが国において，事例分析による犯罪者プロファイリングが実施可能であったのは，精神鑑定を中心とする事例分析による知見の蓄積があったからであるといえる。

(3) 地理分析についての技術と知識

　とくに連続事件の場合は，犯人を逮捕するチャンスは，犯人が次の犯行を行なうために被害者や犯行場所を物色中か，あるいは物色に向かうために犯行の準備をして自宅などから犯行場所まで移動中のときにある。犯人の居住地や次回の犯行場所を予測するためには，地理分析が非常に重要である。

　最近の地理分析においては，GIS（Geographic Information System：地理情報システム），すなわち，電子地図とコンピュータを使った分析が主流となっている。GISに関する技術は，首相官邸に設置されている電子高度情報通信ネットワーク社会推進戦略本部（IT戦略本部）が推進するe-Japanプログラムにおいて，重要な施策として位置づけられており，政府が積極的に推進しているIT戦略の１つである。GISの用途は，携帯電話の位置情報サービス，電力会社やガス会社の施設管理，自治体による都市計画，マーケティング会社による市場調査など，多岐にわたる。

　犯罪に関係する分野のGISの活用としては，犯罪の発生状況をマクロに把握し，犯罪の発生防止に役立てる例が知られている。犯罪に関係するGISの分野では，社会学，心理学，地理学などの専門家が研究を行なっている。犯罪者プロファイリングでは，個々の犯人のより詳細な行動を分析する必要があるため，

GISと心理学の両方の知識と分析方法を身につけた人材が必要である。
(4) 捜査心理学についての技術と知識

　わが国で現在活動しているプロファイラーは，心理学の出身者が多いという点では英国型であるが，心理学の中でも，ポリグラフ検査の担当者，すなわち実験心理学の出身者が多数を占めているという特色がある。実験心理学は，実験室内において各種の測定装置を使い，感覚，感情，記憶などを調べる心理学の1分野である。

　実験心理学と犯罪者プロファイリングは，一見，関係がなさそうであるが，わが国の犯罪者プロファイリングは，ポリグラフ検査の経験がある担当者がいたからこそ，ここまで到達できたと考えられる。ポリグラフ検査の担当者は，殺人事件を含む，多くの事件に関する仕事をし，さまざまな被疑者に対して検査を行なってきた経験をもつ。ポリグラフ検査担当者は，心理学が捜査に有効であることを捜査員に認識させてきた実績があるなど，犯罪捜査に心理学を応用することを実践してきた専門家集団である。

　また，実験心理学は，心理学の中でも，調査や実験の方法において最も厳しい立場をとる分野である。人間の行動と心理の分析には，主観や誤差が混入しやすいため，主観や誤差を排除して正しい分析結果を得る技術が必要である。この点からいっても，ポリグラフ検査の担当者が，わが国で犯罪者プロファイリングの，とくに初期の段階に活躍したのは非常によかったと考えられる。

　とはいえ，都道府県警察にいる科学捜査研究所のポリグラフ検査担当者は，当然，ポリグラフ検査と研究を行なうことが最優先であるから，これまでの仕事に加えて犯罪者プロファイリングの分析と研究を行なうのは業務量からいっても無理がある。また，ポリグラフ検査の担当者が，分析結果に関する期待（たとえば真犯人かどうか）をもっていると，実験者効果が発生して分析結果が歪む可能性もある。この点からも，ポリグラフ検査と犯罪者プロファイリングは，別の担当者が行なったほうがよいと考えられる。

　警察の活動には，さまざまな心理学的な技術が役立っている。刑事警察では，ポリグラフ検査以外にも，筆跡の鑑定，目撃証言の信頼性，取調べや説得交渉の技術などがある。これらは，生理心理学，認知心理学，社会心理学を基礎とした技術である。刑事警察以外では，非行少年や犯罪被害者の相談，交通事故

多発者の矯正教育，職員の採用や人事管理などがあり，臨床心理学や心理検査の技術が活用されている。犯罪者プロファイリングは，警察における心理学の技術に関する最も新しいものである。

6　おわりに

　わが国に犯罪者プロファイリングが紹介されて，ほぼ10年であるが，この間，熱意がある研究者と捜査担当者の努力により，わが国の犯罪者プロファイリングは，比較的短期間で実用的な水準に到達できたと考えられる。分析技術には改良の余地が大きいが，重要犯罪の検挙率の低下という事態が発生したために，技術の実用化が急がれている。このため，実践を行ないながら，分析の標準化や精度向上の研究を行なっていかねばならない。技術の改良を行なうにあたっては，警察内部における知恵を集めて対処するとともに，犯罪学や心理学を中心とする外部の専門家との連携を図る必要がある。

Topics ▶▶▶ 7
捜査員と犯罪者プロファイリング

「次にどの家がねらわれるか大体検討がつく。どの辺りに位置している家，どんな外観の家がねらわれるかはわかるんだよ。ただ，どうしてわかるのかが，自分でも説明できないんだよね…。」

これは，筆者が現場で出会った刑事と交わした雑談の中で，印象に残っている言葉である。犯罪捜査の最前線で日夜犯人を追っている捜査員が犯人像や次回犯行の予測に関していかに鋭い感覚を有しているかは，彼らとともに仕事をしたことがある人間なら誰でも知っていることだろう。しかしながら，それがどのようなプロセスを経て導きだされているかが明らかになっていなければ，単なる「勘」にとどまってしまうし，ほかの捜査員が異なる場面で利用することができない。

犯罪者プロファイリングが刑事の勘（誤解のないように申し添えるが，決して否定的な意味ではない）と異なるのは，推論のプロセスが明らかであることと，犯罪や犯人に関する一般性のある知見（理想的には，それらは科学的手続きによって得られている）に基づいていることであろう。たとえ両者の出力結果が同じであったとしても，どのようにして結果にたどり着いたのかが客観的に説明可能であり，推論の基盤が普遍性のある法則であるならば，犯罪者プロファイリングの存在意義は大きい。もちろん，犯罪者プロファイリングで用いられるモデルと捜査員の推論とが同じであるとは限らない。双方が比較できれば，犯罪者プロファイリングで使用されるモデルの改善につながる可能性があるし，捜査員の推論プロセスの一部を犯罪者プロファイリングに導入することで推定精度が向上するかもしれない。また，ベテラン捜査員の勘が優れているとはいえ，現状ではそれは当人のリタイアとともに埋もれてしまう可能性が大きい。優れた捜査員の推論プロセスを解明し体系化することができれば，犯罪捜査における貴重な共有財産となるだろう。

ジャクソンら（Jackson et al., 1997）はオランダ警察庁で行なわれた研究を紹介している。そこでは，犯行情報から犯人像を推定する際に捜査官が用いている経験則が，漠然としているか，特定の事例にのみ適用できるものであって新たな事件に対して具体的な犯人像を提示できるほど一般化できるものではないこと，経験豊富な捜査官の思考過程を訓練されたプロファイラーと比較すると，前者はトップダウン的に推論を行なうための

体系化された枠組みをもってはいないことが示されている。

わが国では，横井と久保（1999）が現役の捜査員に対して仮想事件情報を提示し，犯人像に関するいくつかの項目についてなんらかの推論が可能か，それはどのような内容かについて回答を求めた。その結果，性別，犯歴，性格は比較的推定しやすい一方，年齢，職業，人相着衣の推定は困難なようであった。後者の3項目は捜査範囲の絞り込みという点では具体的かつ有効な情報であるが，それだけに限定された判断材料からでは推定が困難だったのかもしれない。オルドフィールド（Oldfield, 1997）は先行研究の結果を引用しつつ，英国の捜査官の専門技術は訓練によってではなく個人的捜査経験の積み重ねによって習得されることを示している。これに対し，横井と久保（1999）の調査では，捜査員としての経験年数が短いほうが推論可能と回答した項目数は多いという傾向が見られた。経験の少ない捜査員のほうが少ない情報から大胆に推論を行なったようである。逆にいえば，経験豊富な捜査員は（仮想事例による調査とはいえ）限られた情報から安易な判断を下すことを避けたのかもしれない。ただし，桐生と長澤（2001）の調査によると，捜査経験と推定の難易度との関係は対象となる罪種や推定すべき事柄によって違ってくる可能性が示されており，さらなる検討が要される。

さらに横井と久保（1999）では，いずれかの項目に関する推定内容で犯人に土地鑑や敷鑑，被害者との面識があることを想定していた回答者が半数以上であった。実際の捜査でも被害者周辺へのアプローチは初期の段階から入念に行なわれるが，本調査の回答者もこうした伝統的アプローチに則った推論を行なうことが多かったようである。また，長澤と桐生（2001）は強姦事件の内容を示す多数の項目を捜査員に提示し，犯人について自由な推論を求めた。その結果，犯人と被害者，現場との関連に関する推論が比較的多く見られた。長澤と桐生はこの結果を，土地鑑や面識を重視した捜査対象の絞り込みという推論プロセスが反映されたものと解釈している。これは，前述の横井と久保（1999）の結果とも合致する。

ただし，これらの研究では推論の基礎となる情報が限られていて現実の捜査場面の適切なシミュレーションであるとはいい難い。捜査員の推論プロセスを明らかにするためには，これらの萌芽的研究をもとに，より入念な計画による体系的な研究が必要とされるだろう。捜査員の推論様式に関する知見を積み重ねていくことにより，極言すれば，犯罪捜査における一種のエキスパートシステムが構築可能となるかもしれない。

さて，捜査員と犯罪者プロファイリングとの関係で論じられる今ひとつの問題は，現場の捜査員が犯罪者プロファイリングをどのようにとらえているかである。グドジョンソンとカプソン（Gudjonsson & Copson, 1997）によれば，英国で実施された「Coals to New Castle ?（CTN）」

というプロジェクトにより，犯罪者プロファイリングに対する捜査員の評価が調べられている。結果は，犯罪者プロファイリングの実務事例に対し，捜査員の大部分（82.6％）がその有効性を認めるという回答をしているものの，具体的には事件の解決に直接寄与した例は少ない（184例のうち5例）ことを示していた。

　一方，日本では久保と横井（1999）が犯罪者プロファイリングに対する捜査員の認知度や導入の必要性について質問紙を用いて調査したところ，回答者の半数以上が，早期に犯罪者プロファイリングを導入すべきであると回答していた。ただし，導入に肯定的であった捜査員であっても，犯罪者プロファイリングに大きな期待を寄せているというより犯罪情勢の変化に従来の捜査手法が追いつけなくなるとの危機感から，「犯罪者プロファイリングでも何でもよい」から新しい捜査手法を取り入れるべきであると考えているようであった。桐生と長澤（2001）が行なった調査でも，捜査員はいくつかの理由から，犯罪捜査が困難化してきていると感じていることが示されている。

　こうした調査が行なわれた当時は，まだ犯罪者プロファイリングが本格的に運用されていなかった頃であり，「犯罪者プロファイリング」ということばは知られていても具体的な中身についてはほとんど捜査員に知られていなかった。犯罪者プロファイリングが捜査に取り入れられつつある現在，捜査側の評価を把握しニーズに正しく応えることは，犯罪者プロファイリングが真に捜査に寄与するために重要である。ジャクソンら（Jackson et al., 1997）は，オランダで実施された犯罪者プロファイリングに対する捜査側の満足度を調査している。また岩見（1999）は，わが国で初めて紹介された実務事例において，事件解決後に犯罪者プロファイリングによる予測と実際との一致度評定を捜査員に求めている。犯罪者プロファイリングが捜査に役立つツールなのか，またどのような側面に関する助言が捜査員にとって有益なのかを確認するためには，こうした取り組みが継続されるべきであろう。

文　献

■第1章

Adam, G.　2005　Behavioural Investigative Advice in the U. K. – Emerging Issues. *The 8th International Investigative Psychology Conference programme*, **28**.

Jackson, J. L., & Bekarian, D. A.（Eds.）1997　Offender Profiling: Theory, Research and Practice. John Wiley & Sons.　田村雅幸（監修）2000　犯罪者プロファイリング：犯罪行動が明かす犯人像の断片　北大路書房

小林　敦・渡邉和美・島田貴仁・田村雅幸　2000　捜査支援のための戦略的情報活用（下）：捜査支援体制の強化　警察学論集，**53**（7），173-189.

薩美由貴・無着文雄　1997　我が国における凶悪犯罪の事件および加害者特性：過去20年間の殺人捜査本部事件の検討　科学警察研究所報告（防犯少年編），**38**, 36-44.

田村雅幸　1996　犯人像推定研究の2つのアプローチ　科学警察研究所報告（防犯少年編），**33**（2），46-54.

渡邉和美・池上聖次郎　1998　プロファイリングって何？　警察公論，**53**（8），51-61.

渡邉和美・田村雅幸　1999　バラバラ殺人事件の犯人像分析　科学警察研究所報告（防犯少年編），**39**，83-101.

渡邉和美・小林　敦　2000　捜査支援のための戦略的情報活用（上）：英国の捜査支援システム　警察学論集，**53**（6），169-182.

渡邉和美・鈴木　護・横田賀英子　2004　殺人捜査本部事件の分析　渡辺昭一（編）捜査心理学　北大路書房　Pp. 101-114.

■第2章

Alison, L., & Canter, D.　1999　Professional, legal and ethical issues in offender profiling. In Canter, D. & Alison, L.（Eds.）*Profiling in policy and practice*. Aldershot: Dartmouth. Pp. 21-54.

安香　宏　実験心理学的方法と臨床心理学的方法　1978　東洋・大山正・詫摩武俊・藤永保（編）心理学の基礎知識　有斐閣　Pp. 28-29.

安香　宏・麦島文夫（編）1975　犯罪心理学：犯罪行動の現代的理解　有斐閣大学双書

Brantingham, P. J., & Brantingham, P. L.　1981　Note on the geometry of crime. In Brantingham, P. J. & Brantingham, P. L.（Eds）*Environmental Criminology*. Sage（Reprint, Waveland Press, 1991）.

Burgess, A. W., Ressler, R. K. & Douglas, J. E.　1980　Offender Proifiles: A Multidisciplinary Approach. *FBI Law Enforcement Bulletin*, **22**, September.

Canter, D.　1994　*Criminal Shadows*. London: Harper Collins.　吉田利子（訳）1996　心理捜査官ロンドン殺人ファイル　草思社

Canter, D.　2003　*Mapping Murder: The secrets of Geographical profiling*. London: Virgin Books.

Canter, D., & Alison, L.（Eds.）1999　*Interviewing and deception*. Aldershot: Ashgate.

Canter, D., & Alison, L.（Eds.） 1999 *Profiling in policy and practice*. Aldershot: Dartmouth.
Canter, D. & Gregory, A. 1994. Identifying the residential location of rapists. *Scientific & Technical*, **34**（3）, 169-175.
Canter, D., Heritage, R. 1990 A Multivariate Model of Sexual Offence Behaviour: Developments in 'Offender Profiling'. In Canter, D.（Eds.） 1996 *Psychology in Action*. Aldershot: Dartmouth, Pp. 189-216.
Canter, D., & Larkin, P. 1993 The environmental range of serial rapists. *Journal of Environmental Psychology*, **13**, 63-69.
Douglas, J. E., Burgess, A. W., Burgess, A, G., & Ressler, R. K. 1992 *Crime Classification Manual: A Standard System for Investigating and Classifying Violent Crimes*. San Francisco: Jossey-Bass. 戸根由紀恵（訳） 1995 FBI心理分析官凶悪犯罪捜査マニュアル上下巻 原書房
Douglas, J., & Olshaker, M. 1995 *Mindhunter*. 井坂 清（訳） 1997 FBIマインドハンター：セックス殺人捜査の現場から 早川書房
FBI Academy・National Center For The Analysis of Violence Crime 1990 *Criminal Investigative Analysis Sexual Homicide*.
Federal Bureau of Investigation U. S. Department of Justice 2005 http://www. fbi. gov/homepage. htm（30 November）
深田直樹・三本照美 1999 地理的プロファイリング研究Ⅳ 現在の分析手法で生じる危険性と時系列的な行動分析の必要性 日本鑑識科学技術学会第5回学術集会講演要旨集, 164.
Godwin, G. M. 1999 *Hunting Serial Predators: A Multivariate Classification Approach to Profiling Violent Behavior*. Boca Raton: CRC Press.
Gollege, R. G. 1987. Environmental cognition. In Stokols, D., & Altman, I.（Eds） *Handbook of Environmental Psychology*, **1**（1）, 131-174. Chichester：John Wiley, & Sons.
Gudjonson, G. H., & Copson, G. 1997 The role of expert in criminal investigation. In J. L. Jackson & D. A. Bekarian（Eds.） 1997 *Offender Profiling: Theory, Research and Practice*. Chichester: John Wiley & Sons. 田村雅幸（監修） 辻 典明・岩見広一（訳編） 2000 犯罪者プロファイリング：犯罪行動が明かす犯人像の断片 北大路書房
Hazelwood, R. R., & Burgess, A. W.（Eds.） 1995 *Practical Aspects of Rape Investigation: A Multidisciplinary Approach*. Boca Raton: CRC Press.
石山昱夫 1998 科学鑑定 文春新書
岩見広一 1999 脅迫文を伴う連続空巣狙い事件に対する犯罪行動分析 科学警察研究所報告防犯少年編, **39**, 144-153.
岩見広一・成田伸生・龍島秀広 2000 特異犯罪情報分析班の活動 第44回北海道科学捜査研究会講演要旨集, 40-41.
岩見広一 2002 国際捜査心理学会 笠井達夫・桐生正幸・水田恵三（編著） 2002 犯罪に挑む心理学：現場が語る最前線 北大路書房 Pp. 52-53.
岩見広一 2004 協調できる社会をめざす 大坊郁夫（編） 2004 わたしそしてわれわれ ミレニアムバージョン 北大路書房 Pp. 223-237.
岩見広一・横田賀英子・渡邉和美 2005 犯罪手口に基づく被疑者順位づけシステムを応用

した屋内強姦における犯罪者プロファイリングの方法　科学警察研究所報告犯罪行動科学編, **42**(1), 80-87.

Jackson, J. L., & Bekarian, D. A.（Eds.）1997 *Offender Profiling: Theory, Research and Practice*. Chichester: John Wiley & Sons.　田村雅幸（監修）辻　典明・岩見広一（訳編）2000　犯罪者プロファイリング：犯罪行動が明かす犯人像の断片　北大路書房

Kind S. S.　1987　Navigational ideas and the Yorkshire Ripper investigation. *Journal of Navigation*, **40**, 385-393.

警察庁　1998　平成10年版警察白書

警察庁　2002　平成14年版警察白書

木村通治・真鍋一史・安永幸子・横田賀英子　2002　ファセット理論と解析事例：行動科学における仮説検証・探索型分析手法　ナカニシヤ出版

桐生正幸　1995　最近18年間における田舎型放火の検討　犯罪心理学研究, **33**-(2), 17-26.

桐生正幸　1998　放火現場から何が分かるのか？　犯罪心理学研究, **36**（特別号）, 16-17.

桐生正幸・渡邉和美　2005　犯罪者プロファイリング　菅原郁夫・サトウタツヤ・黒沢香（編）2005　法と心理学のフロンティアⅡ巻：犯罪・生活編　北大路書房　Pp. 56-67.

Kocsis, R. N.　1999　Criminal profiling of crime scene behaviours in Australian sexual murders. *Australian Police Journal*, **53**, 113-116.

Lynch, K.　1960　*Image of the city*. M. I. T. Press.　丹下健三・富田玲子（訳）1968　都市のイメージ　岩波書店

松嶋夏希・羽生和紀・桐生正幸・横井幸久　2005　連続放火の地理的プロファイリング（3）：居住地円周付近仮説からのアプローチ　日本心理学会第69回大会発表論文集, 1410.

三本照美・深田直樹　1998　地理的プロファイリング研究「Power plot professional」の開発　日本鑑識科学技術学会誌, **3**(1), A41.

三本照美・深田直樹　1999　連続放火犯の居住地推定の試み：地理的重心モデルを用いた地理的プロファイリング　科学警察研究所報告（防犯少年編）, **40**, 23-36.

守山　正　1999　環境犯罪学入門（上）：理論編　刑政, **110**(5), 72-81.

岡本耕平　1998　行動地理学の歴史と未来　人文地理, **50**(5), 23-42.

Ressler, R. K., Burgess, A. W., & Douglas, J. E.　1988　*Sexual Homicide: Patterns and Motives*. Lexington: Lexington Books.　狩野秀之（訳）1995　快楽殺人の心理　講談社

Ressler, R. K., & Shachtman, T.　1992　*Whoever Fights Monsters*. St. Matin's Press.　相原真理子（訳）1994　FBI心理分析官　早川書房

Rossmo, D. K.　1993　Multivariate spatial profile as a tool in crime investigation. Workshop on crime analysis, 23 August.

Rossmo, D. K.　1995　Place, space, and police investigation: Hunting serial violent criminals. In Eck, J. E. & Weisburd, D.（Eds.）*Crime and place*. Criminal Justice Press.

Rossmo, D. K.　2000　*Geographic Profiling*. Boca Raton: CRC Press.　渡辺昭一（監訳）2002　地理的プロファイリング　北大路書房

龍島秀広　1997　連続少女強制わいせつ・強盗事件犯人像の推定　犯罪心理学研究, **35**（特別号）, 60-61.

龍島秀広・成田伸生　2003　プロファイリングの効果的活用について　第47回北海道科学捜査

研究会講演要旨集，25-26．

薩美由貴・無着文雄　1997　米国FBIにおける犯人像推定の現状　警察学論集　**50**（2），61-80．

Shye, S（Ed.）　1978　*Theory Construction and Data Analysis in the Behavioral Sciences*. San Francisco: Jossey-Bass.

清水　勤　ブレイン・ストーミング　1973　東　洋・大山　正・詫摩武俊・藤永　保（編）　心理用語の基礎知識　有斐閣　Pp. 473．

鈴木　護　2004　地理的プロファイリング　高取健彦（編）2004　捜査のための法科学：第一部（法生物学・法心理学・文書鑑識）　令文社　Pp. 216-221．

鈴木　護・田村雅幸　1998a　連続放火の犯人像（上）犯人の基本的属性と事件態様　警察学論集，**51**（2），161-174．

鈴木　護・田村雅幸　1998b　連続放火の犯人像（下）地理的分析による居住地推定　警察学論集，**51**（3），157-174．

田口真二　2002　強姦犯の行動分析　犯罪心理学研究，**40**（特別号），138-139．

田口真二・猪口武典　1998　多変量解析法による連続強姦犯の行動分析　日本鑑識科学技術学会第4回学術集会講演要旨集，139．

田口真二・荘島宏二郎　2005　犯行を繰り返す連続犯罪者の特徴　日本心理学会第69回大会発表論文集，412．

高村　茂　1999　窃盗犯のプロファイリング研究（第4報）犯罪心理学研究，**37**（特別号），4-5．

田村雅幸　1983a　最近の30年間における殺人形態の変化　科学警察研究所報告（防犯少年編），**24**，33-44．

田村雅幸　1983b　最近の殺人事件の実態とその類型　科学警察研究所報告（防犯少年編），**24**，78-90．

田村雅幸　1992a　幼少児誘拐・わいせつ事件の犯人の特性の分析　科学警察研究所報告（防犯少年編），**33**，30-41．

田村雅幸　1992b　犯人像の推定：FBIのCriminal Personality Profiling　科警研だより，**34**（4），26-31．

田村雅幸　1996　犯人像推定研究の2つのアプローチ　科学警察研究所報告防犯少年編，**37**（2），46-54．

田村雅幸・鈴木　護　1997　連続放火の犯人像分析1：犯人居住地に関する円仮説の検討　科学警察研究所報告（防犯少年編），**38**（1），13-25．

田村雅幸　2000　解説（あとがきにかえて）田村雅幸（監訳）辻　典明・岩見広一（訳編）犯罪者プロファイリング：犯罪行動が明かす犯人像の断片　北大路書房　Pp. 222-234．

Turvey, B. E.　1999　*Criminal Profiling: An Introduction to Behavioral Evidence Analysis*. San Diego: Academic Press.

植田光子　1972　戦後における主要身のしろ金目的誘拐犯罪の概要　科学警察研究所報告（法科学編），**25**，86-91．

渡邉和美　1998　犯罪者プロファイリング研修報告：犯罪者プロファイリングの過程につい

て 科警研だより，**408**（2），15-19.
渡邉和美　2001　オランダ国家警察の犯罪情報部門を訪問して　科警研だより，**43**（3），17-19.
渡邉和美・桐生正幸　1999　プロファイリングって何？　多様な手法と潜在する可能性　犯罪心理学研究，**37**（特別号），192-193.
渡邉和美・田村雅幸　1999　バラバラ殺人事件の犯人像分析　科学警察研究所報告（防犯少年編），**39**（2），83-101.
渡邉和美・横田賀英子　2004a　北米における犯罪情報分析　渡辺昭一（編）　2004　捜査心理学　北大路書房，Pp. 202-209.
渡邉和美・横田賀英子　2004b　イギリスにおける犯罪情報分析と捜査心理学　渡辺昭一（編）　2004　捜査心理学　北大路書房　Pp. 210-221.
渡辺昭一・渡邉和美　2004　犯罪情報の戦略的活用　渡辺昭一（編）　2004　捜査心理学　北大路書房　Pp. 192-201.
渡辺昭一（編）　2004　捜査心理学　北大路書房
渡辺昭一　2005　犯罪者プロファイリング：犯罪を科学する警察の情報分析技術　角川書店
渡辺昭一（編）　2005　捜査官のための実戦的心理学講座　捜査心理ファイル：犯罪捜査と心理学のかけ橋　東京法令出版　Pp. 214-225.
Witzig, E. W.　2003　The New ViCAP. *FBI Law Enforcement Bulletin*, **72**（6），1-7.
山岡一信　1962　犯罪行動の形態（Ⅰ）：殺人（1）　科学警察研究所報告（法科学編），**15**，462-468.
山岡一信　1963a　犯罪行動の形態（Ⅰ）：殺人（2）　科学警察研究所報告（法科学編），**16**，97-105.
山岡一信　1963b　犯罪行動の形態（Ⅰ）：殺人（3）　科学警察研究所報告（法科学編），**16**，348-354.
山岡一信　1964a　犯罪行動の形態（Ⅰ）：殺人（4）　科学警察研究所報告（法科学編），**17**，126-133.
山岡一信　1964b　犯罪行動の形態（Ⅱ）：強盗　科学警察研究所報告法科学編，**17**，190-201.
山岡一信　1964c　犯罪行動の形態（Ⅲ）：傷害（1）　科学警察研究所報告（法科学編），**17**，296-304.
山岡一信　1964d　犯罪行動の形態（Ⅲ）：傷害（2）　科学警察研究所報告（法科学編），**17**，417-422.
山岡一信　1965a　犯罪行動の形態（第4報）：性犯罪（1）　科学警察研究所報告（法科学編），**18**，281-287.
山岡一信　1965b　犯罪行動の形態（第4報）：性犯罪（2）　科学警察研究所報告（法科学編），19，167-172.
山岡一信　1965c　犯罪行動の形態（第4報）：性犯罪（3）　科学警察研究所報告（法科学編），**19**，202-208.
山岡一信・渡辺昭一　1971　侵入盗犯の諸特性：累犯者と初犯者との比較　科学警察研究所報告（法科学編），**24**，114-122.
山岡一信　1971　侵入盗犯の行動範囲　科学警察研究所報告（法科学編），**24**，223-229.

横井幸久・岩見広一・長澤秀利・桐生正幸・中山　誠・高村　茂　1998　ストーカー型犯罪の研究（2）　犯罪心理学研究，**36**（特別号），20-21.

横田賀英子　2002a　犯罪者プロファイリング：犯行テーマから推定される犯人像　月刊警察ヴァリアント，**227**，33-37.

横田賀英子　2002b　侵入窃盗犯のリスク対処行動に関する分析　木村通治・真鍋一史・安永幸子・横田賀英子　2002　ファセット理論と解析事例：行動科学における仮説検証・探索型分析手法　ナカニシヤ出版

財津　亘　2005　時系列的プロファイリングと犯行予測の可能性について：連続強姦事件の犯行間隔分析による類型化と犯人属性との関連　日本心理学会第69回大会発表論文集，408.

● 罪種別コラム02

警察庁　2004　平成15年の犯罪　警察庁

Krah'e, B.　2001　*The social psychology of aggression*. East Sussex: Psychology Press.　秦　一士・湯川進太郎（訳）　2004　攻撃の心理学　北大路書房

法務省：法務総合研究所（編）　2003　犯罪白書　平成15年版　国立印刷局

岩見広一・横田賀英子・渡邉和美　2003　性的な殺人の犯行形態と犯人特徴　日本鑑識科学技術学会誌，**8**（別冊号），157.

Layton, E.　1989　*Hunting humans*. Toronto: Beverly Slopen Literary Agency.　中野真紀子（訳）　1995　大量殺人者の誕生　人文書院

Federal Bureau of Investigation　1985　Crime scene and profile characteristics of organized and disorganized murderers.　FBI Law *Enforcement Bulletin*, **54**（8），18-25.

渡邉和美　2004　「バラバラ殺人」事件の犯人像　渡辺昭一（編）　捜査心理学　北大路書房　Pp. 115-132.

渡邉和美・鈴木護・横田賀英子　2002　殺人捜査本部事件の分析　渡辺昭一（編）　捜査心理学　北大路書房　Pp. 101-114.

横田賀英子・岩見広一・渡邉和美　2003　殺人事件の類型化の試み：テーマ分析手法を用いて　犯罪心理学研究，**41**（特別号），152-153.

● 罪種別コラム03

田口真二・猪口武典　1998　多変量解析による連続強姦犯の行動分析　日本鑑識技術学会第4回学術集会講演要旨集，139.

横田賀英子・渡辺昭一・渡邉和美　2002　屋内強姦犯の類型化の試みとその特徴　日本犯罪学会第38回総会，犯罪学雑誌，**68**（3），93.

長澤秀利　2000　性犯罪の犯行形態の分析（3）　強姦事件を中心に　犯罪心理学研究，**38**（特別号），32-33.

田口真二　2002　強姦犯の行動分析　犯罪心理学研究，**40**（特別号），138-139.

佐々木紀彦　2004　性犯罪者の襲撃行動からみた犯人像の推定について　犯罪心理学研究，**42**（特別号），70-71.

田口真二・荘島宏二郎　2005　犯行を繰り返す強姦犯罪者の特徴　日本心理学会第69回大会発表論文集，412.

渡邉和美・田村雅幸　1998　幼小児誘拐・わいせつ犯の犯人像（上）　警察学論集，**51**（5），

142-158.

渡邉和美・田村雅幸　1999　13歳未満の少女を対象とした強姦事件の犯人像分析　1 加害者の特徴と犯歴に関する分析　科学警察研究所報告防犯少年編, **40**, 67-81.

■第3章

American Psychiatric Association（APA）　2002　*DSM-Ⅳ-TR*. American Psychiatric Press.　高橋 三郎, 染矢 俊幸, 大野 裕（訳）2003　DSM-IV-TR　精神疾患の診断・統計マニュアル　医学書院

Alison, L.（Eds.）　2005　*The Forensic Psychologist's Casebook: Psychological Profiling and Criminal Investigation*. Cullompton, Devon: Willan Publishing.

Alison, L., M. D. Smith., & Morgan, K.　2003　Interpreting the accuracy of offender profiles. *Psychology, Crime and Law*, **9**（2）, 185-195.

Appelbaum, P., Robbins, P., & Monahan, J.　2000　Violence and delusions: Data from the MacArthur Violence Risk Assessment Study. *American Journal of Psychiatry*, **157**, 566-572

Buchanan, A., Reed, A., Wessely, S., Garety, P., Taylor, P., Grubin, D., & Dunn, G.　1993　Acting on delusions II: The phenomenological correlates of acting on delusions. *British Journal of Psychiatry*, **163**, 77-81

Britton, P.　1997　*The Jigsaw Man*. London: Bantam Press　森　英明（訳）2001　ザ・ジグソーマン　集英社

Buffington-Vollum, J. K.　2005　review of Offender Profiling: An Introduction to the Sociopsychological Analysis of Violent Crime by G. B. Palermo., & R. N. Kocsis. *Journal of the American Academy of Psychiatry and the Law*, **33**（3）, 421-423.

Canter, D., & Alison, L.　1999a　*Interviewing and Deception*. Aldershot, Hampshire: Ashgate.

Canter, D., & L. Alison　1999b　*Profiling in Policy and Practice*. Aldershot, Hampshire: Ashgate.

Canter, D., & L. Alison　2000a　*Profiling Property Crimes*. Aldershot, Hampshire: Ashgate.

Canter, D., & L. Alison　2000b　*The Social Psychology of Crime*. Aldershot, Hampshire: Ashgate.

Canter, D., Alison, L. J. Alison, E., & Wentink, N.　2004　The organized/disorganized typology of serial murder: myth or model? *Psychology, Public Policy, & Law*, **10**（3）, 293-320.

Cheung P., Schweitzer, I., Crowley, K., & Tuckwell, V.　1997　Violence in schizophrenia: Role of hallucinations and delusions. *Schizophrenia Research*, **26**, 181-190.

Cook, P. E., & Hinman, D. L.　1999　Criminal profiling: science and art. *Journal of Contemporary Criminal Justice*, **15**（3）, 230-241.

Dietz, P., Hazelwood, R., & Warrn, J.　1990　The sexually sadistic criminal and his offenses. *Bulletin of the American Academy of Psychiatry and the Law*, **18**, 163-178

Hastie, T., Tibshirani, R., & Friedman, J.　2001　*The Elements of Statistical Learning. Data Mining, Inference and Prediction*. NY: Springer.

文 献

Hazelwood, R. R., & A. W. Burgess (Eds.) 1995 *Practical Aspect of Rape Investigation: A Multidisciplinary Approach, Second ed.* Boca Raton, FL: CRC Press.
Helfer, M. E. Kempe., R. S., & Krugman, R. D. 1997 *The Battered Child.* Chicago: University of Chicago Press. 坂井聖二（監訳） 2003 虐待された子ども：ザ・バタード・チャイルド 明石書店
Homant, R. J., & D. B. Kennedy 1998 Psychological aspects of crime scene profiling validity research. *Criminal Justice and Behavior,* **25** (3), 319-343.
岩見広一 1999 脅迫文を伴う連続空巣狙い事件に対する犯罪行動分析 科学警察研究所報告防犯少年編, **39**, 144-153.
岩見広一 2005 捜査のための行動科学 高取健彦（編） 捜査のための法科学：第一部（法生物学・法心理学・文書鑑識） 令文社 Pp. 247-254.
Jackson, J. L., & Bekrian, D. A. 1997 *Offender Profiling: Theory, Research and Practice.* Jhon Wiley & Sons. 田村雅幸（監訳） 2000 犯罪者プロファイリング：犯罪行動が明かす犯人像の断片 北大路書房
株式会社数理システム 2005 Visual Mining Studio 5. 0.
河内まき子・持丸正明・岩澤洋・三谷誠二 2000 日本人人体寸法データベース1997-1998 通商産業省工業技術院くらしとJISセンター
桐生正幸 1994 轢過を伴う交通事故時の衝撃認知の検討 日本心理学会第58回大会発表論文集, 391.
桐生正幸 2005 歩行者とドライバーの交差（衝突）：交通ひき逃げの事例検討と研究の提言 IATSS Review（国際交通安全学会誌）, **30** (2), 30-37.
桐生正幸 2006 犯罪不安における生理反応の挙動に関する基礎研究 関西国際大学研究紀要, **7**（印刷中）
桐生正幸・佐藤宏一 2004 同一場所に対する連続放火の分析 日本鑑識科学技術学会誌, **9**（特別号）, 170.
Kocsis, R. N. 2003a An empirical assessment of content in criminal psychological profies. *International Journal of Offender Therapy and Comparative Criminology,* **47** (1), 37-46.
Kocsis, R. N. 2003b Criminal psychological profiling: validities and abilities. *International Journal of Offender Therapy and Comparative Criminology,* **47** (2), 126-144.
Kocsis, R. N. 2004a Profiling the criminal mind: does it actually work? *The Lancet,* **364** (Supplement 1), s14-s15.
Kocsis, R. N. 2004b Psychological profiling of serial arson offenses: an assessment of skills and accuracy. *Criminal Justice and Behavior,* **31** (3), 341-361.
Kocsis, R. N., & Hayes, A. F. 2004 Believing Is Seeing? Investigation the perceived accuracy of criminal psychological profiles. *International Journal of Offender Therapy and Comparative Criminology,* **48** (2), 149-160.
Kocsis, R. N., Irwin, H. J., Hayes A. F. & Nunn R. 2000 Expertise in psychological profiling: A comparative assessment. *Journal of Interpersonal Violence,* **15** (3), 311-331.
Levine, N. 2005 The evaluation of geographic profiling software: response to Kim Rossmo's critique of the NIJ methodology. Available on the web at http://www.

nedlevine.com/Response%20to%20Kim%20Rossmo%20Critique%20of%20the%20GP%20Evaluation%20Methodology.May%208%202005.doc).

Link, B. G., Andrews, H., & Cullen, F. T. 1992 The violent and illegal behavior of mental patients reconsidered. *American Sociological Review*, 57, 275-292.

Link, B. G., & Stueve, A. 1995 Evidence bearing on mental illness as a possible cause of violent behavior. *Epidemiologic Reviews*, 17, 172-181.

Mawson, D. 1985 Delusions of poisoning. *Medicine, Science and Law*, 25, 279-287.

Meloy, J. R. 1992 *Violent attachments*. Northvale: Jason Aronson Inc.

三本照美・深田直樹 1999 連続放火犯の居住地推定 地理的重心モデルを用いた地理プロファイリング 科学警察研究所報告（防犯少年編）, 40, 23-36.

Mokros, A. & Alison, L. J. 2002 Is offender profiling possible? Testing the predicted homology of crime scene actions and background characteristics in a sample of rapists. *Legal and Criminological Psychology*, 7 (1), 25-43.

Mullen, P. E., Pathe, M., Purcell, R., & Stuart, G. W. 1999 Study of stalkers. *American Journal of Psychiatry*, 156, 1244-1249

Muller, D. A. 2000 Criminal profiling: real science or just wishful thinking? *Homicide Studies*, 4 (3), 234-264.

Muthén & Muthén 2005 *Mplus User's Guide*.

内閣府（編） 2001 平成14年度版交通安全白書

Nestor, P. G., Haycock, J., Doiron, S., Kelly, J., & Kelly, D. 1995 Lethal violence and psychosis: A clinical profile. *Bulletin of the American Academy of Psychiatry and the Law*, 23, 331-341.

Palmero, G. B., & Kocsis, R. N. 2005 *Offender Profiling: An Introduction to the Sociopsychological Analysis of Violent Crime*. Springfield, IL: Charles C. Thomas.

Pinizzotto, A. J. 2003 An interesting career: a forensic psychologist in the FBI. *Psychological Science Agenda*, 16 (4, Convention), 18 (available on the web at http://www.apa.org/science/ic-pinizzotto.html).

Pinizzotto, A. J. & N. J. Finkel 1990 Criminal personality profiling: an Outcome and Process Study. *Law and Human Behavior*, 14 (3), 215-233.

Prentky, R. A., Burgess, A. W., Rokous, F., Lee, A., Hartman, C., Ressler, R., & Douglas, J. 1989 The presumptive role of fantasy in serial sexual homicide. *American Journal of Psychiatry*, 146, 888-891.

Quinsey, V. L. 1984 Sexual aggression: studies of offenders against women. In D. Weisstub (Ed.) *Law and Mental Health: International Perspectives*. New York, Pergamon. Pp. 84-121.

Rich, T. & M. Shively 2004 *A Methodology for Evaluating Geographic Profiling Software: Final Report*. Cambridge, MA: Abt Association Inc.

Rossmo, K. D. 2000 *Geographic Profiling*. Boca Raton, FL: CRC Press. 渡辺昭一（監訳） 2002 地理的プロファイリング 北大路書房

Rossmo, K. D. 2005 An evaluation of NIJ's evaluation methodology for geographic profiling software. Available on the web at http://www.txstate.edu/gii/documents/Response% 20to% 20NIJ% 20GP% 20Evaluation% 20Methodology. doc

Silva, J. A., Leong, G. B., & Weinstock, R. 1992 The dangerousness of persons with misidentification syndromes. *Bulletin of the American Academy of Psychiatry and the Law*, **20**, 77-86.

SPSS Inc. 2002 SPSS Answer Tree 3. 1.

SPSS Inc. 2003 SPSS12. 0J for Windows.

Swanson, J. W., Borum, R., Swartz, M. S., & Monahan, J. 1996 Psychotic symptoms and disorders and the risk of violent behavior in the community. *Criminal Behavior and Mental Health*, **6**, 309-329

田村雅幸 1996 犯人像推定研究の2つのアプローチ 科学警察研究所報告（防犯少年編），**37**（2），46-54.

渡辺昭一（編） 2004 捜査心理学 北大路書房

渡辺昭一 2005 犯罪者プロファイリング：犯罪と科学する警察の情報分析技術 角川書店

Wessely, S., Buchanan, A., Reed, A., Cutting, J., Everitt, B., Garety, P., & Taylor, P. J. 1993 Acting on delusions I: Prevalence. *British Journal of Psychiatry*, **163**, 69-76.

Wilson, P., Lincoln, R., & Kocsis, R. 1997 Validity, utility and ethics of profiling for serial violent and sexual offenders. *Psychiatry, Psychology and Law*, **4**（1），1-12.

Wilson, P., & Soothill, K. 1996 Psychological profiling: red, green or amber. *Police Journal*, **69**（1），12-20.

Winerman, L. 2004 Psychological sleuths: does profiling really work? *Monitor on psychology*, **35**（7），67.

Woodworth, M., & S. Porter 1999 Historical foundations and current applications of criminal profiling in violent crime investigations. *Expert Evidence*, **7**, 241-264.

山形新聞の記事 2005 確度高いぞプロファイリング：県警導入から1年（5月30日）

●罪種別コラム04

影山任佐 2001 自己を失った少年たち 講談社

長澤秀利 1998 ストーキングに関する一考察 日本心理学会第62回大会発表論文集，186.

長澤秀利 2000 ストーカーのプロファイリング 田村雅幸（監修） プロファイリングとは何か 立花書房 Pp. 196-212.

中川正浩 1997 いわゆる「ストーカー問題」管見（1）：英米における「ストーキング防止法」の概要について 警察学論集，**50**（8），121-136.

Gross, L. 1995 *To have or to harm : true stories of stalkers and their victims.* Warner Books, NewYork. 秋岡 史（訳） 1995 ストーカー：ゆがんだ愛のかたち 祥伝社

Wright, J. A., Burgess, A. G., Burgess, A. W., McCrary, G. O. & Douglas, J. E. 1995 Investigating stalking crimes. *Journal of Psychological Nursing*, **33**（9），30-43.

●罪種別コラム05

Alison, L., Rockett, W., Deprez, S., & Watts, S. 2000 Bandits, cowboys and robin's men: the facets of armed robbery. In Canter, D., & Alison, L.,（Eds.）*Profiling Property Crimes.* Aldershot：Ashgate.

福本浩行・東　康生・高村　茂　2004　成人強盗犯の犯人像検証　その1：犯行類型ごとの犯人像の持つ人格特性に焦点を当てる　犯罪心理学研究，**42**（特別号），26-27．

Matthews, R　2002　*Armed Robbery.* Cullompton：Willian.

高村　茂　1998　窃盗罪とプロファイリング　警察公論，**53**（11），79-88．

高村　茂，横井幸久　2004　強盗事件の発生場所における犯罪行為の成立要因　応用心理学研究，**30**（1），24-35．

高村　茂・横井幸久・山元修一　2002　強盗事件データの分析（5）　犯罪心理学研究，**40**（特別号），136-137．

高村　茂・横井幸久・山元修一　2003　強盗事件データの分析（6）　犯罪心理学研究，**41**（特別号），146-147．

横井幸久　2000　強盗事件データの分析　犯罪心理学研究，**38**（特別号），34-35．

横井幸久・高村茂・山元修一　2002　強盗事件データの分析（4）　犯罪心理学研究，**40**（特別号），134-135．

吉本かおり・横田賀英子・伊原直子・渡邉和美　2004　侵入強盗事件の犯行内容及び被疑者の特徴について　犯罪心理学研究，**42**（特別号），116-117．

●●Topics 4

足立浩平　1996　犯罪手口の類似度に基づく犯行記録の検索　科警研報告（法科学編），**49**，25-30．

足立浩平・鈴木昭弘　1993　犯罪手口の選択確率に基づく被疑者の検索手法　科警研報告（法科学編），**46**，143-147．

足立浩平・鈴木昭弘　1994　犯罪手口による被疑者検索への核関数法の適用　科警研報告（法科学編），**47**，52-56．

Canter, D.　2004　Offender profiling and Investigative Psychology. *Journal of Investigative Psychology and Offender Profiling,* **1**, 1-15.

Douglas, J. E., Burgess, A. W., Burgess, A. G., & Ressler, R. K.　1992　*Crime classification manual.* New York: Lexington Books.

Hazelwood, R. R., & Burgess, A. W.　2001　*Practical aspects of rape investigation: A multidisciplinary approach.*　Boca Raton: CRC Press.

岩見広一・横田賀英子・渡邊和美　2005　犯罪手口に基づく被疑者順位づけシステムを応用した屋内強姦における犯罪者プロファイリングの方法　科学警察研究所報告（犯罪行動科学編），**42**，80-87．

渡邉和美・吉本かおり・横田賀英子・藤田悟郎・和智妙子　2005　性犯罪の累犯者による事件の特徴に関する分析　犯罪心理学研究，**43**（特別号）（印刷中）

横田賀英子　2004　類似事件発生時における同一犯推定　渡辺昭一（編）　捜査心理ファイル　東京法令出版　Pp. 226-235.

横田賀英子・藤田悟郎・渡邉和美・吉本かおり・和智妙子　2005　特異犯罪手口検索システムの開発：システムを用いた犯人像推定の有効性に関する検討　日本法科学技術学会誌，**10**（別冊号），201．

横田賀英子・渡辺昭一　1998　犯罪手口の反復性に関する分析　日本鑑識科学技術学会誌，**3**（2），49-55．

Yokota, K. & Watanabe, S. 2002 Computer-based retrieval of suspects using similarity of modus operandi. *International Journal of Police Science and Management*, **4** (1), 5-15.
●● Topics 5
Canter, D., Heritage, R., Wilson, M., Dviaas, A., Kirby, S., Holden, R., McGinley, J., HugHes, H., Larkin, P., Martin, L., Tsang, E., Vaughan, G., and Donald, I. 1991 A Facet Approach to Offender Profiling, Volume 1. Unpublished final report to the Home Office.
FBI ACADEMY・National Center For The Analysis of Violence Crime 1990 CRIMINAL INVESTIGATIVE ANALYSIS SEXUAL HOMICIDE.

■4章
平伸二・中山誠・桐生正幸・足立浩平 2000 ウソ発見：犯人と記憶のかけらを探して 北大路書房
警察庁（編） 2000 平成12年版警察白書 大蔵省印刷局
桐生正幸 2000 実践と研究への提言 田村雅幸（監修） 髙村茂・桐生正幸（編集） プロファイリングとは何か 立花書房 Pp. 232-243.
松田 俊（編著） 2004 科学的虚偽検出の最前線 多賀出版
中山 誠 2003 生理指標を用いた虚偽検出の検討 北大路書房
渡辺昭一 2005 犯罪者プロファイリング：犯罪を科学する警察の情報分析技術 角川書店
Wilson, P. & Soothill, K. 1996 Psychological Profiling: Red, Green or Amber? *Police Journal*, **69**, 12-20.
山元修一 2002 犯罪心理学の最前線 日本心理学会第66回大会発表論文集
吉村博人 2002 新版 警察改革の道すじ：警察刷新に関する緊急提言と警察改革要綱 立花書房
●● Topics 6
藤竹 暁 2000 劇場型社会：劇場型社会に生きる人間 藤竹暁（編） 劇場型社会 現代のエスプリ, **400**, Pp. 27-37. 至文堂
French, J. R. P. Jr., & Raven, B. H. 1959 The bases of social power. In Cartwright, D. (Ed.) *Institute for Social Research*. Studies in social power. Pp. 150-167（水原泰介（訳） 1962 社会的勢力の基盤 知輪浩（監訳） 社会的勢力 誠信書房 Pp. 193-217.
小城英子 1998 神戸小学生殺害事件報道における識者起用の傾向分析 関西大学大学院人間科学, **48**, 89-104.
小城英子 2000 テレビに映された私の町神戸：現代社会と心理学 AERA Mook 新・心理学がわかる。[現場から] Pp. 152-155. 朝日新聞社
小城英子 2004 「劇場型犯罪」とマス・コミュニケーション ナカニシヤ出版
小田 晋 2002 少年と犯罪 青土社
都市のフォークロアの会（編） 1989 幼女連続殺人事件を読む：全資料宮崎勤はどう語られたか？ JICC出版局
●● Topics 7
岩見広一 1999 脅迫文を伴う連続空き巣狙い事件に対する犯罪行動分析 科学警察研究所

報告（防犯少年編），**39**（2），62-71.
長澤秀利・桐生正幸　2001　捜査員の犯罪観に関する調査（2）：捜査員の犯人推論内容の分析　犯罪心理学研究，**39**（特別号），24-25.
桐生正幸・長澤秀利　2001　捜査員の犯罪観に関する調査（1）：推定難易　犯罪心理学研究，**39**（特別号），22-23.
横井幸久・久保孝之　1999　捜査員の犯人推定　犯罪心理学研究，**37**（特別号），6-7.
久保孝之・横井幸久　1999　捜査員から見たプロファイリング　警察公論，**54**（5），68-76.
Oldfield, D. 1997 What Help Do the Police Need with their Enquiries? In Jackson, J. L., & Bekerian, D. A. (Eds.) *Offender Profiling: Theory, Research and Practice*. John Wiley & Sons. Pp. 93-106. 田村雅幸（監訳）2000　犯罪者プロファイリング：犯罪行動が明かす犯人像の断片　北大路書房
Gudjonsson, G. H., & Copson, G. 1997 The Role of the Expert in Criminal Investigation. In Jackson, J. L., & Bekerian, D. A. (Eds.) *Offender Profiling: Theory, Research and Practice*. John Wiley & Sons. Pp. 61-76. 田村雅幸（監訳）2000　犯罪者プロファイリング：犯罪行動が明かす犯人像の断片　北大路書房
Jackson, J. L., Paul van den Eshof., & de Kleuver, E. E. 1997 A Research Approach to Offender Profiling. In Jackson, J. L., & Bekerian, D. A. (Eds.) *Offender Profiling: Theory, Research and Practice*. John Wiley & Sons. Pp. 107-132. 田村雅幸（監訳）2000　犯罪者プロファイリング：犯罪行動が明かす犯人像の断片　北大路書房

索引

あ行
アドルフ・ヒトラーのパーソナリティ　32
アリソン（Alison, L.）　88
因子分析　146
『FBI心理分析官』　45
演繹的推測（deductive inference）　68
円仮説（Circle Hypothesis）　65, 75

か行
階層的クラスタリング　147
快楽殺人　56
カインド（Kind, S. S.）　66
環境犯罪学　74
カンター（Canter, D. V.）　35, 61
奇異ではない妄想（non-BD）　116
奇異な妄想（BD）　114
聞き込み　176
帰納的推測（inductive inference）　68
凶悪犯罪者逮捕プログラム（ViCAP）　34, 53, 54, 177
凶悪犯罪者リンク分析システム（ViCLAS）　34, 177
凶悪犯罪分析センター（NCAVC）　53
教師つき学習　132
教師なし学習　132, 146
拠点犯行型（marauder type）　65, 78
疑惑領域　79
緊急治安対策プログラム　173
空想（fantasy）　125
クライムスタット（CrimeStat）　93
グロス（Groth, A. N.）　33, 49
劇場型犯罪　170
決定木　69, 138
交通ひき逃げ事件　104
強盗　109
行動科学　1
行動科学課（BSU）　53, 55
コクシス（Koccis, R. N.）　91
誇大妄想（grandiose delusion）　122
ゴッドウィン（Godwin, G. M.）　93

さ行
最小空間分析（SSA）　63
CTN　184
C-Pat　37
事件リンク分析　3, 20
自己組織化マップ　151
実験心理学的方法　45
嫉妬妄想（jealous delusion）　120
主成分分析　146
署名的行動（behavioral signature）　128
ジョン・ダフィ（John Duffy）　62
身体妄想（somatic delusion）　123
筋読み　11
ストーカー　98
精神医学　112
性的殺人　58
線形判別分析　133
線形ロジスティック回帰分析　135
潜在クラス分析　149
捜査心理学　35

た行
ターヴェイ（Turvey, B. E.）　68
対応分析　146
ダグラス（Douglas, J. E.）　49, 51
秩序型　46, 58
地理情報システム（GIS）　34, 74, 83
地理的重心モデル（Center of Gravity model）　76
地理的犯罪者探索モデル（CGT）　34
地理的プロファイリング　72
通勤犯行型（commuter type）　65, 78
テーマ分析　69, 129
統計的学習　131
統合失調症（schizophrenia）　116
特異犯罪情報分析係　38
ドラッグネット（Dragnet）　67, 93

な行
二重見当識（double orientation）　115

201

ニューラルネットワーク　140
認知地図（cognitive map）　65

は行

バージェス（Burgess, A. E.）　33, 49
バーナム効果　92
パラノイア（paranoia）　116
Power Plot Professional　77, 102
犯行テーマ　63
犯行予測　40, 43
犯罪情報分析　2, 28
犯罪捜査分析（CIA）　33, 53
犯罪地理探索モデル（CGT）　75
犯罪手口　128
犯罪に強い社会の実現のための行動計画　173
犯罪不安　106
被害妄想　119
被疑者検索システム　129
被疑者順位づけシステム（CSPS）　35
非線形判別分析　134
非線形ロジスティック回帰分析　137
『羊たちの沈黙』　45
ファセット理論　63
ブレインストーミング　50
プレデター（Predator）　93

米国連邦捜査局（FBI）　31, 33
ヘイゼルウッド（Hazelwood, R. R.）　10
ボストン絞殺魔事件　33
ポリグラフ検査　101
ホワイトチャペル事件　32

ま行

マッド・ボンバー事件　32
無秩序型　46, 58
妄想（delusion）　112
妄想性障害（paranoid disorder）　116

や行

ヨークシャー州の切り裂き魔事件　76
余罪捜査　24

ら行

リゲル（Rigel）　34, 93
臨床心理学的方法　45
レヴァイン（Levine, N.）　93
レスラー（Ressler, R. K.）　10
恋愛妄想（erotomanic delusion）　121
連関規則　138
ロスモ（Rossmo, D. K.）　34, 93, 75
ロナルド・レーガン大統領暗殺未遂事件　122

◆執筆者一覧

桐生正幸	編者	はじめに，第3章2節，Topics 1，Topics 2
渡邉和美	編者	第1章1節
池上聖次郎	警視庁組織犯罪対策第二課	第1章1節
小林　敦	警視庁石神井警察署	第1章1節
奥野　徹	大阪府警科学捜査研究所	第1章2節
岩見広一	北海道警科学捜査研究所	第2章1節，第2章3節
高村　茂	編者	第2章2節，第4章1節，Topics 5
三本照美	福島県警科学捜査研究所	第2章4節
鈴木　護	岩手大学人文社会科学部	第3章1節，Topics 3
岡田幸之	国立精神・神経センター精神保健研究所	第3章3節
荘島宏二郎	大学入試センター研究開発部	第3章4節，第3章5節
藤田悟郎	警察庁科学警察研究所	第4章2節

◆罪種別コラム／Topics

龍島秀広	北海道教育大学大学院	罪種別コラム1
横田賀英子	警察庁科学警察研究所	罪種別コラム2，Topics 4
田口真二	熊本県警科学捜査研究所	罪種別コラム3
長澤秀利	岩手県警科学捜査研究所	罪種別コラム4
横井幸久	愛知県警科学捜査研究所	罪種別コラム5，Topics 7
小城英子	聖心女子大学文学部	Topics 6

◆編者紹介

渡邉　和美（わたなべ　かずみ）
1967年　千葉県生まれ
東京医科歯科大学大学院医歯学総合研究科博士課程修了
東京医科歯科大学より「博士（医学）」を取得
現在：科学警察研究所犯罪行動科学部捜査支援研究室室長
　　　日本犯罪心理学会全国理事，日本法科学技術学会理事

　　1992年に科学警察研究所入所時には当時の防犯少年部補導研究室に所属し，少年相談や少年非行の問題に取り組む。1995年に当時の防犯少年部環境研究室配属となり，犯罪被害者の問題，少年の凶悪事件の問題，凶悪事件の犯罪者プロファイリングの問題に取り組むようになる。2003年には組織改正により防犯少年部は犯罪行動科学部となり，そのもとに設置された捜査支援研究室において，よき同僚とともに，捜査支援のための行動科学的手法に関する研究に励んでいる。
　　主著には「朝倉心理学講座18　犯罪心理学」（共著，朝倉書店），「司法精神医学3　犯罪と犯罪者の精神医学」（共著，中山書店），「法と心理学の事典」（編著，朝倉書店），「南山堂医学大辞典　第20版」（共同執筆，南山堂），「心理学辞典　新版」（共同執筆，誠信書房），「捜査心理学」（共著，北大路書房），「地理的プロファイリング」（共訳，北大路書房），「Sex and Violence: the psychology of crime and risk assessment」（分担執筆，Routledge），「日本の犯罪学7・8」（分担執筆，東京大学出版会）など。

高村　茂（たかむら　しげる）
1959年　徳島県生まれ
関西学院大学文学部心理学科卒業
関西学院大学文学部より「博士（心理学）」を取得
徳島県警察本部刑事部科学捜査研究所専門研究員を経て，
現在：徳島県警察本部警務部情報発信課犯罪被害者支援室犯罪被害者支援員
　　　徳島大学及び鳴門教育大学非常勤講師
　　　日本法科学技術学会評議員

　　日本の捜査実務に犯罪プロファイリングなど捜査心理学の応用分野が，さらに浸透することをめざす。日本でいち早く，科捜研仲間とストーカー研究に着手，また，窃盗，強盗などの犯人像研究を行ない，それらの研究成果を実際の犯罪者プロファイリングに応用する他，最近は，認知面接など捜査面接に関する研究にも取り組んでいる。
　　主著には「犯罪者プロファイリング」（共訳，北大路書房），「プロファイリングとは何か」（共編著，立花書房），「犯罪に挑む心理学」（共著，北大路書房），「犯罪心理学」（共訳，北大路書房），「民家対象窃盗犯の犯人特性に関する基礎的研究」（共著：犯罪心理学研究, 41 (1), 1-14.），「強盗事件の発生場所における犯罪行為の成立要因」（共著：応用心理学研究, 30 (1), 24-35.），「認知面接的手法を用いた捜査面接に関する基礎研究」（単著：応用心理学研究, 31 (1), 23-33.），「多変量解析を用いた犯罪者プロファイリング研究」（共著：犯罪心理学研究, 43 (2), 29-43.）など。

桐生　正幸（きりう　まさゆき）
1960年　山形県生まれ
文教大学人間科学部人間科学科心理学専修退学
学位授与機構より「学士（文学）」，東亜大学大学院より「博士（学術）」を取得
山形県警察本部科学捜査研究所主任研究官，関西国際大学教授を経て，
現在：神戸学院大学，及び聖心女子大学非常勤講師
　　　東洋大学社会学部社会心理学科教授
　　　日本犯罪心理学会理事，日本法科学技術学会評議委員，日本応用心理学会理事，
　　　兵庫県地域安全まちづくり審議委員

　加害者の精神状態を明らかにすることが中心であったこれまでの犯罪心理学から，より現実に見合った「役に立つ犯罪心理学」を模索するために，ポリグラフ検査，犯罪者プロファイリング，犯罪不安，子どもの防犯など広範囲な研究・調査を行なっている。近年それら成果を，関連学会においてはもとより，市民ボランティアやPTA，学校長会などでも積極的に報告し，現実社会とのつながりを密にしながら研究を進めている。
　主著に「犯罪捜査場面における虚偽検出検査の研究」（単著，北大路書房），「ウソ発見」（共編著，北大路書房），「犯罪に挑む心理学」（共編著，北大路書房），「幼い子どもを犯罪から守る！」（共編著，北大路書房），「うそと騙しの心理学」（共著，有斐閣），「応用心理学事典」（共著，丸善），「法と心理学の事典」（章担当編集，朝倉書店）など。

犯罪者プロファイリング入門
行動科学と情報分析からの多様なアプローチ

2006年4月10日　初版第1刷発行
2015年11月20日　初版第4刷発行

定価はカバーに表示
してあります。

編　者　渡　邉　和　美
　　　　高　村　　　茂
　　　　桐　生　正　幸

発　行　所　㈱北大路書房

〒603-8303　京都市北区紫野十二坊町12-8
　　　　　　電話　(075) 431-0361㈹
　　　　　　FAX　(075) 431-9393
　　　　　　振替　01050-4-2083

Ⓒ2006　　　　　　　　　　　　　印刷・製本／㈱シナノ
検印省略　落丁・乱丁本はお取り替えいたします。
　　　　　ISBN978-4-7628-2499-9　　Printed in Japan